中国人民大学科学研究基金（中央高校基本科研业务费专项资金资助）项目成

项目名称：计算档案学视角下的网络档案信息资源建设研究

计算档案学视角下的
网络档案信息资源建设

周文泓◎著

知识产权出版社

全国百佳图书出版单位

—北 京—

图书在版编目（CIP）数据

计算档案学视角下的网络档案信息资源建设/周文泓著. — 北京：知识产权出版社，
2025.6. — ISBN 978 – 7 –5130 – 9192 – 3

Ⅰ. G270. 73

中国国家版本馆 CIP 数据核字第 2025HB0182 号

内容提要

本书从计算档案学的视角出发，聚焦如何建设网络档案信息资源这一主题展开系统性研究，以探究资源建设的理论依据、基本方法与实践路径。本书首先基于计算档案学，围绕档案领域与网络空间的双向适应性问题，构建网络档案信息资源建设的理论框架；其次针对资源建设复杂性问题，运用案例研究法梳理与解析网络档案信息资源建设的现状与不足，进而结合理论分析形成实践通用模型；再次在充分解析实践场景及其需求的基础之上，形成示范性实践方案；最后针对理论与模型有效性及长效性问题，开展实证研究，检验并修正研究成果。

责任编辑：王玉茂　章鹿野　　　　　　责任校对：王　岩

封面设计：杨杨工作室·张　冀　　　　责任印制：孙婷婷

计算档案学视角下的网络档案信息资源建设

周文泓　著

出版发行：知识产权出版社 有限责任公司	网　　址：http：//www.ipph.cn
社　　址：北京市海淀区气象路 50 号院	邮　　编：100081
责编电话：010 – 82000860 转 8541	责编邮箱：wangyumao@ cnipr.com
发行电话：010 – 82000860 转 8101/8102	发行传真：010 – 82000893/82005070/82000270
印　　刷：北京建宏印刷有限公司	经　　销：新华书店、各大网上书店及相关专业书店
开　　本：720mm×1000mm　1/16	印　　张：13.25
版　　次：2025 年 6 月第 1 版	印　　次：2025 年 6 月第 1 次印刷
字　　数：224 千字	定　　价：88.00 元

ISBN 978 –7 –5130 –9192 –3

前　言

伴随网络信息存档实践在全球范围内的多元化和持续性推进，存档结果如何作为更优的资源资产更好地服务人类已成为重要议题，驱动网络档案信息资源构建出更全景的理论与方法体系。然而，面对复杂多变的网络空间和持续深入的数字转型进程，网络档案信息资源的核心认知、基本内涵、原则方法及主体路径，正面向多样场景呈现出丰富的探索空间。在此背景下，一方面是网络档案信息资源建设自身的内容拓展，另一方面是对接前沿档案理论与方法，指引其建立更成框架的体系。因此，密切关联网络档案信息资源建设转型方向的计算档案学得到关注，推进计算档案学视角下的网络档案信息资源建设研究在问题、过程、成果等各方面的建构。

本书立足计算档案学的视角，聚焦网络档案信息资源建设这一问题展开系统性研究，以寻求资源建设的理论依据、基本方法与实践路径。具体的研究思路为：首先基于计算档案学围绕档案领域与网络空间的双向适应性问题，构建网络档案信息资源建设的理论框架；其次针对资源建设复杂性问题，运用案例研究法梳理与解析网络档案信息资源建设的现状与不足，进而结合理论分析形成实践通用模型；再次在充分解析实践场景及其需求的基础之上，形成示范性实践方案；最后针对理论与模型有效性及长效性问题，开展实证研究，检验并修正研究成果。

由此，本书从如下方面回应上述问题。

第一，深入调查计算社会科学发展进程并梳理已有成果，揭示计算档案学应有框架，进一步结合实践探索确认计算档案学应有的方法要义，为网络档案信息资源建设构建理论与方法基础。一方面，以计算社会科学为基点，进一步扩充计算档案学的理论内涵，明确其数据情景、研究体系、研究内容及迭代建设；另一方面，立足各类计算档案学的典型实践案例的全面分析，解释计算档

1

案学的方法内涵，包括计算思维在档案管理体系建构中的全面融合、增值利用导向下实现档案管理全流程再造、以问题为导向制定技术应用策略、跨学科框架下建立异质主体协同参与机制等。

第二，通过文献与案例梳理，进一步分析计算档案学与网络档案信息资源建设的关联进程，即网络档案信息资源建设作为数字转型的重要内容为计算档案学提供了极具匹配度和价值的探索场景，计算档案学则相应解决网络档案信息资源的理论、方法、路径等问题。在此基础上，展望计算档案学视角下网络档案信息资源建设的理论、方法与实践探索方向，例如应由计算档案学演绎建构网络档案信息资源建设的理论基础、通过计算档案学确定其方法框架、依托计算档案学设计网络档案信息资源建设在不同场景的实践范例。由此，为后续从计算档案学视角下解析网络档案信息资源建设实践提供更具关联性与方向性的论证。

第三，通过计算档案学视角，解析网络档案信息资源建设实践的特点与不足。一是采用线上调研和实地访谈相结合的方法，全面收集并呈现网络档案信息资源建设情况，总结现有实践模式与典型实践，梳理具体实践内容。在此基础上，基于实践构成要素如主体、档案对象、流程、制度、技术等，解析实践特点，并对具体的实践不足予以分析。二是对照计算档案学理论与方法要点对实践不足展开归因分析，从融入计算思维、增值利用导向下的流程重构、强化技术应用、构建跨主体协同机制等方面识别优化方向。

第四，对应实践解析，随之展开计算档案学视角下网络档案信息资源建设的优化模式构建。一是在理论内涵层面强调立足数据情景进行概念重构，实现"计算＋"导向下的多学科借鉴融合。二是在顶层方向上指出坚持网络档案与网络档案信息资源建设的双重数据化原则，并积极跟进创新变革、凸显智慧化导向，将反思性迭代升级融入其中。三是在主体内容，即基本方略层面，提出基于计算思维推进数据化导向的创新建构、基于计算思维推进数据化导向的创新建构、技术开发应用体系的强化建设、多重的跨主体协同机制构建。

第五，基于已析取要素和所构建的优化模式，依托典型机构，选定具体的应用场景并调查其网络档案信息资源建设的基本情况、问题、优化要求、发展目标，构思示范性实践的具体路径。一是从内部、外部等多维度夯实组织架构。二是依照目标有效确定资源建设的总体方向和优先级。三是基于计算思维构建流程，其重点内容包括资源收集与遴选、数据化处理、资源组织与开发。四是从制度规则和技术保障两方面保障网络档案信息资源建设的持续落实。

目　录

第 1 章

绪　论

1.1　研究背景

国家治理能力现代化引领下的数字中国建设战略正在开展，依托此战略，我国基于网络构建的数字孪生世界与数字记忆空间，需要面向数量繁多且要素复杂的网络数据建立完备的存取体系。随之，网络数据被认定为具有多重价值的生产要素，网络档案保管已不限于档案馆、图书馆等记忆机构的范畴，正扩展为以支持网络空间运转的数据即时存档为基础的连续性档案信息资源建设，强调立足各领域面向多元利益相关者的现行"业务"需求，凸显以数据级开发利用为基点的主体协同，由此驱动网络档案信息资源建设的创新扩充。因之，于《中华人民共和国档案法》与《"十四五"全国档案事业发展规划》赋予的信息化使命下，网络档案信息资源建设成为档案事业基于网络空间实现高质量发展的重要议题。

然而，网络档案信息资源建设的复杂性，使其呈现出从概念框架到实现路径尚待全面探索的问题群。一是立足网络空间的文化与技术情境，网络档案信息资源如何重新界定；二是面向网络空间连续高质量运转的"业务需求"，网络档案信息资源建设概念与方法如何变革拓展；三是从网络空间的多元利益相关者来看，面对复杂的需求、能力、行为，应遵循怎样的理论与方法，实现治理导向下从自组织为主的分散行动走向全景协同的深层次网络档案信息资源建设；四是跨情境、形式、内容的海量数据，在网络数据资源与资产的开发利用强调服务现实需求的前提下，网络档案信息资源建设如何再造流程并开发相应

1

的技术工具。这些问题均指向充分理解网络空间而创新扩充的网络档案信息资源建设的理论及方法建构。

对此，应势人类世界数据化转型而展开档案学、数据科学、计算科学等超学科建构的计算档案学提供了极具启示的思路。一是从数据层级颗粒度理解档案对象，内含计算思维以及数据科学同档案管理的交叉要义，可辅助重新界定网络档案信息资源概念及其要素，并由计算思维的操作性构件确认资源建设方法。二是显示跨学科协同机制，为涵盖多元利益相关者和涉及多维领域的网络档案信息资源建设指引协作机制的构建。三是强调以增值利用为目标再造档案管理全流程，为对接现实需求立足数据化的开发利用展开网络档案信息资源建设提供行动参照。四是以问题为导向的技术应用策略，可用于设定多元场景的网络档案信息资源建设实践方案。

由此，本书以计算档案学视角下的网络档案信息资源建设为题，旨在立足人类世界的网络化趋势与数据化背景，明确如何升级并应用档案理论与方法，为跨情境、形式和内容的网络档案，提供信息资源建设的系统框架及方案，从而辅助网络空间的高质量运行。

1.2 研究价值

1.2.1 学术价值

第一，促进档案理论与方法同数据科学的融合转型。由网络档案信息资源建设驱动将数据科学、数字治理、数字人文的理论与方法引介于档案领域，推进计算档案学的系统建构。

第二，推动计算档案理论与方法立足新文科背景的跨界升级。基于网络空间所涉及的信息科学、传播学、社会学、互联网史学等多学科，促进档案学的跨学科交叉发展。

第三，双重拓展已有国家社会科学基金研究。一是将以网络存档为主的研究延伸向信息资源建设引领的全流程数据管理与档案化的有机融合。二是网络档案信息资源建设连接、集成档案管理与网络空间治理的研究。

1.2.2　实践价值

第一，以计算档案方法助力网络档案信息资源建设。一方面，探索网络档案信息资源体系如何有效对接网络空间运行机制与具体活动的需求；另一方面，为互联网档案社会化存取项目形成系统的行动指导，为充分留存数据资产与高质量构建数字国家记忆提供连续性策略。

第二，以示范性的网络档案信息资源建设实践设计辅助网络空间治理。面向网络空间的跨情境复杂性，以档案管理方法完善网络数据治理框架，从而对网络空间的整体运行、社会活动立足网络空间的优化开展、国家网络与数据主权的维护等提供档案信息资源与方法层面的支持。

第三，以基于信息资源建设升级的计算档案管理体系推进互联网数据产业发展。在数据被纳入生产要素的战略背景下，为网络数据高效合规的资产化利用以及体系化的数据产业建设提供档案维度的方法支持。

1.3　术语界定

（1）计算档案学

计算档案学被界定为一个跨学科的研究领域，它立足大数据背景，融合了档案学、计算科学、信息科学，探索将计算方法与资源、设计模式、社会技术建构以及人机互动应用于更加高效与优质的档案管理体系建设。

（2）网络档案

网络档案被视作数字媒体和互联网的特定部分❶，即被存档的那部分网络材料，但不会是实时网络内容的 1∶1 比例的相同副本。它们都强调对网络信息资源的归档或档案化管理，是指有关主体有选择性地对具有长远保存价值的网络信息进行捕获、归档、存储等档案化管理的过程，其基本目标是通过网络信息资源的存档，更全面真实地反映和再现社会活动的本来面貌，并满足相关

---

❶　CONSALVO M，ESS C. The handbook of internet studies［M］. Malden：Wiley – Blackwell，2011.

主体对网络信息的长远利用需求。❶ 同时，尽管固化是网络档案同其他网络材料的区别，但是其不完全归属于档案学中严格界定的那部分档案，这是因为网络材料被视作出版物，难以完全符合绝对的档案属性及要求，这是由网络空间的复杂性所决定的。❷ 与之相关的定义还有网络信息存档，即收集已记录在互联网上的数据并存储，确保数据保存在档案馆中，并将收集的数据用于未来的研究。❸

（3）档案信息资源建设

档案信息资源建设是对档案材料进行形成、收集、加工、整合的过程，其对象涵盖原始档案和档案产品。❹ 档案信息资源建设涉及档案管理的各个环节，包括收集对象的确认、传统载体档案的数字化、数字对象的归档、档案资源的数字化整合与开发等。❺

1.4 文献综述

1.4.1 文献检索说明

通过在中国知网（CNKI）和维普数据库中使用关键词"网络档案"、"网络资源"、"档案"、"网络资源存档"、"网页存档"和"web archive"进行检索，获得与网络档案相关的中文文献。此外，在以上文献的参考文献中寻找相关延伸文献。

在英文文献检索方面，使用 EBSCO 数据库进行检索，在第一次检索时使用关键词"Web Archive"以及标题"Web Archive"进行搜索。第二次检索时在《档案科学》（*Archival Science*）、《档案》（*Archivaria*）、《美国档案工作者》（*The American Archivist*）、《档案与手稿》（*Archives and Manuscripts*）、《文件管

---

❶ 周毅. 网络信息存档：档案部门的责任及其策略 [J]. 档案学研究, 2010 (1)：70–73.

❷ CONSALVO M，ESS C. The handbook of internet studies [M]. Malden：Wiley – Blackwell, 2011.

❸ NIU J. An overview of web archiving [EB/OL]. (2023 – 01 – 06) [2023 – 01 – 31]. https：//digital-commons. usf. edu/si_facpub/308.

❹ 傅华，冯惠玲. 国家档案资源建设研究 [J]. 档案学通讯, 2005 (5)：41–43.

❺ 张卫东，左娜，陆璐. 数字时代的档案资源整合：路径与方法 [J]. 档案学通讯, 2018 (5)：46–50.

理期刊》（*Records Management Journal*）和《档案与文件》（*Archives and records*）等档案学核心期刊中使用关键词"web archive"进行筛查。

具体检索策略及其结果如表 1 – 1 所示。

表 1 – 1　检索说明

序号	检索策略	检索结果
1	中文文献，SU =（"网络档案"+"网络资源"+"网页存档"）＊（"资源建设"+"存档"+"归档"+"保管"+"保存"）为检索式。检索于 CNKI 中展开，最后检索时间截至 2023 年 8 月 7 日	期刊论文 58 篇，学位论文 10 篇
2	英文文献，SU =（"web archive"+"internet"+"social media"+"social network"）＊（"archiving"+"capture"+"archivalization"+"preservation"+"recordkeeping"+"information management"）为检索式，在 Web of Science（WoS）、电气电子工程师学会（IEEE）、施普林格（Springer）、爱思唯尔（Elsevier）等数据库及谷歌学术（Google Scholar）展开检索，最后检索时间截至 2023 年 8 月 8 日	论文 51 篇
3	对 16 本图书情报类中文社会科学引文索引（CSSCI）来源期刊与 7 本档案学核心期刊，以及 5 本档案学期刊的摘要进行浏览，查找检索未能得出的相关文献	论文 9 篇
4	对已获得的文献中提供的参考文献进行相关主题的比对与筛选	论文 10 篇

1.4.2　研究现状

当前，直接聚焦于计算档案学视角下的网络档案信息资源建设的研究相对有限，主要从两大方面展开探索。一方面，以网络档案信息资源建设为主线，体现利用导向与数据化趋势下的创新变革；另一方面，从计算档案学或档案数据化转型着手，重点关注档案信息资源建设，并逐步向网络空间延伸。

1.4.2.1　网络档案信息资源建设相关研究

（1）网络档案信息资源建设的主要内涵

由于网络档案信息资源建设并无学理上充分且一致的界定，而是在网络信息存档、网络档案的相关研究中有一定提及，指代网络档案有序化归集的各个环节，因此在网络信息资源、网络档案的收集、归档、组织、保存、开发利用等相关主题的研究中均有呈现。❶ 除了界定，网络档案信息资源建设的基本内涵还在于对网络档案价值与特点的识别，如网络档案的历史文化、社会记忆价值，以及网络档案的复杂性、碎片化等特点，以此明晰网络档案信息资源建设的必要性。❷

尽管未有系统界定，但是网络档案信息资源建设的内涵随着相关管理环节的深入研究不断丰富，主要包括收集、组织、保存、开发等环节，落于网络档案信息资源建设中体现为：明确有哪些资源、资源内容如何组织、资源如何呈现、如何检索与获取、对应的开发方法与技术是什么、应提供哪些平台支持等。❸ 同时，网络档案信息资源建设的整体定位也在不断发展，例如强调利用导向、知识服务等❹，并向网络环境延伸，例如社交媒体、大数据等场景。❺

（2）由具体环节呈现网络档案信息资源建设实践

一是收集。研究中，收集是网络档案信息资源建设的基础环节，它决定了资源建设的对象。❻ 收集环节主要解决收集什么、谁来收集、如何收集的问题，包括收集机制、收集标准、收集策略等。❼ 收集机制主要讨论收集主体及其关系的问题，例如明确单一主体收集还是多元主体协作收集，如何设定主导

❶ 王芳，史海燕. 国外 Web Archive 研究与实践进展 [J]. 中国图书馆学报，2013，39（2）：36－45；POST C. Building a living, breathing archive：a review of appraisal theories and approaches for web archives [J]. Preservation，Digital Technology & Culture，2017，46（2）：69－77.

❷ 夏立新，杨元，郭致怡. 高校网络信息资源自动化处理与长期保存策略研究 [J]. 数字图书馆论坛，2021（9）：2－10.

❸ 肖思利，严婷. UKWAC、Web InfoMall 网络资源长期保存项目研究 [J]. 中国档案，2013（5）：70－72；MAEMURA E，WORBY N，MILLIGAN I，et al. If these crawls could talk：studying and documenting web archives provenance [J]. Journal of the Association for Information Science and Technology，2018，69（10）：1223－1233.

❹ 顾浩峰，赵芳，王前. 关于英国政府网站网页归档项目的思考与借鉴 [J]. 北京档案，2022（1）：46－50.

❺ 冯湘君. 国外网络信息存档研究述评 [J]. 情报资料工作，2014（6）：55－60；LITTMAN J，CHUDNOV D，KERCHNER D，et al. API－based social media collecting as a form of web archiving [J]. International Journal on Digital Libraries，2018，19（1）：21－38.

❻ 魏大威，季士妍. 国家图书馆网络信息资源采集与保存平台关键技术实现 [J]. 图书馆，2021（3）：45－50.

❼ 陈为东，王萍，王益成，等. 面向 Web Archive 的社交媒体信息采集工具比较研究 [J]. 图书馆学研究，2017（13）：10－16；SZYDLOWSKI N，HOLBERTON R，JOHNSON E. Archiving an early web－based journal：addressing issues of workflow, authenticity, and bibliodiversity [EB/OL]. （2022－08－29）[2023－04－13]. https：//journal. code4lib. org/articles/16696?utm_source = rss&utm_medium = rss&utm_campaign = archiving － an － early － web － based － journal － addressing － issues － of － workflow － authenticity － and － bibliodiversity.

方、各参与方的定位、相互的协作关系等，且日趋强调多元主体协同；❶ 收集标准主要指向收集范围、格式等内容与形式的要素设定，例如依据范围分为选择性收集与全面性收集，具体范围设定的利益相关者，例如由公众参与确定；❷ 收集策略则是收集的具体实现，例如收集频次、工具、方法、技术、实施路径等方面，例如当前日益强调自动化、智能化等。❸

二是组织。在部分研究中，主要涉及编目、分类、著录、元数据等相关方面的讨论。编目主要体现为人工参与，以应对元数据失效或丢失的情况，这进一步向面对网络档案应有怎样的编目标准与系统等问题延伸。❹ 编目也直接关联于元数据方案的设定与应用，强调从收集到后续的全流程都应配置不同的元数据，以支持更优的资源建设、管理以及利用等，尤其强调元数据的标准化。❺ 分类主要是指依据内容、形式的不同要素实现对网络档案的归集，从而构建更加有序的信息资源。这与开发直接相关，为后续的开发利用奠定基础，如不同时间段、地址、责任者等网页的整理。❻ 例如，以事件为中心的专题资源集建构，涉及组织、整合存档资源，以描述事件相关的概念和实体，明确事件与实体之间的关系，随后使用实体和语言模型建设围绕事件的查询服务。❼

三是开发。开发环节是资源建设走向有效利用的关键组成，在于用户获取资源的方式、成果等。现有研究进一步强调网络档案资源建设不仅是要将网络档案原材料开发为适用的产品与服务，而且产品与服务也要作为资源对象持续优化升级。例如，从可还原的网页到主题集、数据库、知识库，再到更系统的

❶ 马宁宁，曲云鹏，谢天. 欧洲主要网络资源采集项目研究与启示 [J]. 图书情报工作，2013，57 (12)：10 - 15；BEIS C A, HARRIS K N, SHREFFLER S L. Accessing web archives: integrating an archive - it collection into EBSCO discovery service [J]. Journal of Web Librarianship, 2019, 13 (3)：246 - 259.
❷ 赵梦. 网络信息资源采集与保存策略分析 [J]. 国家图书馆学刊，2010，19 (4)：77 - 79.
❸ 张乐，王婷婷. 面向 Web Archive 的网络信息采集工具的分析研究 [J]. 图书馆学研究，2017 (3)：65 - 69；ANAT B. 2014 not found: a cross - platform approach to retrospective web archiving [J]. Internet Histories, 2019, 3 (3 - 4)：316 - 342.
❹ 曹玲，颜祥林. 美国国会图书馆网页归档项目的新动向 [J]. 档案学研究，2018 (2)：125 - 128.
❺ 梁皆璇. 英国政府网页档案项目及其启示 [J]. 北京档案，2014 (12)：38 - 40；曾萨，黄新荣. 网页归档项目对社交媒体文件归档的启示 [J]. 图书馆，2018 (12)：22 - 27，66.
❻ 梁皆璇. 英国政府网页档案项目及其启示 [J]. 北京档案，2014 (12)：38 - 40.
❼ NANNI F, PONZETTO S P, DIETZ L. Building entity - centric event collections [C] //Proceedings of the 17th ACM/IEEE Joint Conference on Digital Libraries. IEEE Press, 2017：199 - 208.

服务设施的建设思路日趋显著。同时,就获取产品和服务的方式、技术、平台等予以研究。❶ 较为显著的是:①检索工具的优化,包括提出不应受限于主流的地址或网页名称检索,开发检索工具以满足多样化的查询需求,从时间、地点、类型、主题等不同角度获取资源;②开发技术的升级,包括结合本体、链接数据等语义网技术确保不同类型及不同格式的网络档案信息资源互联互通;❷ ③综合平台建设,例如平台要集成知识捕获与分类、专题知识库、用户服务、知识检索服务等功能。❸

此外,相关环节的讨论也会涉及资源建设,只是保存环节作为其中的侧重点尤为显著。保存主要从长期可读、可用、可信的角度提出网络档案信息资源的连续性保障问题。❹ 保存涵盖组织机制、责任机制、保障机制、运行机制、激励机制,从其实践内容来说,涉及保存模式是分布式还是集中式、保存主体信息形成者还是记忆机构、保存平台如何建设、保存格式应当如何选取和优化、备份策略如何实施等方面,与之对应的保存制度应有哪些、保存技术的具体需求和发展趋势是什么亦有相关讨论。❺ 例如,保存责任主体方面,图书馆或档案馆主导下的协作机制与对应的保存模式多有探讨;❻ 存储格式方面,从开放和长期可用的角度提倡网络档案文件格式(web archive file format, WARC)的应用,也提及要面向社交媒体予以升级;❼ 保存平台要融合增量回放等关键

❶ RUEST N, FRITZ S, DESCHAMPS R, et al. From archive to analysis: accessing web archives at scale through a cloud - based interface [J]. International Journal of Digital Humanities, 2021, 2 (1): 5 - 24.

❷ FAFALIOS P, HOLZMANN H, KASTURIA V, et al. Building and querying semantic layers for web archives (extended version) [J]. International Journal on Digital Libraries, 2020, 21: 149 - 167.

❸ HUANG X P. Research on ontology and linked data - oriented construction of government website web archive thematic knowledge base [C] //2021 5th International Conference on Trends in Electronics and Informatics (ICOEI). 2021: 928 - 934; FERNADO Z, MARENZI I, NEJDL, W. ArchiveWeb: collaboratively extending and exploring web archive collections—How would you like to work with your collections? [J]. International Journal on Digital Libraries, 2018, 19 (1): 39 - 55.

❹ LOBBE Q. Continuity and discontinuity in web archives: a multi - level reconstruction of the firsttuesday community through persistences, continuity spaces and web cernes [J]. Internet Histories, 2023, 7 (4): 354 - 385.

❺ 魏大威, 张炜. 国家数字图书馆网络资源保存和服务思考 [J]. 图书馆理论与实践, 2016 (9): 38 - 41, 46; 孙红蕾, 郑建明. 互联网信息资源长期协作保存机制研究 [J]. 图书馆学研究, 2017 (10): 20 - 25, 10; 赵展春. 网络信息归档保存的档案馆责任主体研究 [J]. 档案与建设, 2014 (10): 23 - 26, 30.

❻ 赵展春. 网络信息归档保存的档案馆责任主体研究 [J]. 档案与建设, 2014 (10): 23 - 26, 30.

❼ 黄新平. 欧盟 FP7 社交媒体信息长期保存项目比较与借鉴 [J]. 图书馆学研究, 2019 (17): 2 - 9.

技术的应用。❶

（3）网络档案信息资源建设的挑战与对策

经过对网络档案各类项目的调查，结合基于网络档案特质和实际工作特点的分析，笔者逐步明确网络档案信息资源建设的挑战，并提出相应对策。❷

一些研究认为网络档案信息资源建设的挑战表现为：一是组织架构的配置不够充分，既在于利益相关者之间存在冲突而协作不足，也在于责任体系未得到完全建构；❸ 二是缺乏体系化的法律法规支持，即便是具有法定存缴支持的国家和地区也面临个人隐私、知识产权等方面的风险；❹ 三是缺失更系统的标准规范指导，一些实践规模有限，配套的行动依据不足；❺ 四是网络档案的背景、形式、内容等要素具有复杂性，难以形成一蹴而就或适用于所有场景的方案，例如收集范围的设定存有失当的风险；❻ 五是技术工具的开发具有难度，可提供的支持存有局限；❼ 六是相应的保障不足，例如基础设施、资金等方面的困难；❽ 七是当下资源建设更关注保存目标的实现，与利用环节缺乏充分融合。❾

笔者主要从如下方面提出对策：一是多元主体协同，图书馆、档案馆、网

---

❶ 魏大威，季士妍. 国家图书馆网络信息资源采集与保存平台关键技术实现［J］. 图书馆，2021（3）：45 – 50.

❷ 张耀蕾. 哈佛大学图书馆网络资源保存服务项目的研究和启示［J］. 图书馆建设，2015（1）：88 – 93；马宁宁，张炜，曲云鹏. 韩国网络信息保存现状研究与启示：以韩国国立中央图书馆 OASIS 项目为例［J］. 情报理论与实践，2015，38（2）：141 – 144，135；王萍，周霞，李依凝，等. 国外政府网络存档项目比较与借鉴［J］. 图书情报工作，2022，66（17）：15 – 24.

❸ 毕云平，谢海洋. 档案学视角下网页归档与保存研究综述［J］. 档案学研究，2015（4）：74 – 78.

❹ 王芳，史海燕. 国外 Web Archive 研究与实践进展［J］. 中国图书馆学报，2013，39（2）：36 – 45；李子林，龙家庆. 欧洲网络存档项目实践进展与经验启示［J］. 图书馆学研究，2020（15）：56 – 64；BERCIC B. Protection of personal data and copyrighted material on the web：the cases of Google and internet archive［J］. Information & Communications Technology Law，2005，14（1）：17 – 24.

❺ 黄新荣，高晨翔. 过程视角下的社交媒体存档技术研究述评［J］. 图书馆学研究，2019（2）：2 – 11.

❻ 王萍，周霞，李依凝，等. 国外政府网络存档项目比较与借鉴［J］. 图书情报工作，2022，66（17）：15 – 24.

❼ 陈为东，王萍，王益成，等. 面向 Web Archive 的社交媒体信息采集工具比较研究［J］. 图书馆学研究，2017（13）：10 – 16.

❽ 刘乃蓬，张伟. 档案管理模式下网络信息资源长期保存的研究［J］. 中国档案，2012（9）：66 – 68.

❾ 李彩容，王燧莉. 基于 Web 生命周期管理模型的美国网页归档项目政策分析［J］. 北京档案，2022（2）：45 – 48；OGDEN J，MAEMURA E. "Go fish"：conceptualising the challenges of engaging national web archives for digital research［J］. International Journal of Digital Humanity，2021，2（1 – 3）：43 – 63.

络平台、信息形成者（网络用户）等是不可或缺的协作方，无论是何种建设模式都要体现主体协作，明确分工、责任、权益等；❶ 二是强调网络档案信息资源建设的合规性，即面向不同国家和地区的平台的合规分析，提出待分析网络档案信息资源建设的需求，助推相关法律法规的完善；❷ 三是标准，从各个环节的流程到网络档案对象，对收集标准、存储格式的标准进行讨论，以获得更多关注；❸ 四是就工具技术的开发展开调查、分析与优化构想，强调技术的组合应用。❹ 例如，针对从收集到保存全流程的平台架构进行总体设计，并解析应有的技术支持，或是针对某类特定技术工具予以讨论，明确收集是现有研究的重点。❺

同时，也对网络档案信息资源建设的模式创新与优化提出整体要求。一方面强调利用导向。例如提出要从用户视角出发，资源建设要强调交互式体验的融入，为提升服务质量奠定基础，对应的平台建设突出开放利用。❻ 另一方面凸显在数字环境下从技术到文化维度的同步，及时创新优化网络档案信息资源建设的方法与思路。❼ 网络档案信息资源建设被认为更偏重初级的主题聚类的维度，数据挖掘级别的建设不足。❽ 因此，社交媒体、大数据等场景得到重

❶ 闫晓创. 国外 Web Archive 项目对我国的借鉴和启示：以澳大利亚的 PANDORA 项目为例 [J]. 档案学研究，2012 (5)：79－83；黄新荣，曾萨. 网页归档推进策略研究：基于网页归档生态系统视角 [J]. 图书馆学研究，2018 (16)：63－70，16.

❷ 王烁，丁宇. 加拿大图书馆网页归档项目研究 [J]. 档案学研究，2012 (6)：83－85；戴建陆，范艳芬，金涛. 中文网络信息资源长期保存策略研究 [J]. 情报科学，2015，33 (11)：34－38.

❸ 曾萨，黄新荣. WARC 标准推广策略研究 [J]. 图书馆，2019 (6)：81－87；MAEMURA, E. All WARC and no playback：the materialities of data－centered web archives research [EB/OL]. (2023－03－13) [2023－04－15]. https：//doi. org/10. 1177/20539517231163172.

❹ 黄新平，王萍. 国内外近年 Web Archive 技术研究与应用进展 [J]. 图书馆学研究，2016 (18)：30－35，19.

❺ 陈为东，王萍，王益成，等. 面向 Web Archive 的社交媒体信息采集工具比较研究 [J]. 图书馆学研究，2017 (13)：10－16；魏大威，季士妍. 国家图书馆网络信息资源采集与保存平台关键技术实现 [J]. 图书馆，2021 (3)：45－50.

❻ 张林华，徐维晨. 浅析国外网页档案实践及其对我国的启示 [J]. 档案与建设，2020 (6)：9，38－41；王萍，黄新平，张楠雪. 国外 Web Archive 资源开发利用的途径及趋势展望 [J]. 图书馆学研究，2015 (23)：43－49.

❼ 任洪展. 自媒体网络信息归档初探 [J]. 档案与建设，2015 (10)：14－17；OGDEN J. "Everything on the internet can be saved"：archive team，tumblr and the cultural significance of web archiving [J]. Internet Histories，2022，6 (1－2)：113－132.

❽ GOMES D, DEMIDOVA E, WINTERS J, et al. The past web：exploringweb archive [M]. Cham：Springer International Publishing，2021.

点呈现，主要提出分析网络信息的新特点，并明确数据颗粒度的资源建设方法与要求，从文化层面发现变革方向，由数据维度升级网络档案信息资源建设的定位、方法及技术。❶ 因此，在其中要提及做好相关的理论与方法探索作为发现和解决新问题的应对策略。❷

1.4.2.2 基于计算档案学的网络档案信息资源建设

一是立足多元存档主体，为实现网络空间治理，探讨网络档案信息资源建设协同机制的建立。一方面，网络档案信息资源建设同开发利用的关联日趋显著，作为涉及多元利益相关者的整体性事务予以界定，强调网络数据要协同存档并建设为可供多方利用的档案信息资源以挖掘其证据、记忆、资产价值，例如网络数据被视作面向大众的数字记忆材料。❸ 另一方面，深入存档主体的协作以推动网络空间整体的网络档案信息资源建设，凸显公众参与和多主体协同策略，例如档案机构的专业统筹与指导❹、政策制定者的规则完善、平台的制度与功能优化❺、用户的数据与档案素养提升❻。

二是站在流程角度，以网络档案的开发为基点，讨论资源建设的要义。一方面，立足代表性形态，如社交媒体档案，围绕数据组织❼、平台建设❽、检索方式优化❾等指出资源建设所涉及的主要方面。另一方面，由行动要素提出网络档案信息资源建设的管理、技术、文化、社会策略。例如信息整合匿名化以防

❶ 黄新荣，高晨翔. 过程视角下的社交媒体存档技术研究述评 [J]. 图书馆学研究，2019 (2)：2 - 11.
❷ 闫晓创. 日本网络资源存档项目实践研究 [J]. 浙江档案，2017 (12)：20 - 23；毛凌翔. 网络信息资源档案化及其服务的探讨 [J]. 档案学研究，2012 (2)：50 - 55.
❸ 冯惠玲. 数字记忆：文化记忆的数字宫殿 [J]. 中国图书馆学报，2020 (3)：4 - 16.
❹ 宋香蕾. 政务微博档案化模式研究 [J]. 档案学研究，2017 (1)：51 - 56.
❺ 黄新荣，高晨翔. 国内外社交媒体存档研究与实践述评 [J]. 图书情报工作，2019 (4)：122 - 134.
❻ SINN D, KIM S, SYN S Y. Personal digital archiving：influencing factors and challenges to practices [J]. Library Hi Tech，2017，35 (2)：222 - 239.
❼ 马亚雪，毛进，李纲. 面向科学社会计算的数据组织与建模方法 [J]. 中国图书馆学报，2021 (1)：76 - 87.
❽ ACKER A，BRUBAKER J R. Death，memorialization，and social media：a platform perspective for personal archives [J]. Archivaria，2014，77 (1)：1 - 23.
❾ KINDER - KURLANDA K，WELLER K，ZENK - MÖLTGEN W，et al. Archiving information from geotagged tweets to promote reproducibility and comparability in social media research [J]. Big Data & Society，2017，4 (2)：1 - 14.

范隐私风险❶，完善开发利用规则以规避档案馆、利用者同形成者的伦理冲突。❷

三是从档案对象出发，基于网络情境，展开融合数据科学的资源建设的理论与方法建构。网络数据的治理以档案信息资源建设为重要组成部分，从宏观框架至微观行为均涉及网络档案的全流程管理，相应推进档案学科的数字转型。❸ 在数字档案理论与方法的建构中，计算档案学表现显著，正由历史档案的数据化开发向网络档案扩展，探索如何将计算思维与方法应用网络档案信息资源的建设并相应拓展计算档案学内容体系。❹ ①以网络为工具，探讨包括网络档案在内的信息资源建设相关功能设计、技术开发等。❺ 例如建设满足多元需求的网络利用平台、开发具备远读功能的网络系统。❻ ②明确网络档案信息资源建设是应用与拓展计算档案学的场景，可促进网络数据的档案化管理以形成高质量资源，例如应用可信档案与计算机工程方法识别虚假视频。❼ ③面向利用的网络档案信息资源建设要求，例如网络档案的整合应充分融合来源方法以便用户确认资源的适用性、匹配度和局限、使用计算方法处理海量网络数据集。❽ 以项目为单位的计算档案案例研究呈现出借助数字技术为网络档案信息资源建设的具体活动开发工具的特点。例如为提升网络档案的易用性与数据处理效率提出面向分布式网络档案的技术框架 ArchiveSpark❾、对互联网档案馆

❶ SMITH T D. The blockchain litmus test ［C］//2017 IEEE International Conference on Big Data（Big Data）. IEEE, 2017：2299 –2308.

❷ LINDLEY S E, MARSHALL C C, BANKS R, et al. Rethinking the web as a personal archive ［C］// SCHWABE D, ALMEIDA V, GLASER H. Proceedings of the 22nd International Conference on World Wide Web. New York：Association for Computing Machinery. 2013：749 –760.

❸ 刘越男，杨建梁，何思源，等. 计算档案学：档案学科的新发展 ［J］. 图书情报知识，2021（3）：4 –13.

❹ UNDERWOOD W, MARCIANO R. Computational thinking in archival science research and education ［C］//2019 IEEE International Conference on Big Data（Big Data）. IEEE, 2019：3146 –3152.

❺ MAEMURA E, BECKER C, MILLIGAN I. Understanding computational web archives research methods using research objects ［C］//2016 IEEE International Conference on Big Data（Big Data）. IEEE, 2016：3250 –3259.

❻ HOLZMANN H, GOEL V, ANAND A. ArchiveSpark：efficient web archive access, extraction and derivation ［C］//2016 IEEE/ACM Joint Conference on Digital Libraries（JCDL）. IEEE, 2016：83 –92.

❼ HAMOUDA H, BUSHEY J, LEMIEUX V, et al. Extending the scope of computational archival science：a case study on leveraging archival and engineering approaches to develop a framework to detect and prevent "fake video" ［C］//2019 IEEE International Conference on Big Data（Big Data）. IEEE, 2019：3087 –3097.

❽❾ HOLZMANN H, GOEL V, GUSTAINIS E N. Universal distant reading through metadata proxies with archivespark ［C］//2017 IEEE International Conference on Big Data（Big Data）. IEEE, 2017：459 –464.

所保存的近两万网页存档数据开发预测更新频率的建模以优化爬取方案与工具❶、以 Twitter 的 350 万条信息探讨使用三步骤社交媒体相似性的画图方法进行网络档案的文本挖掘。❷

1.4.2.3 研究评述

总的来说，网络档案信息资源建设的必要性及发展方向得到明确，部分行动策略有所探讨，但尚存局限。一是服务于网络空间即时运行的档案需求识别有限，相应的网络档案资源建设概念与原理构建不足。二是网络空间的复杂情境尚未融入档案理论与方法，资源建设模式有待建成。三是实践应用应得到更充分解答，尚需建构提供系统依据的行动框架和示范方案。

1.5 研究内容

1.5.1 研究对象

本书的研究对象为网络档案信息资源建设的基本原理与方法，研究的框架与思路如图 1-1 所示。具体来说，在计算档案学的指导下，探索网络档案信息资源的建设依据、要求、路径是什么。

1.5.2 研究问题与思路

本书旨在面向网络空间的档案需求，明确网络档案信息资源高质量建设的认知及方法，主要回答以下问题：①在向服务网络空间连续运行不断拓展的趋势下，网络档案信息资源建设的实践需求及理论升级要求是什么？计算档案学的应用要点是什么且应如何拓展完善？②面向数据级的开发利用，网络档案信

❶ JAYAWARDANA Y, NWALA A C, JAYAWAROENA G, et al. Modeling updates of scholarly webpages using archived data [C] //2020 IEEE International Conference on Big Data (Big Data). IEEE, 2020: 1868 –1877.

❷ YIN Z F, FAN L Z, YU H Z, et al. Using a three – step social media similarity (TSMS) mapping method to analyze controversial speech relating to COVID – 19 in twitter collections [C] //2020 IEEE International Conference on Big Data (Big Data). IEEE, 2020: 1949 –1953.

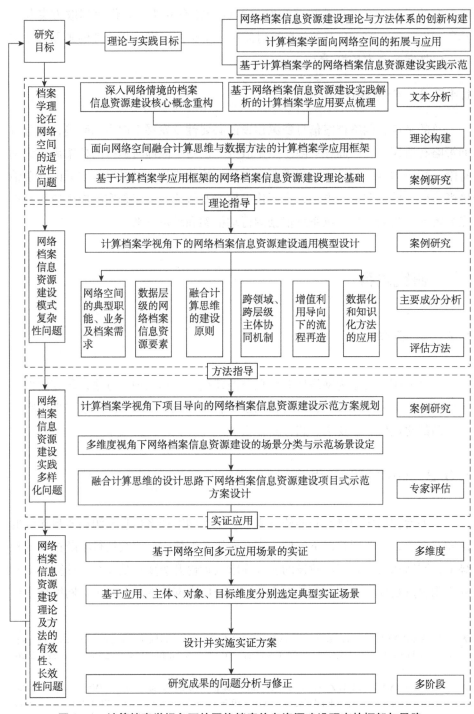

图 1-1　计算档案学视角下的网络档案信息资源建设研究的框架与思路

息资源的概念与方法是什么？③随着强调服务多元利益相关者并实现其参与协同，基于计算档案学的网络档案信息资源建设是怎样的，基本方法与关键要素是什么？

由此，依据"提出问题—分析问题—解决问题"的研究思路：①基于计算档案学，围绕档案领域同网络空间双向适应性问题构建网络档案信息资源建设理论框架；②针对资源建设复杂性问题，结合案例研究和理论分析形成通用模型；③在充分解析实践场景及其需求的基础之上形成示范性实践方案；④针对理论与模型有效性及长效性问题，开展实证研究，检验并修正研究成果。

第一，基于计算档案学的网络档案信息资源建设理论构建。

通过文本分析厘清核心概念，应用案例研究与社会调查方法分析实践需求，融合对网络空间特质的解析，依托理论构建方法形成了为网络档案信息资源建设创新优化提供原理阐释与指导的理论框架。

①深入网络空间情境的网络档案信息资源建设核心概念重构；

②结合网络档案信息资源建设实践解析的计算档案学应用要点梳理；

③面向网络空间的计算档案学应用框架构建；

④基于计算档案学应用框架的网络档案信息资源建设理论基础建设。

第二，计算档案学视角下的网络档案信息资源建设通用模型设计。

从通用性和规范性的角度出发，采用案例研究、主成分分析与专家评估法，立足网络档案信息资源建设总体需求与变革要点，对照计算档案学应用框架确立行动参考模型。

①网络空间的典型职能、业务及其档案需求分析；

②深化至数据层的网络档案信息资源的要素解构；

③计算思维与档案内核集成体系引导下的网络档案信息资源建设原则设定；

④多学科协同创新驱动的跨领域、跨层级主体机制构建；

⑤增值利用导向下的网络档案信息资源建设流程再造；

⑥数据化和知识化技术的应用设计。

第三，计算档案学视角下以项目为导向的网络档案信息资源建设示范方案策划。

应用案例研究与专家评估法，对照理论框架与通用模型并收集专家意见，结合计算档案学内含的实践主题导向，以项目为单位设计行动方案的思路，为网络空间多元化情境的网络档案信息资源建设提供针对性的示范实践方案。

①多维度视角下网络档案信息资源建设的场景分类与示范场景设定；

②计算档案学方法指导下的网络档案信息资源建设项目式示范方案设计。

第四，基于网络空间多元应用场景的实证。

通过实证研究方法，从多维度场景着手，围绕多元应用、主体、对象、目标分别展开上述研究成果的验证，评估其有效性和科学性，并归纳实践策略以提升研究成果可用性。

1.5.3　研究重点和难点

第一，面向变革中的网络空间的网络档案信息资源建设重新界定。网络空间处于创新变革中，网络档案信息资源建设需要融合新的文化与技术内涵予以重构，落于数据颗粒度的适应性扩充、连接开发利用的概念界定、面向多学科集成统一的阐释是研究的重要基础，也较具难度。

第二，应用于网络档案信息资源建设的计算档案学框架构建。计算档案学的研究主要以实践案例呈现，且尚需面向网络空间予以完善，建立系统且适用于网络档案信息资源建设的框架既是关键也是挑战。

第三，基于计算档案学的网络档案信息资源建设模型及其应用方案设计。网络档案信息资源建设如何依托计算档案学应用框架细化要素并集成为整体性的模型、如何立足网络空间的复杂场景设计示范方案是解决研究问题的关键，其涉及多学科知识亦有理论构建难度。

第四，立足网络空间多元情境的实证。网络空间对接各类社会场景会产生复杂且有较大差异的数据情境，基于实证形成长期有效可用的研究成果亦是重点。同时，实证研究也面临挑战。一方面，从不同技术、主体、需求确认优质可行的实证场景具有一定难度；另一方面，基于实证结果优化并形成更具操作性的示范方案以及跨情境网络档案信息资源建设总体框架亦有挑战。

1.5.4　研究目标

第一，系统构建网络档案信息资源建设理论及方法框架。利用以计算档案学为主体的跨学科理论成果，在数字转型的社会、技术、文化背景中融合多元方法与视角，面向网络空间的连续运行需求，发现网络档案信息资源高质量建设的规律、原则与路径。

第二，深化计算档案学理论和方法在网络空间的升级与应用。计算档案学实现于网络空间的拓展，为强化网络数据治理中的档案方法应用、凸显档案机构与图书馆等机构的数据治理和数字记忆构建功能、官方机构出台相关政策、标准、规范提供理论与方法指导。

第三，基于计算档案学建立网络档案信息资源建设实践示范。由网络空间明确数字转型情境，实现计算档案学应用场景扩展，并进行相应设计示范性实践。因之，在数据治理框架内为各利益相关者的网络档案信息资源建设形成行动指南与方案。

1.6　研究方法

（1）案例研究法

一方面，对全球范围内的网络档案信息资源建设实践信息予以收集，解析其实践模式与要素；另一方面，将理论构建所得的计算档案学视角下的网络档案信息资源建设模式用于选取的特定单位，演化出具体的实践方案。

（2）理论构建法

对计算档案学进行文献调查，形成基本的理论认识，并结合计算社会科学相关理论要点，形成更深入的计算档案学理论基础。同时，将计算档案学的理论与方法，应用于网络档案信息资源建设优化模式的构建。

（3）文本分析法

对调查所得的网络档案信息资源建设的文本进行内容分析，通过编码解析案例信息，以此形成总体模式与行动框架。

（4）实地访谈法

对选取的特定单位展开实地访谈，明确其网络档案信息资源建设的背景、现状、需求等。

1.7 研究创新与局限

1.7.1 研究创新

第一，本书将档案对象延伸到现行与半现行的网络数据，网络数据即时存档同网络历史档案保管的结合大大拓展网络档案信息资源建设的研究情境。

第二，本书从数字转型出发，研究范畴破除了网络档案与现行数据的绝对边界，立足整体网络空间将其扩展到跨平台、场景、利益相关者、内容、形式的各种数据，研究变量大为增加。

第三，本书引入计算档案学，深入网络档案信息资源建设在自组织和主体协同、即时传播与长久保存、真实保管与增值利用、档案方法强化与跨学科融合等关键组合概念上的研究关切。

第四，本书基于计算档案学，将网络档案信息资源建设解构为档案管理、数据技术、人文引领及其他相关领域参与所融合出全过程连续与全要素集成的整体活动系统。

第五，本书将网络档案信息资源建设扩充到服务网络空间即时且连续运行的"业务需求"，由此拓展建设对象与方法。

第六，本书在网络档案信息资源的主体机制上，由强调记忆机构主导扩充到多元主体参与协同。

第七，本书将网络档案信息资源建设框架扩充到计算档案的数据思维与数字方法，重新解释网络数据、档案、档案信息资源之间的边界，且积极识别多元的网络场景以强化认知基础与行动依据。

1.7.2 研究局限

第一，网络档案信息资源建设具有繁杂多元的场景，理论成果的验证与具体实践路径的提出具有一定难度，只能立足典型场景展开研究。

第二，由于计算档案学尚在发展中，本书的研究内容之一就是进一步充实其内容，但难以建立完备的理论与方法体系，因此为更系统的网络档案信息资源建设的构建留有优化空间。

第 2 章
计算档案学的理论内涵与方法要义

计算档案学于 2015 年提出，旨在通过理论与方法的建构指导档案领域的数字转型。通过多年的发展，一方面在计算社会科学的发展框架下更加明确计算档案学的基本内涵，另一方面依托体现计算档案性质的实践深化其内容建构。

2.1　理论内涵：来自计算社会科学的启示

计算档案学被认为将建构出档案学融合计算机科学、数据科学等多学科在内的超学科。在 IEEE 每年的计算档案学工作讨论与计算档案学发起人在美国马里兰大学、英国伦敦国王学院等专题性的科研教育实践的推进下，计算档案学的成果逐步丰富。[1] 尽管计算档案学已有一定的理论阐释与实例呈现，但是从学科的整体性来看，其理论与方法等均有广泛的建构空间。相较于对计算档案学本身的归纳与构想，计算社会科学提供了完善计算档案学的参考框架。这主要在于计算社会科学自 2009 年得到专题性解释后不断发展，为各类学科的"计算 +"提供了基本认知与方法框架，例如计算社会学、计算法学、计算传播学、计算教育学等。因此，要理解计算档案学是什么，则要梳理与挖掘计算社会科学的基本要点，用以启示计算档案学的建构方向。

---

[1]　AICollaboratory. CAS workshops [EB/OL]. [2023 - 02 - 10]. https：//ai - collaboratory. net/cas/cas - workshops/.

2.1.1 计算社会科学总体要点的梳理

计算社会科学的提出同计算科学的发展有着密切联系。这主要在于伴随人类世界的数字转型，社会科学研究的数据源不断扩充且数据加工分析的技术工具得到升级，社会科学同自然科学的对照建构有了更具计算化和可操作性的特征。计算社会科学主要源于 2009 年大卫·拉泽（David Lazer）等 15 位学者在《科学》（*Science*）发表的专题文章，其解释了计算社会科学的产生背景、应用价值、人才培养等内容[1]，随后 2012 年《欧洲物理学报（专题）》（*The European Physical Journal Special Topics*）发表了有关计算社会科学（computational social science）的宣言，围绕技术、方法、机遇、挑战等讨论计算社会科学的应有内涵。由此，更加立足于大数据情境的计算社会科学得到各学科的关注，以此为研究认识论与方法论深入于各学科的"计算＋"，例如计算法学、计算传播学、计算经济学、计算语言学、计算教育学等，也进一步丰富计算社会科学乃至社会科学的内涵。于计算档案学而言，计算社会科学的框架与内容要点是重要的建构参考与方向。

2.1.1.1 数据化背景下如何认识社会与社会科学？

于计算社会科学而言，首先转变的是研究数据伴随数字技术的发展有了颗粒度、广度、时效性等方面的综合变化，从而改变人们对社会的认知，这是拓展完善社会科学的相关认识与方法的基础。[2]

第一，计算社会科学关注的是社会的数据生态，即社会范畴内形成了怎样的数据及其内容与形式表现。于社会科学而言有怎样的特点与价值，由此帮助社会科学确定如何将这些数据用于研究。计算社会科学研究所用的大多是社会活动中使用网络自然形成的数据，同以前基于抽样实验、调查所获得的数据有

---

[1] DAVID L, PENTLAND A, ADAMIC L, et al. Computational social science [J]. Science, 2009, 323 (5915): 721 - 723; 詹国辉, 熊菲, 栗俊杰. 面向大数据的计算社会科学: 一种诠释社会现象的新范式 [J]. 科学技术哲学研究, 2018, 35 (3): 100 - 104.

[2] CIOFFI - REVILLA C. Bigger computational social science: data, theories, models, and simulations—not just big data [EB/OL]. (2016 - 05 - 24) [2023 - 02 - 10]. https://papers.ssrn.com/sol3/papers.cfm?abstract_id=2784278; 韩军徽, 李正风. 计算社会科学的方法论挑战 [J]. 自然辩证法研究, 2018, 34 (4): 14 - 19.

较大差异。这些数据的特点为颗粒度细化、广度上覆盖更多人群、密度上显示为海量密集增长、时效性体现为实时收集等，以丰富的数据源解释更多的社会现象。❶ 因此，社会科学要识别不同的生产阶段以及与之对应的数据情境，以此指导研究认知与方法的变化。❷

　　第二，依循数据情境，探讨这些数据同社会的关系，进一步确定这些数据如何解决有关社会科学的问题。❸ 其讨论主要在于这些数据适用于揭示因果还是相关关系、可用于重复预言还是新颖预言❹、可以反映总体还是局部的知识。❺ 于计算社会科学而言，高度数字化的社会形态显示为高度数据化的人类行为，计算社会科学如果实现依托大数据认识社会的本体论、认识论、方法论的建构，就可以挖掘人类行为的规律与方式。❻ 虽然不同研究各有其观点，但是就理想层面来说，如果计算社会科学体现的是把社会作为复杂系统的研究范式，无论是互联网自动生成的数据还是科研机构专门建立的数据平台，其数据还是不能完全实现与整个社会复杂系统的对照。❼ 因此，计算社会科学要求既要基于现有数据探查社会现象，也要考虑那些缺失的数据同研究结果的

---

❶ 张清俐. 计算社会科学：计算思维与人文灵魂相融合 [N]. 中国社会科学报，2014 - 04 - 16
（A01）；王成军. 计算传播学：作为计算社会科学的传播学 [J]. 中国网络传播研究，2014，7
（1）：193 - 206.

❷ 孟小峰，张祎. 计算社会科学促进社会科学研究转型 [J]. 社会科学，2019（7）：3 - 10；CHANG
R M，KAUFFMAN R J，KWON Y O. Understanding the paradigm shift to computational social science in
the presence of big data [J]. Decision Support Systems，2014，63：67 - 80.

❸ STROHMAIER M，WAGNER C. Computational social science for the world wide web [J]. IEEE Intelli-
gent Systems，2014，29（5）：84 - 88；张小劲，孟天广. 论计算社会科学的缘起、发展与创新范式
[J]. 理论探索，2017（6）：33 - 38.

❹ 郦全民. 论计算社会科学的双重功能 [J]. 上海交通大学学报（哲学社会科学版），2019，27
（5）：6 - 13；袁堂军. 我国可计算社会科学研究的现状与未来 [J]. 人民论坛·学术前沿，2019
（20）：40 - 47.

❺ 王成军. 反思计算社会科学的逻辑：基于拉图尔的"计算中心"概念 [J]. 南京社会科学，2021
（4）：122 - 131；孟小峰，余艳. 在跨学科交叉融合中深发展社会计算与社会智能 [J]. 计算机科
学，2022，49（4）：3 - 8.

❻ 郭金金，陈伟军. 计算社会科学时代场景内涵的再认识 [J]. 新闻界，2021（4）：18 - 27；李凤
翔，罗教讲. 计算社会科学视角：媒体传播效果的计算机模拟研究 [J]. 学术论坛，2018，41
（4）：15 - 27；申卫星，刘云. 法学研究新范式：计算法学的内涵、范畴与方法 [J]. 法学研究，
2020，42（5）：3 - 23；孟小峰，张祎. 计算社会科学促进社会科学研究转型 [J]. 社会科学，
2019（7）：3 - 10.

❼ 郦全民. 论计算社会科学的双重功能 [J]. 上海交通大学学报（哲学社会科学版），2019，27
（5）：6 - 13；严宇，方鹿敏，孟天广. 重访计算社会科学：从范式创新到交叉学科 [J]. 新文科理
论与实践，2022（1）：24 - 33，123 - 124.

关系。❶ 同时，计算社会科学也意识到，由于大多数数据不是为了研究而生成的，网络中形成的数据也不一定能对应现实的人、事、物，因此研究时要考虑数据的处理及其局限性。❷

2.1.1.2 计算化背景下如何变革社会科学研究框架？

在数据化的推进下，更多社会现象的可计算性得到加强。在计算化的背景下，社会科学的研究方法可以利用数据解答相应的社会问题。❸

第一，围绕数据与对数据认知的变化，洞察社会科学中的新问题，促进计算社会科学主要解决的研究问题产生变革。❹ 研究明确指出，计算社会科学既要利用新数据及其相关要素发现新问题，又要基于新数据重构经典概念与问题。❺ 换言之，与数据密集型研究范式的融合将驱动产生新的问题和关注点。❻ 这在各领域均有表现，例如将计算思维融入法学，推进了人工智能法、互联网信息服务法等新的发展方向。❼ 对应于此，探索目标是新概念的提出与界定、社会现象的新解释或优化解释、新理论的提出或经典理论的重构。

---

❶ 詹国辉，熊菲，栗俊杰. 面向大数据的计算社会科学：一种诠释社会现象的新范式 [J]. 科学技术哲学研究，2018，35（3）：100－104；苏毓淞，刘江锐. 计算社会科学与研究范式之争：理论的终结？[J]. 复旦学报（社会科学版），2021，63（2）：189－196.

❷ 韩军徽，李正风. 计算社会科学的方法论挑战 [J]. 自然辩证法研究，2018，34（4）：14－19；郝龙. 互联网社会科学实验：方法创新与价值评价 [J]. 中南大学学报（社会科学版），2020，26（6）：163－174.

❸ 王成军. 计算传播学：作为计算社会科学的传播学 [J]. 中国网络传播研究，2014，7（1）：193－206；范晓光，刘金龙. 计算社会学的基础问题及未来挑战 [J]. 西安交通大学学报（社会科学版），2022，42（1）：38－45.

❹ CHANG R M, KAUFFMAN R J, KWON Y O. Understanding the paradigm shift to computational social science in the presence of big data [J]. Decision Support Systems, 2014, 63：67－80；吕鹏. 计算社会科学中仿真模拟的三个发展阶段 [J]. 清华社会学评论，2022（1）：38－59.

❺ 张小劲，孟天广. 论计算社会科学的缘起、发展与创新范式 [J]. 理论探索，2017（6）：33－38；韩军徽，张钺，李正风. 计算社会科学：缘起、变革与挑战 [J]. 中国社会科学文摘，2020（10）：132－133.

❻ 袁堂军. 我国可计算社会科学研究的现状与未来 [J]. 人民论坛·学术前沿，2019（20）：4－47；孟小峰，余艳. 在跨学科交叉融合中深发展社会计算与社会智能 [J]. 计算机科学，2022，49（4）：3－8；罗俊，李凤翔. 计算社会科学视角下的数据观 [J]. 吉首大学学报：社会科学版，2018，39（2）：17－25；申卫星，刘云. 法学研究新范式：计算法学的内涵、范畴与方法 [J]. 法学研究，2020，42（5）：3－23.

❼ 申卫星，刘云. 法学研究新范式：计算法学的内涵、范畴与方法 [J]. 法学研究，2020，42（5）：3－23；孟小峰. 人工智能浪潮中的计算社会科学 [J]. 人民论坛·学术前沿，2019（20）：32－39.

第二，在研究方法层面，如何使用数据得到较大程度的发展。随着计算社会科学的不断发展，研究范式由数据驱动发展至与理论驱动相融合，即在相关关系的基础上进一步重视因果关系。❶ 研究方法随之拓展，其起点是计算社会科学在很大程度上有别于总体中选取部分的随机抽样，是对基于数字场景下直接生成的数据展开研究。❷ 尽管研究方法分类各有差异，但总体形成了社会数据计算、互联网社会科学实验、社会模拟三大方法体系❸，并在各大领域得到应用。

第三，研究保障同样有所改变。组织方式、研究者构成、知识评价标准等在计算社会科学的推进下均发生变化。例如，社会科学有更多的实验室，以计算科学、计算机科学、物理学等为基础组成的研究队伍建设，可重复性在知识评价中凸显等均是重要表现。❹

2.1.1.3　智能化背景下如何优化各领域的社会活动？

数据化和计算化的本质是为了推进社会各要素的优化，直接表现为各领域社会活动的智能化甚至智慧化。在社会科学中就是探索应用技术与工具解决具体问题。

一方面，计算思维如何系统融入社会问题的相应领域中，探讨更体系化的

---

❶ 孟小峰，余艳. 在跨学科交叉融合中深发展社会计算与社会智能 [J]. 计算机科学，2022，49 (4)：3 – 8；严宇，方鹿敏，孟天广. 重访计算社会科学：从范式创新到交叉学科 [J]. 新文科理论与实践，2022 (1)：24 – 33，123 – 124；《学术前沿》编者. 人工智能与计算社会科学 [J]. 人民论坛·学术前沿，2019 (20)：4 – 5；曾琼. 突破与重构：大数据时代的计算广告学研究 [J]. 湖南师范大学社会科学学报，2019，48 (5)：150 – 156.

❷ 苏毓淞，刘江锐. 计算社会科学与研究范式之争：理论的终结？[J]. 复旦学报 (社会科学版)，2021，63 (2)：189 – 196；俞树毅，沈燕飞. 论环境法治知识生产的计算科学面向 [J]. 西北师范大学学报 (社会科学版)，2022，59 (3)：116 – 124.

❸ 郝龙. 互联网社会科学实验：方法创新与价值评价 [J]. 中南大学学报 (社会科学版)，2020，26 (6)：163 – 174；范晓光，刘金龙. 计算社会学的基础问题及未来挑战 [J]. 西安交通大学学报 (社会科学版)，2022，42 (1)：38 – 45；吕鹏. 计算社会科学中仿真模拟的三个发展阶段 [J]. 清华社会学评论，2022 (1)：38 – 59；申卫星，刘云. 法学研究新范式：计算法学的内涵、范畴与方法 [J]. 法学研究，2020，42 (5)：3 – 23；郝龙，李凤翔. 社会科学大数据计算：大数据时代计算社会科学的核心议题 [J]. 图书馆学研究，2017 (22)：20 – 29，35；周涛，高馨，罗家德. 社会计算驱动的社会科学研究方法 [J]. 社会学研究，2022，37 (5)：130 – 155，228 – 229.

❹ 韩军徽，张铖，李正风. 计算社会科学：缘起、变革与挑战 [J]. 中国社会科学文摘，2020 (10)：132 – 133；罗俊，李凤翔. 计算社会科学视角下的数据观 [J]. 吉首大学学报：社会科学版，2018，39 (2)：17 – 25；郦全民. 论计算社会科学的双重功能 [J]. 上海交通大学学报 (哲学社会科学版)，2019，27 (5)：6 – 13.

方法或路径。计算化涉及的数据、算法、平台和场景都成为社会的特定领域与活动中需要深入考察与描摹的内容，这需要在特定的社会活动中界定人、行为、对象、场景等实体，并对其进行计算化转换，进而理解特定领域宏观的活动模式和构成要素。在此基础上，计算社会科学探讨的则是每一个社会问题如何转化为适应于计算空间的运行要素、方法、模式等，进而以计算思维进行表述。❶

另一方面，利用具体的技术与工具，研究如何解决具体问题，甚至发展该领域的数字科技。以技术为驱动也得到重点关注，从研究工具的角度强化计算社会科学，用以加强对数据的收集、处理、分析、输出等。❷ 例如，计算广告学探讨的重点之一是基于互联网语境提供的丰富用户行为数据在市场与消费者洞察、复杂变量的综合考量、宏观发现等方面实现突破。❸ 这进一步推动数字技术融合于特定领域乃至特定活动开发出定制化工具，例如计算科学用于环境法治生产平台、计算法学，由此出现数字法律科技的分支。❹

2.1.1.4 风险视角下如何反思计算社会科学？

基于数据化以及相关要素的不足，讨论计算社会科学存在的局限性，并由此展望计算社会科学的发展亦是研究重点。现有研究通过细化数据情境的局限

---

❶ 申卫星，刘云. 法学研究新范式：计算法学的内涵、范畴与方法 [J]. 法学研究，2020，42 (5)：3 - 23；曾琼. 突破与重构：大数据时代的计算广告学研究 [J]. 湖南师范大学社会科学学报，2019，48 (5)：150 - 156.

❷ 孟小峰. 人工智能浪潮中的计算社会科学 [J]. 人民论坛·学术前沿，2019 (20)：32 - 39；《学术前沿》编者. 人工智能与计算社会科学 [J]. 人民论坛·学术前沿，2019 (20)：4 - 5；WING J M. Computational thinking [J]. Communications of the ACM, 2006, 49 (3)：33 - 35；WEINTROP D, BEHESHTI E, HORN M, et al. Defining computational thinking for mathematics and science classrooms [J]. Journal of Science Education and Technology, 2016, 25：127 - 147.

❸ 曾琼. 突破与重构：大数据时代的计算广告学研究 [J]. 湖南师范大学社会科学学报，2019，48 (5)：150 - 156；KATUU S. The utility enterprise architecture for records professionals [C] //2018 IEEE International Conference on Big Data (Big Data). Seattle：Curran Associates, 2018：3116 - 3125.

❹ 俞树毅，沈燕飞. 论环境法治知识生产的计算科学面向 [J]. 西北师大学报 (社会科学版)，2022，59 (3)：116 - 124；申卫星，刘云. 法学研究新范式：计算法学的内涵、范畴与方法 [J]. 法学研究，2020，42 (5)：3 - 23；LEE B. Line detection in binary document scans：a case study with the international tracing service archives [C] //2017 IEEE International Conference on Big Data (Big Data). Boston：Curran Associates, 2017：2256 - 2261；CAN S Y, KABADAY E M. Curation of historical arabic handwritten digit datasets from ottoman population registers：a deep transfer learning case study [C] //2020 IEEE International Conference on Big Data (Big Data). Atlanta：Curran Associates, 2020：1853 - 1860.

性，探讨计算社会科学的相应不足，这本质上也折射出计算社会科学的发展空间。

一是从数据对象本身出发，从数据安全与开放、隐私、知识产权、被遗忘权等主体权益讨论计算社会科学的规范与伦理问题。❶ 二是所谓大数据本身存在的局限对计算社会科学的影响，例如偏重大数据而忽视其他数据源、所获得数据为互联网垄断平台而生成等是否会造成不客观或削弱多样性风险。❷ 三是研究人员对数据应用能力的问题对计算社会科学存在的影响。例如，研究人员可能仅具备基本的数据处理能力，对技术、算法、数据对象缺乏系统认识，从而导致研究成果的科学性受限。❸

2.1.1.5　计算档案学启示于计算社会科学的方向性总结

参考计算社会科学的总体要点，计算档案学诸多需要对照思考的地方进一步明确。

第一，计算档案学所处的情境，例如研究数据从何而来，具体的表现、价值与特点是什么？

第二，计算档案学从学科角度应有的主要研究框架是什么，计算档案学为

---

❶ 郝龙，李凤翔. 社会科学大数据计算：大数据时代计算社会科学的核心议题 [J]. 图书馆学研究，2017（22）：20－29，35；KIRALY P，BUCHLER M. Measuring completeness as metadata quality metric in Europeana [C] //2018 IEEE International Conference on Big Data (Big Data). IEEE，2018：2711－2720.

❷ 周涛，高馨，罗家德. 社会计算驱动的社会科学研究方法 [J]. 社会学研究，2022，37（5）：130－155，228－229；JANSEN G，COBURN A，MARCIANO R. Using data partitions and stateless servers to scale up fedora repositories [C] //2019 IEEE International Conference on Big Data (Big Data). Los Angeles：Curran Associates，2019：3098－3102；SANDUSKY J R. Computational provenance：DataONE and implications for cultural heritage institutions [C] //2016 IEEE International Conference on Big Data (Big Data). Washington：Curran Associates，2016：3266－3271；MIKSA T，CARDOSO J，BORBINHA J. Framing the scope of the common data model for machine－actionable data management plans [C] //2018 IEEE International Conference on Big Data (Big Data). Seattle：Curran Associates，2018：2733－2742.

❸ 韩军徽，张钺，李正风. 计算社会科学：缘起、变革与挑战 [J]. 中国社会科学文摘，2020（10）：132－133；曾琼. 突破与重构：大数据时代的计算广告学研究 [J]. 湖南师范大学社会科学学报，2019，48（5）：150－156；YIN Z Y，FAN L Z，YU H Z，et al. Using a three－step social media similarity (TSMS) mapping method to analyze controversial speech relating to COVID－19 in twitter collections [C] //2020 IEEE International Conference on Big Data (Big Data). IEEE，2020：1949－1953；LEE C A. Computer－assisted appraisal and selection of archival materials [C] //2018 IEEE International Conference on Big Data (Big Data). Seattle：Curran Associates，2018：2721－2724.

档案学科带来哪些新的研究问题，研究方法有怎样的发展，对应的研究保障有什么需求？

第三，计算档案学核心的研究对象不仅包括融入计算思维、方法、技术和工具后的档案管理如何构建，而且要解决一些实践问题。

第四，计算档案学存在的局限，从数据要素到研究主体等维度存在的风险与不足。

2.1.2　计算档案学的理论扩充方向

计算档案学在多年的探讨中已从学科整体构思至实践经验总结逐步丰富其框架与具体内容。然而，对照计算社会科学，计算档案学无论是作为学科予以构建还是作为新研究方向进行拓展，都需要更体系化的脉络搭建与内容填充。因此，结合计算社会科学启示的建构方向，基于已有探索，建构空间可围绕如下方面展开。

2.1.2.1　明确计算档案学的数据情境

尽管计算档案学显示出同数据化的融合，但是主要偏重两个方面。一是档案对象的数据化，主要是将历史档案加工转换至数据颗粒度。二是数据方法与技术应用于档案管理问题的解决。相比之下，计算社会科学乃至计算传播学、计算法学等领域，数据情境则更为系统与多元，以下要点值得关注与思考，以丰富计算档案学的建构场景。

第一，互联网作为大数据重要的生成空间，计算档案学应从数据角度与其加强连接。具体来说，计算档案学同互联网的关联更在于把互联网作为工具，通过引导将档案信息资源予以开发利用。相比之下，互联网用户生成的行为数据、内容数据、背景数据等尚未充分纳入计算档案学的研究范畴。而这些实时产生、社会面多元、来源与结构复杂的数据本身是各个学科数字转型的重要资源。它们的缺失使计算档案学所强调的大数据发展背景存在不足，不利于紧跟社会发展进程并重构档案认知与方法。因此，对计算档案学而言，未来要更多地将档案活动的场景拓展至互联网，考察互联网中的档案与档案现象。

第二，计算档案学尚待将档案管理纳入数据化的范畴中。计算档案学更偏重于档案对象的数据化，但档案活动的数据化没有被系统地纳入其数据情境。换言之，档案管理本身所形成的数据依照计算社会科学的思路是极为重要的行为数据，依循这些数据设定专属维度可以更好地探查该领域的行为规律与模式。大多数研究虽对档案管理展开数据映射，但大多是为了匹配数据化的档案以形成数据技术与工具的方案，并未以实时和持续收集的档案管理数据作为重要的研究数据源。因此，计算档案学需要对档案现象尤其是档案管理进行系统的数据追踪与分析，发现更多的因果关系，并促进更多的档案管理预测以实现更加智慧和高效的档案管理方法与实践。

2.1.2.2　具化计算档案学的研究体系

计算档案学作为研究体系的建构并不充足，大多是从宏观角度对所涉学科有所阐释，并基于计算思维给定建构方向，但尚需要从研究体系的多个层面予以新建或补充。

第一，在理论层面加强研究问题群的建设。计算档案学大多围绕实践将计算工具或技术对照档案管理所需来探讨方案。对应实践问题的引领，理论层面的建设则有所不足。其中，围绕本体论、认识论、方法论的系统建设：①核心概念的识别与界定，例如计算科学、信息科学的概念同档案学的对接、重组；②基础理论的重构与扩充，例如来源原则、文件生命周期理论、文件连续体是否要重新阐释，立足于互联网情境是否有新的档案理论提出等；③新的视角与场景是什么？有哪些新的研究分支？例如人工智能是否要推动新的研究方向产生。

第二，在研究方法层面补足计算档案学的内容组成。有关计算档案学的研究提及研究方法的较少。然而，研究方法作为学科的必要组成不可缺失。对计算档案学而言，一方面，可借鉴计算社会科学的方法论，将其已相对明确的研究方法予以拓展扩充，这就涉及如何将社会数据计算、互联网社会科学实验、社会模拟应用于档案学之中并展开适应性发展。另一方面，计算档案学是否有特定的或专属的研究方法，这也是需要加大研究投入。

第三，研究保障上需要依据计算档案学建构进展、目标和所处场景动态以形成可行方案。为了更系统地推进计算档案学的发展，计算档案学的研究共同体、科研与教学实验室、教学改革等都是重要的有待完备的保障要素。同时，对计算档案学研究成果从知识评价上进行优化与推广也很重要，以此推动其作

27

为新学科、新方向及时融入实践与学科发展。

2.1.2.3　拓展计算档案学的研究内容

计算档案学的研究内容很大程度上是档案部门或相关记忆机构推进的档案活动。这固然为档案学提供了丰富、重要、典型的场景，但依循数据情境的必要扩充，计算档案学的研究内容也可参照计算社会科学予以拓展。对已有研究分析可发现，计算档案学所对照发展的实践有如下两个特征：一是实践主体以长期保存"历史"档案的档案馆或记忆机构为主；从生命周期来看，偏重档案后端的环节，如保存、开发利用、开放鉴定等；二是档案对象上，大多是官方或大型组织机构形成的档案。对应于此，计算档案学需要完备之处在于以下三点。

第一，研究范畴扩展至更多参与和开展档案活动的主体及其利益相关者，除了档案馆等记忆机构与同样较为关注档案形成的官方机构，互联网场景中的网络用户形成者、提供基础设施的网络服务提供商、档案管理规则制定和监管的机构等都要被纳入其中。不同主体在信息、数据活动中自发或自觉形成的档案认知、理念、方法、能力、作用、行为等都是重要的研究对象。

第二，研究内容在档案活动上要从更全景的视角延伸至档案的全生命周期，从形成、保存或删除的全流程都要有所体现。线性思维在数字空间中多方面受阻，档案管理环节也同样以非线性的方式连接。在此背景下，档案的形成甚至系统或平台建设，所有的相关活动都可以视作档案活动的组成。

第三，社会范畴所形成的档案要进一步显示于计算档案学之中。尽管大数据还达不到所谓的总体数据，但是多元广泛的社会面覆盖已成事实，这是档案学不可忽视的范畴。通过考察这部分档案和相关档案活动，档案的认知与方法也将扩充。当前，计算档案学衔接的依旧是以官方场景为主构筑理论与方法，如同社会范畴的部分档案强化对接，区别于官方场景的档案现象将有效丰富有关档案行为模式与规律的认识。

2.1.2.4　强化计算档案学的迭代建设

计算档案学无论是作为学科还是研究方向，其建构难度较大。在难以一蹴而就的背景下，更多地需要识别风险与机遇，将其转换为发展空间与应对策略。计算社会科学所识别出的风险同样具有参考意义。

第一，计算档案学本身就是以档案对象为核心，来自数据层的风险对计算档案学而言有着重要价值。一方面，计算档案学要积极发现数据风险以尽量规避出现伦理、法理和研究结果有效性等方面的不足。因此，计算档案学的建构要全面、全程审视所选取的数据源、数据的优势与不足、数据的使用方法与技术工具等。另一方面，对计算档案学而言，从档案角度发现数据风险并形成对策，本身也可作为计算档案学的研究内容。例如，数据安全与权益保障等议题，本身也可以同档案已有的鉴定、开放利用等实现双向的扩展。

第二，面对数据本身存在的局限性，计算档案学同样需要积极探寻与梳理数据情境。围绕数据源、数据主体、数据内容、数据形式、数据价值、数据特点、数据局限等要素，做好研究数据的盘点，并立足不同场景的研究，形成示例，为计算档案学认知与方法的升华提炼奠定基础。

第三，立足研究能力的问题，计算档案学要从两大方面进行消解。一方面在于研究队伍的优化，这可以从科研训练和学科教育着手，强化计算与数据素养在能力矩阵中的融合，加强引导与培训；另一方面，从研究基础设施和数字空间的对接上做好机制建设。数字空间提供的研究数据并非为研究而生成，它们只具有研究价值。因此，应考虑研究的透明度与数字空间的安全度、商业利益保障等之间的平衡，并建立更系统的合作机制。例如，通过计算档案学的研究共同体或档案学的学术机构同网络平台达成合作，就数据的生成机制、数据共享、数据的使用、数据使用后的权益保障等细化规则。

2.2　方法要义：基于实践的深化建构

上述由计算社会科学的分析为计算档案学理论层提供了重要建构方向，已有内容涵盖融合计算思维的理论阐释和经由计算档案管理的方法发现，但整体仍需系统的框架搭建与内容完善。除了理论构建有待深入，更要由方法层结合实践挖掘深入充实。本书通过分析 2015 年 IEEE 计算档案学研讨会发布的 50余项定义为计算档案性质的实践，可发现的方法要义如下。

2.2.1　计算思维全面融合于档案管理的体系建构

计算思维（computational thinking）由美国麻省理工学院博士、哥伦比亚大学常务副校长周以真（Jeannette Marie Wing）于 2006 年在有关计算思维一文中首次提出，计算思维是指人通过利用计算机学科的知识和概念来思考和分析问题、建立模型以及解决问题的思维方式和行为，是利用冗余、容错和纠错等方法恢复系统的一种思维，也是在不确定的情况之下，采用启发式的方式解决问题的一种方法。❶ 大卫·温特罗普（David Weintrop）等学者以分类法的形式提出了计算思维的内涵，包括数据、建模和仿真、基于计算的问题解决与系统思维四大类下的 22 种计算思维实践，如图 2 −1 所示。❷

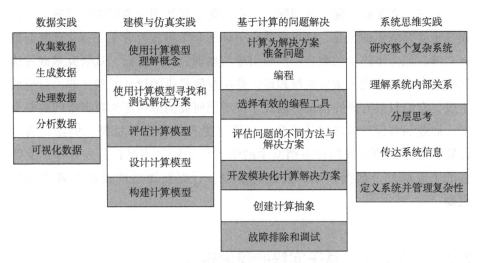

图 2 −1　分类法下的计算思维内涵

明确计算思维同档案管理及数据科学的交叉要义，需要首先明确计算档案学的案例和实践中蕴含什么类型的计算思维。因此，首先以 David Weintrop 等学者提出的计算思维内涵为分析框架，对案例中涉及的计算思维进行提取，根据提取结果可以发现四大类下的 22 种计算思维实践均有涉及。数据实践主要

---

❶　WING J M. Computational thinking ［J］. Communications of the ACM, 2006, 49 （3）: 33 −35.
❷　WEINTROP D, BEHESHTI E, HORN M, et al. Defining computational thinking for mathematics and science classrooms ［J］. Journal of Science Education and Technology, 2016, 25: 127 −147.

体现在档案管理流程中后端对于档案内容的加工和提取，通过对档案材料的数据化处理为后续的内容提取和知识发现提供基础；建模和仿真实践、基于计算的问题解决实践主要体现在档案问题呈现、表达、转化和解决中；系统思维涵盖于计算档案实践的整体规划、分层的问题解决中。

2.2.1.1　重塑文件与档案管理认知

信息技术的发展使得档案管理面临的技术环境愈发复杂，如何协调档案管理中业务和技术的关系、文件和档案在复杂技术背景下的机构架构中扮演什么样的角色、档案机构与档案管理应如何变革等认知问题凸显。

这需要深挖计算思维的具体内涵，由其同文件档案管理的关联点与变革触发点重塑认知。例如，计算思维之中系统思维的指导在当前得到重点关注。南非大学教授沙达克·卡图（Shadrack Katuu）在计算思维中系统思维实践的指导下，重点理解企业系统的整体动态与文件、档案管理的互动关系，在厘清文件和档案管理领域面临的技术复杂性的基础上开发设计了包含文件管理和保存要求的企业架构（TOGAF）综合模型，以实现文件和档案管理实现业务和技术的一致性。Shadrack Katuu 设计的 TOGAF 架构包含业务架构、应用架构、技术架构和数据架构四层架构，其中的业务架构层代表了一个信息生命周期模型，包括信息生成、信息管理、文件管理、档案管理四个阶段，与应用架构、技术架构和数据架构形成互动关系，每一层架构中都包含对文件和档案保存与管理的要求。这一架构有助于帮助档案工作者、研究人员和企业中的其他人员理解文件与档案工作在企业中的价值，同时也有利于实现档案管理的前端控制。❶

2.2.1.2　适配计算方法导向下的档案数据化

在计算思维的驱动下，要深化与强调从数据层级和颗粒度两个方面认识与建构档案对象。编程、建模、仿真等计算方法为档案的分类、开发利用等提供了全新的途径，也对档案的内容形态提出了新要求，为适配计算方法的应用，计算档案学实践需先对文件、档案材料进行数据化处理，将其转变成可识别、

---

❶ KATUU S. The utility enterprise architecture for records professionals［C］//2018 IEEE International Conference on Big Data（Big Data）. Seattle：Curran Associates，2018：3116 −3125.

可分析、可计算的数据。该实践涵盖非数字形态文档材料的数字化处理、数字化文档的转录识别、文档标注增强、结构化数据集构建等内容。

面向具体实践，要从以下三个方面强调计算方法应用于档案数据化：①为解决计算机难以操作文档材料的问题，需要先对非数字形态的文档材料进行数字化处理，探索以自动或半自动的方式实现模拟形态的信息材料转化为计算机可处理的数字形态的信息资源。● ②进一步解决档案内容可操作的问题以满足计算方法深入文档内容的挖掘开发，需要对数字化后的档案材料进行进一步的加工以促进机器对档案的可读可用和知识化挖掘，如提取文档的内容数据形成相应的数据库。❷ ③运用计算方法要求数据具有可理解性，在某种程度上，运用计算方法对档案内容进行挖掘的效果在极大程度上取决于元数据等富语义描述数据的质量，因此丰富元数据以增强对档案的描述标注成为计算档案学重点关注的内容。❸

2.2.1.3 计算思维辅助下的数据档案化管理拓展

在计算思维辅助下，需要将档案化管理拓展至数据对象，将档案管理理论与方法应用至原始数据的管理中。以 ProvONE 项目为例，为加强对于地球和环境相关科研数据的管理和利用，项目团队在计算思维中的建模和仿真实践的启发下对科研工作流程进行了抽象和概念化，结合信息资源管理、档案管理的经验，开发了 ProvONE 概念模型定义科研数据的管理流程。ProvONE 概念模型的核心思想融入了档案领域对来源的重视，将来源数据视为管理的核心以解释说明科研成果产出的背景，提升科学工作流程的透明度。❹ 为帮助研究人员以自动化和可扩展的方式管理、保存科研数据，数据管理规划通用标准工作组

❶ LEE B. Line detection in binary document scans：a case study with the international tracing service archives [C] //2017 IEEE International Conference on Big Data (Big Data). Boston：Curran Associates，2017：2256 – 2261.

❷ CAN S Y, KABADAY E M. Curation of historical arabic handwritten digit datasets from ottoman population registers：a deep transfer learning case study [C] //2020 IEEE International Conference on Big Data (Big Data). Atlanta：Curran Associates，2020：1853 – 1860.

❸ KIRALY P, BUCHLER M. Measuring completeness as metadata quality metric in Europeana [C] //2018 IEEE International Conference on Big Data (Big Data). IEEE，2018：2711 – 2720.

❹ SANDUSKY J R. Computational provenance：DataONE and implications for cultural heritage institutions [C] //2016 IEEE International Conference on Big Data (Big Data). Washington：Curran Associates，2016：3266 – 3271.

（DMP Common Standards WG）在系统思维实践的引导下以模块化的方式设计
了通用数据模型，用户只需要提供资源对象标识符、资源类型、保存时间、标
题，再上传数据样本即可实现借助通用数据模型实现对于数据的元数据著录、
保存等管理内容。❶

2.2.1.4　计算工具支撑下的档案管理环节升级

除了对于档案工作对象的重新认识和拓展，档案管理流程重构也是计算档
案学的重点关注内容，例如依托计算工具升级改造档案管理各环节。

例如，在归档环节，电子文件、网络档案等原生数字态档案的大量生成对
实时归档提出了新要求，为此研究人员开发了相似性映射算法以支持对于实时
归档内容的著录和描述。❷ 对于档案工作中极为关键的鉴定环节，研究人员开
发了数字取证、自然语言处理、机器学习三种类型的计算工具以支持深入内容
层面的档案鉴定，在提高效率的同时减少了档案工作者主观层面对于档案鉴定
工作的影响。❸ 又如，对于档案分类环节，有学者开发了监督机器学习的模
型，通过提取档案内容主题以实现档案自动分类❹，也有学者定义了司法、行
政、财务、技术等五个方面的档案背景，应用算法自动提取五个方面的背景信
息以实现对档案的自动分类。❺ 针对档案的处置销毁环节，加拿大英属哥伦比
亚大学的项目团队开发了基于区块链和智能合约的档案处置方案，其中智能合
约与文件元数据存储在区块链中，以保证其具有不可篡改性。在鉴定完成后，

---

❶ MIKSA T, CARDOSO J, BORBINHA J. Framing the scope of the common data model for machine – action-able data management plans ［C］//2018 IEEE International Conference on Big Data（Big Data）. Seattle：Curran Associates, 2018：2733 – 2742.

❷ YIN Z Y, FAN L Z, YU H Z, et al. Using a three – step social media similarity（TSMS）mapping method to analyze controversial speech relating to COVID – 19 in twitter collections ［C］//2020 IEEE International Conference on Big Data（Big Data）. IEEE, 2020：1949 – 1953.

❸ LEE C A. Computer – assisted appraisal and selection of archival materials ［C］//2018 IEEE International Conference on Big Data（Big Data）. Seattle：Curran Associates, 2018：2721 – 2724.

❹ HUTCHINSON T. Protecting privacy in the archives：supervised machine learning and born – digital records ［C］//2018 IEEE International Conference on Big Data（Big Data）. Seattle：Curran Associates, 2018：2696 – 2701.

❺ PAYNE N. An intelligent class：the development of a novel context capturing framework supporting the func-tional auto – classification of records ［C］//2019 IEEE International Conference on Big Data（Big Data）. Los Angeles：Curran Associates, 2019：3136 – 3145.

运用智能合约实现处置环节的自动化，同时保证处置决策的真实可信。❶ 此外，计算档案学下的实践对于档案保存、档案收集等管理环节也有包括人工智能、机器学习等类型计算工具辅助下的更新升级。总而言之，计算工具主要是通过代替部分甚至全部的人工管理活动，实现对于大规模档案管理的挑战。

2.2.2 增值利用导向下的档案管理全流程再造

2.2.2.1 以知识化利用为目标的档案数据化处理

增值利用导向一方面强调的是深入知识级别的服务，另一方面是档案对象数据化的支撑，即档案的数据化处理。

第一，为了形成相对标准、易于计算机处理的历史档案材料，需要对数字化文本进行图片校正、图像分割拼接、格式转化，此过程充分体现了计算式的问题解决实践以及系统思维实践。

对于转化为数字图片的历史档案材料，应对早期数字化工作中存在的图片偏移、固有污渍、图幅过大等缺陷进行适当处理，以符合计算机的处理要求。在此过程中需要调用既有的图像处理技术以及图像识别技术或自行开发命令程序，计算式的问题解决实践得到体现。例如，在美国国家档案和记录管理局（NARA）委托美国马里兰大学信息学院数字策展创新中心记录美国有关穿孔卡数字图像处理为适用于电脑的标准化穿孔卡文件的案例中，为了有效识别卡片中的穿孔，研究人员利用 Phython 图像库的颜色模式将原图转化为高对比度的黑白图像从而方便识别穿孔。由于拍摄过程的背景较深，因此部分黑白图像的边缘会形成黑色矩形带，影响穿孔卡的标准化工作。为此，研究人员设计算法，将图像从左至右的亮度值纵向相加，形成图像的总亮度列表。随后选择阈值，对于左右两端高于该阈值的图像进行裁剪，以去除黑色矩形带。此外，为了将卡片方向统一为"图片较长的边位于顶部和底部"，研究人员设计程序，使得高大于宽的图片统一旋转 90°，满足横向布局要求。❷

---

❶ BATISTA A D, WEINGAERTNER T. ArchContract: using smart contracts for disposition [C] //2019 IEEE International Conference on Big Data (Big Data). Los Angeles: Curran Associates, 2019: 3060 – 3065.

❷ JANSEN G. Digital legacies on paper: reading punchcards with computer vision [C] //2019 IEEE International Conference on Big Data (Big Data). Los Angeles: Curran Associates, 2019: 3103 – 3108.

　　对历史档案材料开展必要的格式转换成为预处理的重要组成部分，此过程主要利用已形成的技术工具开展计算式的问题解决实践。格式转化一方面涉及模拟格式向数字格式的变化，使得历史档案材料的计算式处理成为可能。在"大数据的人性化"（The Human Face of Big Data）等项目中，研究人员所获取的多为模拟形态的历史档案材料，应开展档案数字化工作以满足后续的内容提取、可视化等需求。例如，在"大数据的人性化"项目中，为了以可视化的方式呈现城市变迁，研究人员对美国北卡罗来纳州阿什维尔市住房管理局的城市规划地图进行了可视化处理，用以形成交互式地图。在此过程中，由于早期绘制的城市规划地图超过 $4m^2$，因此研究人员只能对其进行分块扫描，并使用 Photoshop 拼接图像，完成整幅规划图的数字化工作。❶ 另一方面也涵盖数字格式之间的转化，以提升计算机软件的处理效能。例如使用命名实体有效识别文件中的个人隐私信息的前提在于，有效地开展文本内容提取工作。为此，加拿大萨斯喀彻温大学图书馆的研究人员蒂姆·哈钦森（Tim Hutchinson）为使用 ArchExtract 的内置工具进行文本提取，先将 Word 格式的文档转化为便携文件格式（PDF），以与技术工具形成更高的适配度。❷

　　第二，形成数据层级的资源集合是后续开展内容提取、关联、知识发现的重要基础。因此，利用人工智能、机器学习技术实现光学字符识别（OCR）文本识别的自动化，提升其准确率是历史档案材料预处理的重要组成部分，其中主要涉及数据实践以及计算式的问题解决实践。

　　面对海量的历史档案材料，仅依靠人工著录的方式难以满足需求，应形成基于机器学习、深度学习等人工智能技术与人工处理相结合的工作流程。例如，为了形成手写阿拉伯数字数据集并向研究人员提供利用，首先，研究人员通过手动注释的方式提取了有关项目中形成的 67 个人口登记册的人口数据；其次，研究人员通过开发页面分割系统以及数字定位系统，使得手动注释的数据与其在图片中的数字相对应，从而形成了阿拉伯数字数据集；最后，研究人员使用卷积神经网络（CNN）算法并在数据集识别阿拉伯数字的性能训练，

---

❶ LEE M, ZHANG Y H, CHEN S Y, et al. Heuristics for assessing computational archival science（CAS）research：the case of the human face of big data project ［C］//2017 IEEE International Conference on Big Data（Big Data）. Boston：Curran Associates, 2017：2262 – 2270.

❷ HUTCHINSON T. Protecting privacy in the archives：preliminary explorations of topic modeling for born – digital collections ［C］//2017 IEEE International Conference on Big Data（Big Data）. Boston：Curran Associates, 2017：2251 – 2255.

并通过不断迭代提升阿拉伯数字识别系统的性能。❶

由于历史档案材料在形成过程中不可避免地存在错误，或者因时间作用而难以识别，因此在形成数据层级资源集合过程中的勘误、矫正工作亦是预处理的重要内容之一。为了减少自然语言字符输出中的错误，美国马里兰大学信息学院的研究人员利用美国马里兰州档案馆已经识别、转录的马里兰州在18世纪末至19世纪出版的报纸广告，希望评估基于双向变换器的编码表示（bidirectional encode representations from transformers，BERT）等语言模型在预测拼写错误单词或与上下文明显不符的单词。为此，研究人员选择美国马里兰州档案馆的多份历史文化数据集，在使用布朗语料库（brown corpus）和拼写检查程序（spell-checker）寻找并标记拼写错误的单词的基础上，利用语言模型预测正确单词。❷

2.2.2.2 档案资源数据层级的整合与开发

对于转化为数据形态的档案材料，实现更优的整合开发。

第一，在众多的计算档案学探索性实践中，数据层级的资源整合与开发活动都应经过数据清洗工作，以保证数据质量并符合伦理道德要求。因而数据思维下的数据创建、数据清洗和分析实践得到体现。一是出于便于分析的考量，将与实践目的关联度较小的文本内容加以清洗，以提升数据的有效性。数据清洗不仅可用于传统的历史档案材料，而且在电子文件、社交媒体的处理中也得到呈现。例如，在一项分析社交软件X（原Twitter）中与新型冠状病毒有关的争议言论的实验性探索中，研究人员在使用应用程序编程接口（API）从该社交软件中收集与新型冠状病毒有关的社交媒体数据后，为进一步分析推文内容，将其中的停用词和标点符号删除，并忽略了社交媒体信息中特有的无意义字符串，如标签和统一资源定位系统（URL）中的"#"字符。❸ 二是在科学研究和数据

❶ CAN S Y, KABADAY E M. Curation of historical arabic handwritten digit datasets from ottoman population registers: a deep transfer learning case study［C］//2020 IEEE International Conference on Big Data（Big Data）. Atlanta: Curran Associates, 2020: 1853 – 1860.

❷ PERINE A L, GNANASEKARAN K R, NICHOLAS P, et al. Computational treatments to recover erased heritage: a legacy of slavery case study（CT – LoS）［C］//2020 IEEE International Conference on Big Data（Big Data）. Atlanta: Curran Associates, 2020: 1894 – 1903.

❸ YIN Z Y, FAN L Z, YU H Z, et al. Using a three – step social media similarity（TSMS）mapping method to analyze controversial speech relating to COVID – 19 in twitter collections［C］//2020 IEEE International Conference on Big Data（Big Data）. IEEE, 2020: 1949 – 1953.

开放中，符合伦理道德的合规性要求愈发得到重视。由此，对敏感数据的筛查或匿名化处理在计算档案学实践中得以显现。例如对于特定的数据筛查要求，研究人员往往需要自行编写代码。例如，为将时年 18 岁的日裔美国人监禁索引卡向公众开放，美国马里兰大学信息学院的研究人员形成年龄监测和文件筛选的流程化解决方案，以识别 18 岁以上的日裔美国人监禁索引卡。为此，研究团队通过设计流程图、编写伪代码进而开发、编写模块化的年龄识别程序。❶

　　第二，在符合要求的数据或文件得到识别后，数据层级的文件和档案整合与开发成为重要议题，内容的整合与开发除了有助于信息整合亦可促进档案资源的有效利用。一是通过潜在狄利克雷分配（Latent Dirichlet Allocation，LDA）、主题建模、命名实体识别技术对档案或文件中蕴含的内容，例如主题、时间、形成者等元数据或实体内容进行提取。在此过程中，计算式的问题解决实践以及建模和仿真实践得到体现。例如为了评估主题建模对于"远读"的有效性，比利时布鲁塞尔自由大学的 MaSTIC 研究小组在签署保密协议后，从欧盟委员会档案馆得到一个 138.3GB 的 PDF 文档。随后利用 LDA 技术为文件产生关键词列表，随后将该列表与欧盟的受控词汇表 EuroVoc 进行对照，若两者能够匹配，则将关键词作为首选的主题术语并保留其 URI。❷ 二是在文件或数据集之间、文件中的实体与实体之间建立关联亦是开展内容整合与开发的重要内容。一方面维护文件及其元数据的关联得到探索。例如，为了丰富照片的描述性元数据，研究人员利用美国斯派尔曼学院的档案照片集，基于文本分析得到身份识别号（ID）、标题、主题等元数据标签，并对图像进行分析以识别个体，随后将与图片有关的元数据与照片建立关联，并与维基百科等外部数据建立联系，以获得关于图片更为广阔的社会背景。❸ 另一方面，探索不同文件间的内容关联，如人物等实体之间的关联方法亦是探索重点。例如英国国家档

❶ UNDERWOOD W, MARCIANO R, LAIB S, et al. Computational curation of a digitized record series of WWII Japanese – American Internment［C］//2017 IEEE International Conference on Big Data（Big Data）. Boston：Curran Associates, 2017：2309 – 2313.

❷ HENGCHEN S, COECKELBERGS M, HOOLAND V S, et al. Exploring archives with probabilistic models：topic modelling for the valorisation of digitised archives of the European Commission［C］//2016 IEEE International Conference on Big Data（Big Data）. Washington：Curran Associates, 2016：3245 – 3249.

❸ PROCTOR J, MARCIANO R. An AI – assisted framework for rapid conversion of descriptive photo metadata into linked data［C］//2021 IEEE International Conference on Big Data（Big Data）. Orlando：Curran Associates, 2021：2255 – 2261.

案馆在"时间的痕迹"（Traces through Time）项目中，为追踪、链接将不同文件中的同一个体，形成更为完整的个体故事，开发了标准化的人物模型，用于对档案中出现的信息进行编码。随后利用概率的方法计算不同文件中的个体是否为同一人的概率，对高于特定阈值的则判定为同一人，从而建立关联。❶

2.2.2.3 档案资源的利用与知识发现

计算档案学强调档案价值挖掘，因而利用环节本身也更加显著，需要系统建构。

第一，现有实践表明形成在线的资源获取产品与服务，并提供基本的资源检索能力成为档案资源利用的前提之一。在此过程中，计算式的问题解决实践以及建模与仿真实践得到应用。一方面，以基本的在线访问和下载方式提供对于档案资源的利用在计算档案学的部分实践中得到体现，这与其希望解决的大规模档案的访问利用问题密切相关。例如为给美国的录音材料提供统一的利用窗口，美国国会图书馆国家录音保存委员会无线电保存工作组与美国录音收藏协会合作，开发美国各地录音馆藏资源的在线清单。为此，研究人员在对美国各地的记忆机构开展录音馆藏调查后，设计并开发了在线数据库。该数据库提供录音文件的描述、格式、存储地和在线访问地址等元数据信息，并允许用户进行筛选、检索。❷ 另一方面，对检索和访问工具的改进、优化亦是提升访问效能的重要组成部分，驱动计算档案学的研究人员展开探索。例如，随着网络档案愈发成为人文社会科学学者的研究资源，利用网络档案建设语料库成为开展研究的基本任务之一。为此，互联网档案馆（Internet Archive，IA）与德国L3S研究中心进行合作，以期开发基于ApacheSpark的分布式网络档案处理框架ArchiveSpark，从而以标准格式进行网络档案的筛选、聚合、提取等工作。在网络档案访问方面，ArchiveSpark利用轻量级的元数据文件集合CDX进行筛选，从磁盘上访问原始的归档内容，从而有效提高了网络档案的访问效率。❸

---

❶ RANADE S. Traces through time：a probabilistic approach to connected archival data［C］//2016 IEEE International Conference on Big Data（Big Data）. Washington：Curran Associates，2016：3260 – 3265.

❷ GOODMANN E，MATIENZO A M，VANCOUR S，et al. Building the national radio recordings database：a big data approach to documenting audio heritage［C］//2019 IEEE International Conference on Big Data（Big Data）. Los Angeles：Curran Associates，2019：3080 – 3086.

❸ HOLZMANN H，GOEL V，ANAND A. ArchiveSpark：efficient web archive access，extraction and derivation［C］//2016 IEEE/ACM Joint Conference on Digital Libraries（JCDL）. IEEE，2016：83 – 92.

　　第二，面对数量众多的数据态档案资源，如何从中发现知识成为档案利用的重要内容。现有实践表明，在数据实践提供的数据分析、数据可视化以及计算式的问题解决实践中充分应用信息技术对档案资源内容进行深度分析是一大要点。在计算档案学的探索中，一是研究人员基于自身在地理学、数字人文、社会学等方面的研究需求，利用社会网络分析、情感分析以及话语分析等工具方法，对具体的研究问题加以探索，以期发现洞见。例如数字人文研究者托拜厄斯·布兰克（Tobias Blanke）希望利用自动和定量的方式将政策文本按照不同时代进行分类，并追踪其中关键政治概念的意义变化。为此，Tobias Blanke 选择了 1945～2010 年的英国政府白皮书，使用 R 语言进行时代话语检测和语义分析，确认政策文本所反映的三个时代。随后利用 LDA 对每个时代的政治主题进行分类，并在此基础选择 Word2Vec 模型追踪不同时代的词间变化，由此形成对于政策文本的更为丰富的理解。❶ 二是数据思维实践下的数据可视化成为呈现分析结果的重要方式，社会关系、数据趋势得到更为直观的体现。例如在日裔美国人监禁档案开发利用过程中，研究人员利用图形数据库刻画人物、事件、地点之间的关联，用以揭示人物关系网络。❷

2.2.2.4　档案质量管理的智能化和自动化

　　除了对档案资源的内容进行分析与提取，还要提升档案以及前端文件、数据管理的质量，保证各类信息资源得到有序管理，维护其真实、完整的质量要求得到提倡，这是"增值"的关键。

　　第一，针对档案管理环节进行自动化、智能化升级。档案质量管理主要聚焦于档案的开放鉴定或归档鉴定环节，通过设计模型、开发软件以提升档案鉴定效能，并扩展其内涵。一方面，通过人工智能、智能合约、区块链等自动化技术，传统的档案处置、鉴定工作效能得到提升。例如在加拿大英属哥伦比亚大学学者为实现档案处置决策的自动化和可追踪，开发了 ArchContract 模型。该模型使用智能合约对处置结果进行自动化的执行，并借助区块链技术防止记

❶　BLANKE T, WILSON J. Identifying epochs in text archives［C］//2017 IEEE International Conference on Big Data（Big Data）. Boston：Curran Associates, 2017：2219－2224.

❷　UNDERWOOD W, MARCIANO R, LAIB S, et al. Computational curation of a digitized record series of WWII Japanese－American Internment［C］//2017 IEEE International Conference on Big Data（Big Data）. Boston：Curran Associates, 2017：2309－2313.

录篡改。❶ 另一方面，信息技术对于档案、文件的技术和质量要求亦在计算档案学的探索中得到体现。例如为了评估数字视频馆藏的质量和失真情况，美国得克萨斯州高级计算中心利用一组包含视频失真的各种类型的语料库对视频质量的自动评估算法加以开发并测试。❷ 在档案整理过程中，利用机器学习对文件进行分类整理也成为现阶段的重点，该过程重点体现了计算式的问题解决实践。例如研究人员为探索将机器学习用于文件分类，选择了加拿大萨斯喀彻温大学的部分电子文件进行测试。研究人员选择开源数据挖掘软件Weka，利用其分类模块从测试集中提取与人力资源相关的电子文件，并将其分类。❸

　　第二，中前端的文件管理工作亦得到计算式的改造，逐步拓展至更为泛在的数据资源。由于这一过程的对象、环境相对复杂，四类计算思维实践在此过程中均有不同程度的体现。一方面，研究探索将计算工具用于文件或档案管理。例如，在网络信息存档的活动中，网络信息的生成往往具有随机性，如何确定网络信息的收集频率成为一大议题。为此，研究人员首先从谷歌学术获取URL，然后从互联网档案馆中获取这些网站的归档副本，并利用最大似然法估计网页的平均更新频率，以便调度网络爬虫工具的高效使用。❹ 另一方面，计算档案学的探索已逐步延伸到前端业务活动中，深入数据管理领域。例如为解决科学数据管理中数据管理计划使用效果不佳，支持研究人员以自动化和可拓展的方式管理科学数据，研究数据联盟内部的数据管理规划，通用标准工作组开发了用于创建、管理数据管理计划的应用程序。在研究开始阶段，研究人员只需填写姓名、资源等四个字段，并上传研究项目产生的数据样本即可自动生

❶ BATISTA A D, WEINGAERTNER T. ArchContract: using smart contracts for disposition [C] //2019 IEEE International Conference on Big Data (Big Data). Los Angeles: Curran Associates, 2019: 3060 – 3065.

❷ GOODALL T, ESTEVA M, SWEAT S, et al. Towards automated quality curation of video collections from a realistic perspective [C] //2017 IEEE International Conference on Big Data (Big Data). Boston: Curran Associates, 2017: 2240 – 2245.

❸ HUTCHINSON T. Protecting privacy in the archives: supervised machine learning and born – digital records [C] //2018 IEEE International Conference on Big Data (Big Data). Seattle: Curran Associates, 2018: 2696 – 2701.

❹ JAYAWARDANA Y, NWALA A C, JAYAWARDENA G, et al. Modeling updates of scholarly webpages using archived data [C] //2020 IEEE International Conference on Big Data (Big Data). IEEE, 2020: 1868 – 1877.

成数据管理计划。❶

2.2.3　以问题为导向的技术应用策略

2.2.3.1　对照研究问题需求的整体技术方案选取

整体而言，计算机档案学视角下的网络档案信息资源建设关注的研究问题围绕档案数据资源建设、档案可信流程管控和档案开发利用三个方面展开，匹配相应的技术方案。

第一，基于档案资源的内容自动识别与提取，包括档案文件内容以及相应的元数据，大量、高效且优质的智能转录与数据建设主要通过机器学习、自然语言处理、计算机视觉等实现。

机器学习着眼于从经验的学习中改善具体算法的性能，在计算档案学中具体表现为在训练档案数据集的基础上得出模型，用于相关内容的自动识别与提取。例如，为创建有关项目中登记册中手写阿拉伯数字的数据集，研究人员围绕实现机器学习解决具体问题综合进行了以下工作：①手动描述了一部分奥斯曼人口登记册信息，将其输入关系数据库，用于匹配、连接页面图像中自动检测的相关像素位置，并以此为基础读取剩下的登记册中的历史人口统计信息并输入数据库。②基于登记册的格式表现为个体的集群，开发自动的页面分割技术，分割以个体为单位并排序。通过数字识别系统识别数字，通过数字所在的信息单位位置判断其为家庭编号、个人编号或个人年龄等，随后创建为数据集。其中，数字的识别由深度学习算法 CNN 算法实现并优化：团队使用 HODa 数据集和 ADBase 数据集训练出一个 CNN 模型，将其参数设为起始参数，用于提高数字识别系统的性能。❷

自然语言处理旨在使计算机解读并处理人类语言，同样高度适用于计算档案学中人类语言内容提取问题的解决。例如，为提取欧盟委员会数字化档案的

---

❶ MIKSA T, CARDOSO J, BORBINHA J. Framing the scope of the common data model for machine – action-able data management plans ［C］//2018 IEEE International Conference on Big Data（Big Data）. Seattle：Curran Associates, 2018：2733 – 2742.

❷ CAN S Y, KABADAY E M. Curation of historical arabic handwritten digit datasets from ottoman population registers：a deep transfer learning case study ［C］//2020 IEEE International Conference on Big Data（Big Data）. Atlanta：Curran Associates, 2020：1853 – 1860.

主题元数据（该数据集除相应 PDF 和 XML 文件及基本信息外无其他元数据），比利时布鲁塞尔自由大学的研究团队采用了 LDA 的无监督机器学习方案优化数据集的建设。在具体实施上，首先使用 Python 脚本将文件转换为其他软件易读的 txt 格式，随后使用 LDA 为文本数据集中的每个主题产生关键词列表，并将其与 EuroVoc 术语相匹配，结果表现为可以确定 70% 文件的主题。❶

计算机视觉则强调计算机处理图像、视频和其他视觉输入的能力，包括对目标进行识别、跟踪、测量等处理，提取其中有意义的信息等，与图像类的计算档案材料内容提取高度适配。例如，为提取美国陆军穿孔卡中的有效信息，美国马里兰大学的研究人员采用计算机视觉对该问题进行了回应。研究团队将穿孔卡片图像加载到 Python 中，并使用 Python 的图像处理库 Pillow（PIL）分析每张卡的像素数据。具体实现过程如下：①将图像的颜色模式转换 "L" 模式（一种灰度颜色模式），该模式下图像中的每个像素将在 0（黑色）到 255（白色）的范围内，由亮度值表示的像素将便于后期图像的计算。由于数据读取是基于背光的卡片，因此需要检测图像的背光情况，这主要通过对比图像中心和边缘区域的亮度而实现，未背光卡片的灰度值将统一被反转。②对图像进行裁剪，为纠正旋转和翻转的卡片，需通过寻找卡片上下左右边缘，即白色像素消失、黑色像素出现的地方。通过将图像像素值的二维数组垂直相加，产生一个从左到右的图像总亮度的列表。③选择一个阈值作为最大可能值的百分比，通过循环浏览每一端的亮度总数列表找出这些值与阈值交叉的地方，即卡片左右两边。④进行定向，通过检测卡片的长宽比例是否在设定的标准比例区间内，由此将卡片方向统一为横向布局。⑤通过遍历亮度值确定最亮区域，对卡片进行便于阅读的统一翻转，确定卡片孔后导出处理的结果。❷

第二，围绕档案鉴定处置等强调真实可信的流程性决策，区块链的分布式、去中心化、可信任等特征能为真实性提供相应保证。例如，为提升文件处置的安全性与高效性，研究人员提出了一个使用区块链系统和智能合约的解决方案：ArchContract 一方面记录文件在现行、半现行到非现行阶段的全生命周

❶ HENGCHEN S, COECKELBERGS M, HOOLAND V S, et al. Exploring archives with probabilistic models: topic modelling for the valorisation of digitised archives of the European Commission [C] //2016 IEEE International Conference on Big Data（Big Data）. Washington: Curran Associates, 2016: 3245 – 3249.

❷ JANSEN G. Digital legacies on paper: reading punchcards with computer vision [C] //2019 IEEE International Conference on Big Data（Big Data）. Los Angeles: Curran Associates, 2019: 3103 – 3108.

期状态变化，同时对文件内容及元数据所作的改变进行追踪记录。为保证所记录数据的真实性和不可更改性，数据的哈希值直接存储在区块链上。通过校验即哈希值始终保持一致的文件将进入长期存储库予以保存，针对需要销毁的文件，则将此次删除操作生成一条新的文件添加到长期存储库中，内容包括谁授权处置、根据什么授权、何时进行和谁见证这次处置。❶

第三，加强档案内容挖掘与开发，促进知识发现与公众访问。大数据技术、文本挖掘、图形数据库等技术则将在数据关联、图谱构建等方面提供有效参考。例如，为探讨档案检索至单一藏品的可能性，促进用户的访问体验，美国马里兰大学的研究团队采用图形数据库用于加强档案馆藏的相互关联与访问。首先，根据现有机器可读和可检索的数据，分别建立关于照片档案、信件档案的 CSV 文件，字段分别包括照片的系列号、ID、拍摄日期、照片内人物、地点、来源等和信件的系列、发件人、收件人、日期、主题等。其次，寻找两个 CSV 文件中相似或相同的人名，并借助资源目录库的 XML 文件初步合并。最后，将两个 CSV 文件载入 Neo4j Desktop 数据库中，将实体（人、地、物等）存储为节点，实体之间的关系存储为边，关系的方向表现为箭头，整体检索结果呈图形，由此呈现不同档案实体间的关系。❷

2.2.3.2　计算档案问题解决细分流程中的技术工具融入

在整体的技术方案选取下，针对每一项目分阶段的流程实现又有相应的技术工具支持。

第一，在数据收集与创建上，主要运用 OCR 实现文字、图像等的数字化转录。例如，在日裔美国人的系列项目中，研究团队为检测第二次世界大战期间监禁营地卡片文件中的个人可识别信息（personal identifiable information，PII），通过 OCR 软件 Abbyy FineReader 从纸质索引卡的扫描图像中创建数字文本。又如奴隶制遗产项目采用 ApacheSpark（一种用于大规模数据处理的分析引擎）框架、运行 ETL（提取、转换和加载）实现了 19 世纪的历史文献集的

❶ BATISTA A D, WEINGAERTNER T. ArchContract: using smart contracts for disposition [C] //2019 IEEE International Conference on Big Data (Big Data). Los Angeles: Curran Associates, 2019: 3060 – 3065.
❷ CONRAD M, WILLIAMS L. Elevating "everyday" voices and people in archives through the application of graph database technology [C] //2020 IEEE International Conference on Big Data (Big Data). Atlanta: Curran Associates, 2020: 1861 – 1865.

自动转录，ApacheSpark 作为开源框架，可在云端实时批量提取、处理和分析大量数据，将来自不同数据源的数据整合成一个数据框架。❶

第二，在数据处理上，主要采用 Open Refine 等数据清洗工具，同时融合采用相关文本处理工具等进一步完善、规范数据。例如，在日裔美国人系列项目中，为检测个人可识别信息、设计受控词汇表，研究团队均先使用 OpenRefine 对事件索引卡的类别进行清理和分类，然后通过开源的通用文本处理框架（GATE）以命名实体识别（NER）程序从索引卡中提取文件级元数据。❷ 又如在自动提取美国总统电子文件都柏林核心（Dublin Core）元数据项目中，研究人员首先使用 GATE 自然语言处理系统进行 NER，识别和注释了 14 种有关文件的知识要素；然后使用无语境语法（context – free grammars）定义文件类型的风格或形式；最后联合使用解析算法，处理命名实体和知识元素以识别其文档类型。❸

第三，在数据存储上，主要通过 MongoDB 数据库、云端服务器等实现。例如，美国北卡罗来纳州阿什维尔在 20 世纪 70 年代的更新重建中产生并保留了大量代表城市重建前的房产法律文件，文件经扫描处理后，研究人员使用 PHP、JavaScript、Leaflet3、PostgreSQL 和 D34，实现了将部分数据集存储在数据库的原型系统中。❹ 又如美国加利福尼亚州立大学的团队在存储大量原型互动艺术项目档案时，将数据集的完整副本传输到两个 10TB 驱动器并安装在专用服务器上，将 CSV 数据存储在团队的共享云存储文件夹中，允许批量下载。❺

❶ PERINE A L, GNANASEKARAN K R, NICHOLAS P, et al. Computational treatments to recover erased heritage: a legacy of slavery case study（CT – LoS）［C］//2020 IEEE International Conference on Big Data（Big Data）. Atlanta: Curran Associates, 2020: 1894 – 1903.

❷ UNDERWOOD W, et al. Computational curation of a digitized record series of WWII Japanese – American Internment ［C］//2017 IEEE International Conference on Big Data（Big Data）. Boston: Curran Associates, 2017: 2309 – 2313.

❸ UNDERWOOD W. Automatic extraction of dublin core metadata from presidential e – records ［C］//2020 IEEE International Conference on Big Data（Big Data）. Atlanta: Curran Associates, 2020: 1931 – 1938.

❹ LEE M, ZHANG Y H, CHEN S Y, et al. Heuristics for assessing computational archival science（CAS）research: the case of the human face of big data project ［C］//2017 IEEE International Conference on Big Data（Big Data）. Boston: Curran Associates, 2017: 2262 – 2270.

❺ KALTMAN E. Preliminary analysis of a large – scale digital entertainment development archive: a case study of the entertainment technology center's projects ［C］//2019 IEEE International Conference on Big Data（Big Data）. Los Angeles: Curran Associates, 2019: 3109 – 3115.

第四，在数据可视化分析上，Tableau 数据分析、Neo4j 图形数据库均是数据关联分析的常用工具，部分项目也包括面向用户的开发利用。同样以日裔美国人系列项目为例，为了解有关情况，研究人员首先采用映射工具 QGIS 对事件与个体展开映射，然后利用图形数据库 Neo4j 形成了映射事件和个体的网络，实现了项目中个体的地理空间分析与社会网络分析；项目同样使用 Python 中的 Matplotlib 库可视化分析个人可识别信息的内容。❶ 在奴隶制遗产项目中，研究团队则使用 Tableau 进行可视化分析，并通过 R 语言、Neo4j 图形数据库将关联可视化。❷ 在面向用户利用上，例如在自动提取美国总统电子文件元数据项目中，研究人员使用 Solr 和 Blacklight 开发了支持分面搜索（faceted search）用户检索界面，用户可按文件的标题、主题、文件类型、日期和覆盖范围等多个维度进行搜索。❸

2.2.3.3　问题解决与技术应用的双向契合

计算档案学问题解决与技术应用的双向契合点在于：一方面，运用高度针对性、自动化的技术工具提升问题解决的效率，同时，也以有效的人工干预补足技术应用的缺位，由此要求更为精准的技术支持。在项目中具体表现为人工纠错或技术验证、文件转换、数据关联等，例如为促进美国总统电子文件中 Dublin Core 元数据的自动提取，研究人员首先使用 OCR 软件 Abbyy FineReader 从文件的扫描图像中识别所需文本，其次，手动纠正出现的转录错误，为开发从文件中提取元数据的自动程序奠定基础。❹ 又如为实现爱尔兰历史死亡登记数据的自动清洗与分类，项目团队首先将每条图像文件格式（TIFF）的登记记录手动转录到 Excel 中；其次通过以 Java 开发的解析器处理非结构化或半结构化的 Excel 数据，以产生细粒度数据，同时识别验证无

❶ UNDERWOOD W, MARCIANO R, LAIB S, et al. Computational curation of a digitized record series of WWII Japanese – American Internment［C］//2017 IEEE International Conference on Big Data（Big Data）. Boston：Curran Associates, 2017：2309 – 2313.

❷ PERINE A L, GNANASEKARAN K R, NICHOLAS P, et al. Computational treatments to recover erased heritage：a legacy of slavery case study（CT – LoS）［C］//2020 IEEE International Conference on Big Data（Big Data）. Atlanta：Curran Associates, 2020：1894 – 1903.

❸❹ UNDERWOOD W. Automatic extraction of dublin core metadata from presidential e – records［C］// 2020 IEEE International Conference on Big Data（Big Data）. Atlanta：Curran Associates, 2020：1931 – 1938.

效输入字段，用相应颜色突出各类错误供项目成员手动修正，确保数据更高的准确率和有用性。❶

另一方面，部分研究问题也直接专注于改善技术的应用，或产出具有可复用的技术应用成果，以问题解决带动技术迭代。具体包括现有技术或工具的改进方案、通用的接口及软件原型开发等。例如为解决数据存储库面临的数据扩张问题，研究团队在（DRAS - TIC）Fedora 项目中开发了相应的开源软件、经过测试的集群配置、文档和最佳实践指南，既确定了对存储系统的需求，又保持最佳性能，使各机构能够可靠地管理具有 PB 级容量并与 Fedora 项目兼容的关联数据存储库。❷ 例如在 Archivematica 项目中，美国密歇根大学的研究团队为改进之前用于元数据创建的 Automated processor 工具在可持续性、可扩展性方面的问题，整合了三项档案管理开源平台，从而简化电子档案的录入，并实现更加有效跨越系统的数据重用。其中，ArchivesSpace 用于存储与电子档案有关的描述性、管理性和版权元数据；Archivematica 用来输入内容，并与来自 ASpace 的描述性元数据联系起来，形成信息包；DSpace 则作为存储库的访问门户。❸ 还有一些项目着眼于接口开发，例如在欧洲数字图书馆（Europeana）报纸项目中，研究团队考虑到仅有 EUDAT（欧洲一项集成数据服务和支持研究的电子基础设施）的 B2SHARE（管理小规模和长尾数据的共享服务）可能满足 Europeana 的数据集出版要求，于是开发了一个接口软件组件的原型，支持使用 B2SHARE 的 HTTP API［一种基于超文本传输协议（Http）的 API］将 Europeana 的数据集系统地发布到 B2SHARE。❹

❶ SHEA O E, KHAN R, BREATHNACH C, et al. Towards automatic data cleansing and classification of valid historical data an incremental approach based on MDD［C］//2020 IEEE International Conference on Big Data（Big Data）. Atlanta：Curran Associates, 2020：1914 - 1923.

❷ JANSEN G, COBURN A, MARCIANO R. Using data partitions and stateless servers to scale up fedora repositories［C］//2019 IEEE International Conference on Big Data（Big Data）. Los Angeles：Curran Associates, 2019：3098 - 3102.

❸ SHALLCROSS M. Appraising digital archives with Archivematica［C］//2016 IEEE International Conference on Big Data（Big Data）. Washington：Curran Associates, 2016：3272 - 3276.

❹ DUGENIE P, FREIRE N, BROEDER D. Building new knowledge from distributed scientific corpus：HERBADROP & EUROPEANA：two concrete case studies for exploring big archival data［C］//2017 IEEE International Conference on Big Data（Big Data）. Boston：Curran Associates, 2017：2231 - 2239.

2.2.4　跨学科框架下的异质主体协同参与

计算档案学的跨学科属性意味着在其实践过程中存在多方主体，同时相关实践的顺利开展亦有赖于主体间的协同参与。

2.2.4.1　档案学、计算科学、信息科学并举为主导学科

信息资源保管机构是计算档案学的实践主体，即各级各类的图书馆、档案馆、博物馆等记忆机构或机构内部的信息资源保管部门，例如保有土地交易文件的政府部门等，是计算档案学的重要探索主体。

第一，为计算档案学的实践研究提供信息资源。一方面，大多数信息资源保管机构，如公共图书馆、档案馆和公益性的信息资源保管组织，基于提高自身信息管理效能或服务水平的需求，会以提供信息资源的方式与研究机构开展合作。[1] 另一方面，部分信息资源的保有者回应研究机构的科研需求，依据信息公开政策或通过协商，成为信息资源的提供方。[2]

第二，信息资源保管机构以实践项目组织者和发起者的身份，主导计算档案学的实践。一方面，国家级的档案馆、图书馆依托自身丰富的信息资源以及资金和技术上的保障，成为项目主导者，并与其他记忆机构或研究机构合作。[3] 另一方面，部分图书馆或档案馆基于提高自身信息管理水平或促进学术研究的需要，主动开展了计算档案学实践。[4]

2.2.4.2　强化科研单位参与力量

跨学科的复杂性使尚处发展初期的计算档案学迫切需要理论研究单位的

[1] PERINE A L, GNANASEKARAN K R, NICHOLAS P, et al. Computational treatments to recover erased heritage: a legacy of slavery case study (CT – LoS) [C] //2020 IEEE International Conference on Big Data (Big Data). Atlanta: Curran Associates, 2020: 1894 –1903.

[2] HENGCHEN S, COECKELBERGS M, HOOLAND V S, et al. Exploring archives with probabilistic models: topic modelling for the valorisation of digitised archives of the European Commission [C] //2016 IEEE International Conference on Big Data (Big Data). Washington: Curran Associates, 2016: 3245 –3249.

[3] RANADE S. Traces through time: a probabilistic approach to connected archival data [C] //2016 IEEE International Conference on Big Data (Big Data). Washington: Curran Associates, 2016: 3260 –3265.

[4] HOLZMANN H, GOEL V, ANAND A. ArchiveSpark: efficient web archive access, extraction and derivation [C] //2016 IEEE/ACM Joint Conference on Digital Libraries (JCDL). IEEE, 2016: 83 –92.

及时有效参与,由此驱动以高校为主的科研机构及其所组成的学术组织成为推进计算档案学理论研究和实践发展的直接力量。

第一,科研机构参与实践的方式多样。一是科研机构依托信息资源保管机构提供的馆藏资源,以项目主导者的身份进行具有实验性质的实践探索。❶ 二是在信息资源保管机构的统筹下,科研机构及其研究人员依照既定分工参与项目。❷

第二,从计算档案学实践的整体来看,科研机构的人员构成及其学科背景多元。通过对研究人员学科背景进行统计,发现计算机科学、信息科学和档案学等核心学科在其中占据了主导地位。这在于现阶段计算档案学的探索仍以数字技术在档案等信息资源和材料中的应用为主要模式。同时,参与其中的科研人员其学科背景也涉及历史学、数字人文、艺术学、地理学等学科,此类研究人员多以自身学术研究领域的具体问题为切入点,寻找与计算档案学的关联。❸ 此外,统计学、政治学、社会学、传播学等学科背景的研究人员亦有参与。

2.2.4.3 凸显社会多元主体参与

跨学科属性意味着跨领域实践的难度较大,其资源保障要求较高,需要社会力量的参与,这在当前实践中表现为社会第三方机构提供各类支持。一是各类基金会以项目为单位,对计算档案学实践提供资金支持。❹ 二是技术提供方通过提供技术工具,成为项目实践过程中的利益相关者。❺

---

❶ ANDERSON G B, PROM J C, HAMILTON K, et al. The cybernetics thought collective project: using computational methods to reveal intellectual context in archival material [C] //2017 IEEE International Conference on Big Data (Big Data). Boston: Curran Associates, 2017: 2213 – 2218.

❷ GOODMANN E, MATIENZO A M, VANCOUR S, et al. Building the national radio recordings database: a big data approach to documenting audio heritage [C] //2019 IEEE International Conference on Big Data (Big Data). Los Angeles: Curran Associates, 2019: 3080 – 3086.

❸ WILLIAMS L. What computational archival science can learn from art history and material culture studies [C] //2019 IEEE International Conference on Big Data (Big Data). Los Angeles: Curran Associates, 2019: 3136 – 3145.

❹ MAEMURA E, BECKER C, MILLIGAN I. Understanding computational web archives research methods using research objects [C] //2016 IEEE International Conference on Big Data (Big Data). IEEE, 2016: 3250 – 3259.

❺ FRIEDMAN M, FORD C, ELINGS M, et al. Using AI/Machine learning to extract data from Japanese American confinement records [C] //2021 IEEE International Conference on Big Data (Big Data). Orlando: Curran Associates, 2021: 2210 – 2219.

第3章
计算档案学视角下的网络档案信息资源建设的必要性、进展与空间

网络档案信息资源建设已有多年的实践，虽逐步形成基本方法与流程，且开发出各类应用工具，但伴随 Web 2.0、Web 3.0 的发展，网络档案信息资源建设的向度已大大扩展与变革。在此背景下，发展中的网络档案信息资源建设亟待更系统的档案理论与方法指导。对此，计算档案学提供了极佳的视角与思路。计算档案学被界定为一个跨学科的研究领域，在我国被视作新文科背景下档案学发展的新方向，以引导建立更系统的数字文件与档案理论、方法、实践体系。在内容体系建设上，计算档案学正从数字化的历史档案资源向原生数据拓展，被视作流动档案馆的网络空间在智慧社会、数字孪生、元宇宙等未来导向的战略之下随之凸显为计算档案学的探索主场景。然而，由于面向网络空间这一综合社会、文化、技术、管理等复杂要素集成的情境，尚待有效理解计算档案学的可为之处与可开拓发展的空间，因此指引更适合于网络空间日趋融合于人类世界这一背景下的网络档案信息资源建设。

由此，研究以面向网络档案信息资源建设的计算档案学建设空间为聚焦点，旨在基于更加全面与显著的数字转型背景，明确计算档案学立足网络档案信息资源的关联要点、相关探索进程，解析与发现未来的建构方向与内容。

3.1 必要性：网络档案信息资源建设与计算档案学的双向关联

网络档案信息资源建设作为数字转型的重要内容，为展开档案学、数据科

49

学、计算科学等超学科跨界交叉建构的计算档案学提供了极具匹配度和价值的探索场景，计算档案学亦相应解决网络档案信息资源的理论、方法、路径等问题。由此，二者相互交集的关联要点体现于多个方面。

3.1.1　计算档案学为网络档案信息资源建设扩展建构方向

计算档案学的提出本身就源于数据驱动的发展环境，尤其体现为各种大数据技术的应用与相应各类数据的形成，网络档案信息资源建设则是探讨计算档案学不可或缺的具体情境，依托计算档案学可确认前沿与系统的建构方向。

具体来说，计算档案学的提出基点是档案学同步人类世界的数字转型趋势❶，网络档案信息资源建设本身就是推进数字转型的网络空间构建的核心组成部分，计算档案学的建构需要充分理解并融合于网络档案信息资源建设。当前，数字转型以智慧社会、数字政府、数字经济、数字文化、元宇宙、人工智能等战略予以统筹布局，无一不关联网络空间的可持续优化发展。同时，网络空间的构建依赖于从现行到长久的信息资源积累、整合和利用，这直接指向网络档案信息资源建设。因此，计算档案学要识别与深度内化数字转型的要义，就需要积极对接网络空间，作为网络空间构建核心内容的网络档案信息资源建设则更是可以提供各类适用于档案以及档案管理的场景。❷

在网络空间持续演进的背景下，如何持续跟进网络档案信息资源建设也需要更为有效的理论与方法指导。因此，计算档案学的建构也受到网络档案信息资源建设的持续驱动。网络档案信息资源建设从记忆机构的文化遗产保存到涵盖各方利益相关者的即时存取，档案场景及其复杂性有效提升，涵盖政治、社

---

❶ 刘越男，杨建梁，何思源，等. 计算档案学：档案学科的新发展［J］. 图书情报知识，2021，38（3）：4-13.

❷ BATISTA A D, WEINGAERTNER T. ArchContract: using smart contracts for disposition［C］//2019 IEEE International Conference on Big Data（Big Data）. IEEE, 2019: 3060-3065; LEMIEUX V L. A typology of blockchain recordkeeping solutions and some reflections on their implications for the future of archival preservation［C］//2017 IEEE International Conference on Big Data（Big Data）. IEEE, 2017: 2271-2278; HOLZMANN H, GOEL V, ANAND A. ArchiveSpark: efficient web archive access, extraction and derivation［C］//2016 IEEE/ACM Joint Conference on Digital Libraries（JCDL）. IEEE, 2016: 83-92.

会、文化、技术、司法和管理等各维度，这些都需要计算档案学的探索和解答认知与实践问题。❶

3.1.2　计算档案学由多维的信息场景重构网络档案信息资源建设

对计算档案学而言，网络档案信息资源建设同其相互建构的关联在于，网络空间被称为流动的档案馆，其构建、运行、维护机制以信息与信息活动为载体的同时，有其社会与文化内涵。换言之，网络空间中的档案信息资源建设有诸多新背景、新要求、新现象、新特征，计算档案学可从多维的信息场景中发现数字转型趋势之下的档案新规律、新要求，由此解答网络档案信息资源建设的理论、方法与路径问题，由此重构网络档案信息资源建设。

一方面，从信息对象来看，网络档案信息资源建设所指代的信息多具有原生性，强调其形成于网络空间多样化的社会活动中，其背景、内容、形式特征与网络空间的特质密切关联，有待计算档案学来厘清诸多认知议题。计算档案学的探索多是从后端的档案馆开启，信息对象多是经过数字转换的历史档案资源。拓展到网络档案信息资源建设，是由于社会活动日趋依赖于网络空间驱动，而网络空间所形成信息，自带数字原生与线上生成的两大基本特质，更是结合各类复杂情境衍生出多元的现象与特点。因此，计算档案学在网络档案信息资源建设的情境将有诸多发现以实现概念创新，为网络档案信息资源明确对象层的认知问题。

另一方面，从信息活动来看，网络档案信息资源建设在网络空间的运行机制中为不可孤立存在的非线性活动，计算档案学可辅助其确定方法框架。换言之，网络档案信息资源建设关联着网络空间可持续运行所依靠的信息全生命周期的各项细节活动，包括信息连续生成、累积与利用等，但如何在整体视野下建构与明确自身内涵则需要确定边界与范畴问题。因此，对计算档案学而言，通过探索网络空间可提供全面的信息管理行为，于信息的全生命周期框架之

---

❶　HOLZMANN H，GOEL V，GUSTAINIS E N. Universal distant reading through metadata proxies with archivespark［C］//2017 IEEE International Conference on Big Data（Big Data）. IEEE，2017：459 – 464；UNDERWOOD W，MARCIANO R. Computational thinking in archival science research and education［C］//2019 IEEE International Conference on Big Data（Big Data）. IEEE，2019：3146 – 3152.

中，既可以为网络档案信息资源建设确定档案管理的总体方法与模式，又在当前主要立足后端延展至前中端的前提下为网络档案信息资源确认其自身应有的流程与要求。例如，在非线性特征和强化即时开发利用的要求显著的情况下，计算档案学强调以增值利用为目标再造档案管理，则可为网络档案信息资源关联与区分于档案信息资源开发利用提供参考。

3.1.3 网络档案信息资源建设可为计算档案学显示反哺式的建构要点

网络档案信息资源建设是档案数字转型的行动组成部分，可对理解计算档案学并形成体系化的认知与方法提供有效的引导，以此相应反哺网络档案信息资源建设的系统优化框架。

在认知层面，网络档案信息资源建设的演进过程显示出数字转型背景下的档案创新理念与认识，可为计算档案学建立整体框架提供有效思路。其中，网络档案信息资源建设的对象范畴、方法原则、流程内容、变革导向、时空概念、认知要点等均显示出新特征，例如去中心化、多元利益相关者叠加、非线性的时空观、自组织特质明显等。于计算档案学而言，网络档案信息资源建设通过具象的实践可提供更丰富的认知基础，可用于在认识层面帮助计算档案学理解和界定所谓数字转型背景下的档案以及档案活动，相应反哺网络档案信息资源建设的理论建构。❶

在实践层面，网络档案信息资源建设可驱动计算档案学有关方法与路径建设的探索，并解答网络档案信息资源建设有关"如何做"的问题。其中，网络档案信息资源建设所处的网络空间的运行机制，适合计算档案学探索以问题为导向的技术应用策略。换言之，网络档案信息资源建设所依赖的是技术和管理双重融合的策略，同计算档案学内涵计算思维以及档案管理同数据科学的交叉要义极为一致，二者可实现相互补充与相互构建。

---

❶ UNDERWOOD W, MARCIANO R. Computational thinking in archival science research and education [C] //2019 IEEE International Conference on Big Data (Big Data). IEEE, 2019: 3146 – 3152; AM-BACHER B, CONRAD M. Computational archival science is a two – way street [C] //2021 IEEE International Conference on Big Data (Big Data). IEEE, 2021: 2192 – 2199.

3.2　进展：基于计算档案学的网络档案信息资源建设

对网络空间的探索开辟出计算档案学广阔的研究领域，在网络档案信息资源建设中，从匹配的研究工具、基础设施建设到研究框架设计均是计算档案学的重要研究内容。基于计算档案学的网络档案信息资源建设研究已积累出一定的研究成果，具体可梳理为以下三个方面。

3.2.1　计算档案学下的网络档案信息资源建设工具开发

第一，网络档案资源建设有赖于网络资源捕获、保存、检索、开发等工具的有效辅助，计算档案学的研究则面向不同场景的不同功能需求设计适应性的研究工具。例如，在电子邮件处理环境中，由英国国家档案馆数字存档部门主导的团队致力于建立电子邮件档案的上下文关联，在研究中提出采用人工智能技术开发出可以提取句子或段落含义的工具 EMCODIST，借助自然语言处理与深度学习技术实现对电子邮件档案基于上下文进行检索的功能。●

第二，面向复杂的网络档案处理环境，探索构建能够承担网络档案的提取、处理和管理等复杂功能的综合性研究工具，以集成式的研究工具提高网络档案资源建设的效率和质量。❷ 例如，德国 L3S 研究中心开发的 ArchiveSpark 分布式网络档案分析工具能够符合标准文件格式，可以有效访问网络环境以提取数据，并记录可追溯的数据脉络，从而有效地处理与分析网络档案。❸ 此外，网络档案处理工具的功能也结合研究需求持续优化，例如，ArichiveSpark 工具的后续开发扩展了通用的远读功能，并提供个性化定制空间以适应不同的

---

❶ VENKATA S K, DECKER S, KIRSCH D A, et al. EMCODIST：a context – based search tool for email archives ［C］//2021 IEEE International Conference on Big Data (Big Data). IEEE, 2021：2281 – 2290.

❷ ANDERSON B G, PROM C J, HAMILTON K, et al. The cybernetics thought collective project：using computational methods to reveal intellectual context in archival material ［C］//2017 IEEE International Conference on Big Data (Big Data). IEEE, 2017：2213 – 2218.

❸ HOLZMANN H, GOEL V, ANAND A. ArchiveSpark：efficient web archive access, extraction and derivation ［C］//2016 IEEE/ACM Joint Conference on Digital Libraries (JCDL). IEEE, 2016：83 – 92.

研究与分析需求。❶

3.2.2 融合计算环境与网络原生性特点的网络档案信息资源建设

网络档案是新兴的重要档案信息资源来源，网络档案信息资源建设需要充分研究网络原生信息的特点和规律。计算档案学对网络档案信息资源假设的探索一方面集中于结合其性质采用不同的手段或技术进行捕获或爬取；另一方面聚焦如何在资源建设过程中使其符合档案的基本属性，以档案的标准进行保存，确保网络档案资源的可用性。

第一，复杂网络环境催生出多元网络原生信息类型，例如网络视频、社交媒体文件、电子邮件以及区块链上的信息等。相较于纸质文件、数字化扫描件等档案信息，原生网络信息携带网络环境所赋予的属性，网络档案信息资源建设因此有别于传统档案信息资源建设。对于原生于数字环境中的网络档案，资源建设的基本任务之一是建立语料库，包括选择和过滤数据，对相关内容进行分组和聚合，以及提取和衍生新的数据。例如，德国 L3S 研究中心的网络档案研究团队为促进网络档案研究进行了持续性的探索，研发出 ArchiveSpark 这一多元网络利用平台，通过应用过滤器和工具对网络档案进行有效的数据处理、提取和推导并以更便于获取的格式（如以 JSON 格式进行存储），从而实现了对网络档案数据可表达性、可扩展性的提升，优化网络档案的结构以及易访问性、可重用性。❷

第二，如何维持并提升网络档案信息资源的质量，既确保其可访问性和可持续性，且面向多元载体维护档案的真实性、完整性、可用性和安全性，也是

---

❶ HOLZMANN H，GOEL V，GUSTAINIS E N. Universal distant reading through metadata proxies with archivespark［C］//2017 IEEE International Conference on Big Data（Big Data）. IEEE，2017：459 – 464.

❷ JAYAWARDANA Y，NWALA A C，JAYAWARDENA G，et al. Modeling updates of scholarly webpages using archived data［C］//2020 IEEE International Conference on Big Data（Big Data）. IEEE，2020：1868 – 1877；VENKATA S K，DECKER S，KIRSCH D A，et al. EMCODIST：a context – based search tool for email archives［C］//2021 IEEE International Conference on Big Data（Big Data）. IEEE，2021：2281 –2290；SMITH T D. The blockchain litmus test［C］//2017 IEEE International Conference on Big Data（Big Data）. IEEE，2017：2299 –2308.

网络档案信息资源建设的重点关注内容。计算档案学的研究以技术工具为手段，如人工智能、机器学习和大数据分析等，以档案学思想为理论来源，探索在处理和分析网络原生信息的过程中，维护档案的基本属性。❶ 例如，加拿大英属哥伦比亚大学区块链研究所开展了一项结合档案思维和计算工程方法来分析辨别视频真伪的研究，其中运用档案学与古文书学理论从来源、真实性、可靠性、完整性等特征出发对视频真实性加以判别，提出一项对虚假视频的分类以及对虚假视频辨别的标准。❷ 这种结合计算档案学技术的方法提高了网络原生信息处理的效率和准确性，进而提升档案信息资源的质量和可用性。

3.2.3　面向网络空间的计算档案学研究范式创新

计算档案学具有计算科学与档案学双向融合的属性，探索网络空间，为计算技术与档案思维的碰撞提供了试验场。在网络信息资源建设的过程中，档案学的理论与方法也得到创新。

第一，基于网络空间的特点，运用并创新档案理论和概念，形成适应网络档案特点的研究方法与研究框架。网络成为社会和文化现象研究的重要来源，对网络档案的保存手段、研究网络档案使用的相关技术，例如大数据分析、远读等方法也积累了一定的探讨与实践，其中逐步凸显出网络空间中原生档案信息资源建设的特点与难点。计算档案学以档案学的理论与方法为指导，探索适应网络环境与网络档案资源特质的研究方法，构建面向网络档案研究的方法论框架。在借鉴研究对象（research objects）的网络档案研究概念框架中，该研究提供了一个从概念出发的视角，从高层次抽象地描述和分析网络档案研究中档案的来源、使用的计算方法，使研究过程中的选择变得透明化，为面向网络

❶ KATUU S. Managing records in enterprise resource planning systems ［C］//2021 IEEE International Conference on Big Data (Big Data). IEEE, 2021：2240－2245.

❷ HAMOUDA H, BUSHEY J, LEMIEUX V, et al. Extending the scope of computational archival science：a case study on leveraging archival and engineering approaches to develop a framework to detect and prevent "fake video" ［C］//2019 IEEE International Conference on Big Data (Big Data). IEEE, 2019：3087－3097.

档案的计算档案学研究提供了可供参考的研究框架。❶

第二，在融合计算思维和档案理论的网络空间档案信息资源建设实践中，档案学理论与方法在数字实践探索中得到应用。一方面，深度融合的实践体现出有力的指导与解决计算环境中困难的能力；另一方面，二者的融合也在实践中得到检验，通过细化理论与方法使其更具应用价值。计算档案学研究组织——高级信息协作中心的联合创始人马克·康拉德（Mark Conrad）在研究中提出，将档案领域的数字资源长期保存标准用于网络信息资源存储库的规划和执行中。❷ 国际标准化组织（ISO）的各项标准能够促进网络信息资源库长期存储的性能，提升对数据真实性的保障，档案标准在网络信息资源建设中的实践运用体现出档案管理方法与经验在网络环境中的重要应用意义。

第三，在网络档案信息资源建设中体现出计算思维与档案学理论方法的双向融合，档案学理论在网络空间中的适应性利用显现出大有可为的应用空间和持久的创新活力。具体而言，加拿大英属哥伦比亚大学区块链研究所开展了对非同质代币（NFT）等网络环境中的原生数据类型的相关研究，探讨了将档案思维融入 NFT 和其他数字资产管理中的方法。研究以档案思维看待 NFT 的长久保存与真实性的问题，并通过利用区块链技术和分布式账本技术对来源和元数据进行管理以维护 NFT 之间的关联，从而增强对 NFT 真实性的保障。❸

3.3 空间：计算档案学应用于网络档案信息资源建设的发展方向

总言之，网络档案信息资源建设是计算档案学探索其理论与方法内涵的重要支持，计算档案学也相应扩展了网络档案信息资源建设的认知、模式与实践路径。同时，已有进展显示二者均为处于动态变化中的复杂事务，其探索仅部

---

❶ MAEMURA E，BECKER C，MILLIGAN I. Understanding computational web archives research methods using research objects［C］//2016 IEEE International Conference on Big Data（Big Data）. IEEE，2016：3250－3259.

❷ AMBACHER B，CONRAD M. Computational archival science is a two－way street［C］//2021 IEEE International Conference on Big Data（Big Data）. IEEE，2021：2192－2199.

❸ ROSS D，CRETU E，LEMIEUX V. NFTs：tulip mania or digital renaissance?［C］//2021 IEEE International Conference on Big Data（Big Data）. IEEE，2021：2262－2272.

分解答了已有问题，新的问题、新的方向仍有待被纳入。于网络信息资源建设而言，计算档案学更需从如下方面提供指引。

3.3.1　由计算档案学演绎建构网络档案信息资源建设的理论基础

网络档案信息资源建设长期以来在网络信息存档的框架下作为组成环节得到探讨，更多是从实践应用的角度讨论"如何做"的问题。随着 Web 2.0、Web 3.0 的出现，尤其是社交网络、社交媒体的应用，"如何做"的问题难以解答，实践成果的有限性更加显著，由此指向理论层的重构，以解答概念与原理问题。例如，特里·库克（Terry Cook）提出社会/社群的档案范式应当来临；❶ 冯惠玲也指出档案所建构的社会记忆从国家书写扩展向社会书写❷。然而，理论基础需要更系统地构建，落脚于网络档案信息资源建设则呼唤更具针对性的理论指导。因此，由计算档案学演绎出网络档案信息资源建设的理论基础，有其高度的必要性与研究空间。

第一，网络档案信息资源建设的认知需要扩展。一方面，网络档案的核心内涵需要明确。网络空间变革了社会活动的运行环境，相应改变了档案背景、形式、内容等。在网络空间的文化与社会背景下，档案是什么这一问题需要重新认识。例如，档案的原始性与网络数据的随机变化如何相适应、稳定的来源与多元的共同形成者之间的冲突如何协调、档案的权威性与档案利益相关者的"业余性"如何平衡等。于计算档案学而言，重新认识档案亦是丰富其理论内容的重要基础，网络档案信息资源建设同样是不可忽视的场景。另一方面，档案信息资源建设有待重新界定。作为档案存取的中间环节，档案信息资源建设已有明确界定。然而，伴随利用导向及数据被视作资源与资产的趋势下，档案信息资源建设在"前端控制"的理念下延伸向前端质量管控的同时，也向后端扩充出以有效利用为目的的建设信息资源的要求。因此，信息资源建设的对象不仅包括信息，也在于将促进更好、更优质利用的相关行动纳入其中。同时，哪些行动适合被纳入则有待探讨。对计算档案学而言，在其增值利用再造档案

---

❶　COOK T. Evidence, memory, identity, and community: four shifting archival paradigms [J]. Archival Science, 2013 (13): 95 –120.

❷　冯惠玲. 数字记忆：文化记忆的数字宫殿[J]. 中国图书馆学报，2020，46（3）：4 –16.

管理流程的认知导向下，网络档案信息资源建设的概念重构也提供了重要的讨论空间。

第二，网络档案信息资源建设的理论指导需要有效扩展。档案学的基础理论涵盖来源原则、全宗理论、文件生命周期理论、文件连续体理论、档案后保管理论等。一方面，上述理论如何映射至网络档案信息资源建设予以扩充有其必要性。来源原则、文件连续体理论、档案后保管理论在其建构或扩展的过程中都在不同程度上将网络空间纳入其中，例如文件连续体理论立足网络空间形成文件管理信息学。然而，除了理论建构的系统程度有限，如何基于档案已有理论形成整体的理论认识更是缺乏协同视野。计算档案学作为超学科提出，跳脱出了仅限于一个或部分理论的局限。另一方面，计算档案学本就将理论构建作为其产物之一。换言之，网络档案信息资源建设所驱动的不仅是旧理论的创新，而且是新理论的产出。例如，面向网络档案信息资源建设的场景，计算档案学还有哪些可扩充或创新的方向值得探索；计算档案学的核心概念是什么、基本档案理论与方法是什么，以及其应呈现怎样的基本框架；通用的计算档案框架是怎样的，面向不同场景又有哪些代表性的应用路径等。

3.3.2　通过计算档案学确定网络档案信息资源建设的方法框架

如前文所述，网络档案信息资源建设长期以来大多从档案馆、图书馆的记忆机构视角出发并展开具体实践，即便是形成者自主存档，现行的业务视角依旧不显著。因此，现行即时利用和长久保存的历史挖掘的两大主线推进的网络档案信息资源建设需要更加系统与完备的方法框架提供指引。基于计算档案学，网络档案信息资源建设可有如下探索空间。

第一，从计算档案学发现网络档案信息资源建设的现存问题与变革方向。在各国与地区，不同的利益相关者已经或正开展着规模、性质、目标、要素、成果不一的网络档案信息资源建设实践。总体来看，现有实践多缺乏应用成效，这既在于如澳大利亚图书馆馆长在介绍其 PANDORA 项目时指出，网络档案信息资源建设在现有方法指导下难有较优方案，也在于网络档案信息资源建设成果的应用场景不明确且应用条件较复杂。换言之，网络档案信息资源建设对已有行动策略的遵循，难以满足网络空间可持续运行及其广泛服务人类世界各项活动的要求。从计算档案学的方法视角出发，可从主体、流程、技术等角度全面发现网络档案信息资源建设的局限，并通过解析得出需要突破的重难点问题，明确变革方向。

第二，基于计算档案学为网络档案信息资源建设建立更加完备的方法框架。网络档案信息资源建设长期以来少有明确的方法指导，主要从技术角度确定了资源建设的颗粒度与关联单位，例如主题汇聚的档案集成、数据开发的关联等。然而，网络档案信息资源建设缺少更系统的方法框架建设。于计算档案学而言，可提供参考的内容如下：①深化至数据层的网络档案信息资源的要素解构；②计算思维与档案内核集成体系引导下的网络档案信息资源建设原则设定；③多学科协同创新驱动的跨领域；④跨层级主体机制构建；⑤增值利用导向下的网络档案信息资源建设流程再造；⑥数据化和知识化技术的应用设计等。

3.3.3 依托计算档案学设计网络档案信息资源建设在不同场景的实践范例

网络档案信息资源建设的实践难点并非有或无的问题，而是如何更优的问题，尤其是如何面向不同信息主体、对象、活动等多样化场景形成有效实践。计算档案学同现有档案理论与方法相比，其特点之一就是强调技术融合下的应用探索。换言之，计算档案学不仅要建立理论与方法框架，而且要针对现实具体情况形成可行实践范例。

因此，针对网络档案信息资源建设的多元化设计及其实践落地问题，计算档案学的应用更在于如何帮助其形成不同场景的实践范例。因此，依托计算档案学，要立足网络空间情境与档案管理要求，完成多维度视角下网络档案信息资源建设的场景分类与示范场景设定；在计算档案学方法指导下，设计网络档案信息资源建设项目式示范方案；在技术应用的策略指引下，形成可重复可优化的示范性实例以推广于相适应的场景。

第4章

网络档案信息资源建设全球实践模式总览

为全面了解网络档案信息资源建设实践的基本情况，深化关于如何建设网络档案信息资源的认识，笔者立足全球视野以线上调研结合实地访谈的方式收集如下实践信息：①在国际互联网保存联盟（IIPC）、中国国家图书馆、美国国会图书馆、英国国家档案馆等组织和记忆机构的官方网站的基本信息介绍、项目网站、新闻通讯稿中翻阅、检索具体项目信息。②在百度、谷歌、维基百科、微博、微信公众号等大型搜索引擎网站、权威百科网站与社交媒体网站，以"网络信息存档""网络档案""网络信息长期保存"为关键词进行广泛检索。③在WoS、Elsevier、ScienceDirect与CNKI等期刊文献库中，以"Web Archiving""Digital Curation"为检索词来检索期刊论文中有关网络档案信息资源建设项目的相关信息。④在我国展开实地访谈，涉及五个省级行政区内不同层级的12家综合档案馆以及2家企业。

检索完成后，研究以项目成果成熟度、过程描述完整度为标准，最终筛选出50个在世界范围内具有一定认可度的各类网络档案信息资源建设实践案例，同时结合我国实地调研的结果❶描摹基本图景。

---

❶ 在笔者实地调研的12家单位中，4家有网络信息存档的相关实践，另有1家单位本身的业务就是以网络信息为主的形式记录。应各调研单位匿名化的要求，5家单位基本情况如下：

A单位为直辖市综合档案馆，会存档其他地方新闻网的网络信息，主要以版式文件的方式半年存一次到二级链接的网页，按照网站本身内容的方式进行分类保存。

B单位为省级综合档案馆，主要是一些专题档案中抓取了部分政府官网、微信公众号的网络信息，采用爬虫的方式，但截至实地调研时，尚未进行档案化处理，分类也是按照内容主题进行。

C单位为市级综合档案馆，主要是一些专题档案中收集了哔哩哔哩、微信公众号中在社会层面体现正面影响力的内容，采用的方式是直接向原作者请求获取相关作品或是截图后打印保存，因而归类方式也主要是以平台来源、载体以及主题为参考。

D单位为能源企业，主要是定期收集其官网的网页，保存为版式文件的同时也以WARC的格式进行存储，主要根据其档案分类方案进行整理。

E单位为文化企业，其官网网页以及客户端举办活动的数据均以原始格式的底层数据存储于服务器。

4.1　网络档案信息资源建设实践案例总体情况

4.1.1　案例分布情况

网络档案信息资源建设实践案例中的 50 个项目覆盖了亚洲、欧洲、北美洲、大洋洲，包括中国、日本、俄罗斯、德国、法国、丹麦、美国、澳大利亚等 34 个国家和地区，其主要分布情况如图 4 – 1 所示。

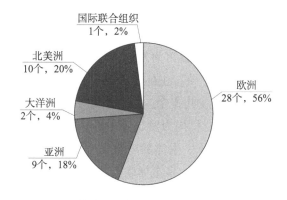

图 4 – 1　网络档案信息资源建设实践案例中的项目分布

发起主体位于欧洲的网络档案信息资源建设项目共 28 个，占比 56%，构成了所分析案例集的重要组成部分；位于亚洲的项目共 9 个，占比 18%；位于大洋洲的项目共 2 个，占比 4%；位于北美洲的项目共 10 个，占比 20%；发起主体为国际联合组织的共 1 个，占比 2%。

在欧洲区域，挪威、瑞典、芬兰、俄罗斯、爱尔兰、法国、比利时、卢森堡、德国、瑞士、奥地利、捷克、斯洛伐克、匈牙利、斯洛文尼亚、克罗地亚、葡萄牙、意大利、希腊各有 1 个网络档案信息资源建设项目，丹麦有 2 个，西班牙有 3 个，英国有 4 个。在亚洲区域，中国有 2 个较具国际性的项目，韩国、日本、马来西亚和以色列各有 1 个网络档案信息资源建设项目。在大洋洲区域，澳大利亚、新西兰各有 1 个网络档案信息资源建设项目。在北美洲区域，加拿大有 1 个，美国有 9 个。由此可知，美国在全球范围内居于首位。

4.1.2　网络档案信息资源建设主体基本概况

50 个网络档案信息资源建设实践项目的发起主体，既有图书馆、档案馆等传统记忆机构，例如发起 Kulturarw3 项目的瑞典皇家图书馆和发起"国会和联邦政府网络捕获"项目的美国国家档案和记录管理局；也有相关的政府部门，例如 2007 年发起"巴斯克数字遗产档案"项目的西班牙巴斯克文化遗产部；此外，还有一些区域性合作组织，例如发起"纽约艺术资源联盟网络档案"项目的纽约艺术资源联盟（New York art resources consortium，NYARC）。网络档案信息资源建设实践案例中的项目主体类型分布如图 4－2 所示。全球部分代表性网络档案信息资源建设项目概况见附录。

如图 4－2 所示，以国家档案馆为发起（主导）主体的项目实践共 4 个，以各国国家图书馆为发起（主导）主体的项目实践共 28 个，以地方图书馆为发起（主导）主体的项目实践共 3 个，以高校图书馆为发起（主导）主体的项目实践共 4 个，以高校研究机构为发起（主导）主体的项目实践有 1 个，以第三方研究机构为发起（主导）主体的项目实践共 2 个，以政府部门为发起（主导）主体的项目实践共 2 个，多主体联合主导的项目实践共 5 个，其他主体的项目实践有 1 个。

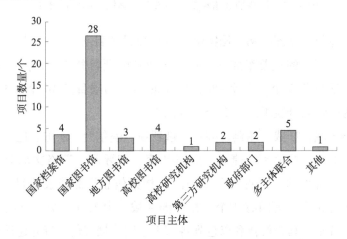

图 4－2　网络档案信息资源建设实践案例中的项目主体类型分布

由此可见，图书馆和档案馆等传统记忆机构在网络档案信息资源建设实践中仍然占据主导地位。

4.1.3　资源建设对象基本情况

在主题类型方面，本书所选案例主要涉及以下四个主题：①综合类。该类项目在确定存档范围时，并不限定网络信息的主题类型，而是对各类符合标准的网络信息资源进行归档保存，以完整维护国家或地区在数字时代的社会记忆，例如爱尔兰国家图书馆发起的"爱尔兰网络档案项目"。②政治类。该类项目主要关注完整记录和保存政治领域内形成的各种网络档案信息资源，以支持各类政治活动的进行，如美国国会图书馆、美国北得克萨斯州大学图书馆、互联网档案馆、斯坦福大学图书馆和美国政府出版局联合发起的"总统任期末的网络档案项目"。③艺术类。该类项目主要关注一些对艺术史研究具有重要意义的网络内容，例如纽约艺术资源联盟发起的"纽约艺术资源联盟网络档案"项目。④公共卫生类。该类项目旨在记录并维护在应对公共卫生领域重大事件过程中形成的各种网络档案信息资源，例如由苏格兰国家图书馆发起的"明日档案：英国网络档案中的健康信息与错误信息"项目（以下简称"明日档案项目"），且这类实践分布相对广泛。

此外，在形式方面，尽管传统网站仍占据主流，但需关注用户群体日趋庞大的社交媒体。其中，46 个网络档案信息资源建设项目将网页纳入资源建设来源范围，7 个项目将社交媒体纳入建设范围。

4.1.4　网络档案信息资源建设项目的历史演进

在本书筛选出的 50 个网络档案信息资源建设案例中，最早的项目发起于 20 世纪 90 年代，以国际闻名的互联网档案馆项目为代表。网络档案信息资源建设案例中的项目时间分布如图 4 - 3 所示，1996 ~ 2002 年，该类项目增加了 8 个；2003 ~ 2005 年，网络档案信息资源建设项目迎来第一个快速发展时期，3 年内共增加了 10 个实践项目；2007 ~ 2008 年，网络档案信息资源建设项目进入发展高峰时期，年均新增 5 个实践项目；2009 ~ 2017 年，网络档案信息资源建设项目进入平稳发展时期，年均新增近 2 个案例；2018 年至 2024 年 6 月，增速放缓，年均新增案例不足 1 个，查询的最新网络档案信息资源建设项目为苏格兰国家图书馆在 2022 年发起的"明日档案项目"。

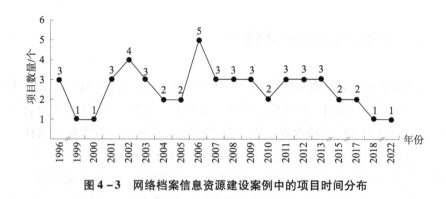

图 4 – 3   网络档案信息资源建设案例中的项目时间分布

4.2   多元网络档案信息资源建设实践模式透视

为了解全面的、具有代表性的网络档案信息资源建设经验，笔者进一步聚焦于 26 个分布于不同领域、公开信息更为丰富、成果更加丰硕的网络档案信息资源建设项目，从建设主体、对象、目标、方法、成果等维度展开，梳理实践中各异的资源建设取向与管理策略，由此深入认识与洞察网络档案信息资源建设的实践进展。

笔者从项目开发过程与成果出发，通过阅读整合后的案例信息，梳理各项目的资源建设目标、方法，依据不同的资源建设取向对案例进行分类，以此分析不同类别的网络档案信息资源建设的基本内容，并从整体角度发掘全球网络档案信息资源建设特征。

笔者基于调查发现，全球网络档案信息资源建设项目分别展现出不同层次、深度的资源建设方向，总体上分为三种资源建设层次：一是原态开放类；二是数据集构建类；三是基础设施搭建类。需要说明的是，这三类实践相互交织，可能存于同一实践项目中。

4.2.1   原态开放类

原态开放类实践，指对存档的网络信息只进行固化处理和数据提取，不进行额外加工或仅予以浅层开发，依据主要的几个字段，例如主题、形成者、形式等进行汇集呈现，重点在于将网络档案信息资源以原态开放给公众利用。此类实践十分普遍，也是网络信息存档项目的基础做法。在收集的 50 个案例中，43 个实践项目涵盖了该类别的内容，包括美国国会图书馆网络档案、英国国家档案馆网络档案等知名项目。于我国，以版式文件的形式确保网页原始面貌的做法相对普遍，随着引进 WARC 作为国家标准的存储格式，也在加强网页相关元数据的提取和封装。同时，也有部分档案馆采用打印截图等方法存储纸质备份。调研显示，这些档案馆或档案室参与的网络信息存档项目还没有面向社会开放。

由于原态开放类的实践分布广，因此可以依据实践主体及其具体行动的差异，分为单主体主导类、多主体共建类和跨主体汇集类三类实践，具体介绍如下。

4.2.1.1　单主体主导类

此类实践多以单个国家图书馆、高校图书馆或政府文化部门为主导，各主体依据本国法定缴存要求，同时受到如联合国教育、科学及文化组织（UNESCO）、IIPC 等机构的协助，围绕国家层面具有重大文化遗产价值的网络档案信息展开收集与长期保存行动，以履行其建设网络档案信息资源并为后代提供利用的使命。

在具体建设方面，此类实践遴选基于广泛的国家历史、文化和研究等价值标准展开，因而资源建设对象一般限定网页的域名、语言、内容、作者等内容中的一项需与国家相关，同时强调遵循版权法和网站服务条款的合规性，例如出于国家遗产价值和隐私保护的考虑，部分极具个人性质的网站暂时被排除在外。收集工作也主要面向国家域名展开，具体对象包括官方政府网站、具有国家意义的特定主题和事件信息以及社交媒体等；在收集的方法上，采用全面收集国家域名与选择性收集主题事件相结合的策略，且以国家域名收集为主；在收集工具方面，多结合使用自建或知名开源网络收集工具如 Heritrix 等开展爬网活动（爬网指利用网络爬虫技术工具，在设定好工具的收集规则、程序后自动进行的网络数据收集行为）。一般而言，全面收集的爬网频率较为稳定，以一年一次居多，且更多是浅层爬网，即仅包括通过超链接可以抵达的静态网页构成的表层网页；选择性收集具有更为明确的主题或事件导向，为获得更及时的信息参考，爬网频率相较于全面收集高，从一天一次到几月一次不等，且爬网的层次更为深入，或涉及无法通过静态链接获取的、需要用户注册及检索后内容才可见的深层网页；但整体的收集对象类型均包括文档、图片、视频等数字资源。在组织开发方面，为增强资源描述的准确性和后续利用的便利性，一方面参考 Dublin Core 等国际元数据标准和该国元数据标准展开描述，另一方面依据该国缴存传统和网络信息资源具体情况创建专用元数据标准，特别是以该国图书馆系统加强数据互操作性为目标之一建设元数据。其中，标题、作者、日期、URL 和主题等均为常见的元数据项，可作为存档材料的分类项和检索筛选项，促进存档材料依据主题形成相应的主题集合。在资源的开放利用层面，基本建设成果为国家的网络档案信息资源库，面向公众和研究人员等提供在线浏览、检索等服务，支持基于标题、URL 等的关键词检索与筛选；同时提供相应的检索说明，部分项目还会在首页推出精选网络档案主题集合。网络档案的访问呈现形式一般为元数据项及内容的展示或网页的重映，前者多以国家自建网站为主，后者则多见于借助 Archive - It 实现的资源建设。同时，部分国家在检索结果页面提供点击次数、收集日期等可视化的参考信息。除提供便利的检索访问外，相关项目也通过访问政策及具体措施强调访问的合规性，相应实践表现为从公开内容的范围和面向对象的范围两方面入手，对网络档案设置分级分类，例如面向公众的可公开访问、面向研究人员的需申请访问、涉及个人信息的不公开访问等，其中不可公开访问的内容仅由线下授权的未联网图书馆终端提供，相应的拍摄、复制、打印等操作则因国家而异，旨在最大程度上平衡隐私保护与公众利用的需求。

中国、澳大利亚、英国、韩国、芬兰等国家均有此类实践。以芬兰为例，芬兰国家图书馆依据芬兰版权法中"存档在线资料并依据《文化资料搜集保存法（1433/2007）》展开搜集保存"的要求，对包括网络档案在内的国家文化资料进行长期保存。建设成果体现为截至 2020 年，其网络档案量达 240TB，相应数据格式涵盖了文档、图片、视频等，主题则涉及市政选举、信息研究等。

在建设过程方面，芬兰国家图书馆通过广泛的公众征集与专家遴选确定收集对象，征集内容涉及在线公开网站、付费专区内容、社交媒体内容、主题集合以及在线出版物等；征集方法则依据不同对象存在区别，面向普通网站存在由网络出版商或收集者定期批量寄存和填写在线表格上缴两种方式，面向政府或高等教育机构的存储库则可启用接口自动收集，对部分特殊材料也可直接选择在存储设备上提交或采用其他适合的方法。在面向公众初步征集后启动收集工作，且收集的对象和方法与征集保持一定的连续性。收集主要依据上述在线公开材料、主题收集和在线出版物三类展开，并在此基础上进行细化，如将在线公开材料主要规定为芬兰的新闻杂志网站等，由于内容相对稳定，因而采用定期爬网的方法收集；主题收集则旨在通过特定的主题或材料类型（如社交媒体）实现更广泛、更全面的收集；涉及选举、文化活动等重要的国家或国际事件，主要通过芬兰国家图书馆与研究人员、专家及公众的合作调查实现。例如，芬兰国家图书馆自 2020 年 10 月起每月定期收集一次选定的社交软件 X（原 Twitter）账户。同时，考虑到如 Heritrix 的网络收集工具无法从付费专区或社交媒体平台收集信息，芬兰国家图书馆则采用继续开发开源应用程序，用于登录网站或直接展开收集。电子书、电子游戏及无法通过开放接口自动收集的数字出版物被要求作为实体馆藏，国家图书馆需依据其缴存法的要求请求收集。网络信息的组织加工主要通过加强元数据建设实现，芬兰国家图书馆采用 Dublin Core、ONIX、NewsML、MARC 等元数据标准对资源进行描述，描述项目包括统一资源名称（uniform resource name，URN）、标题、作者、原始 URL、创建时间、收集时间、主题标签和内容说明等，作为分类标准和检索项。

在描述的实现方面，不同来源的网络信息存在不同的元数据收集方式。通过在线表格缴存的出版物，元数据通过在线表格收集并直接作为资源描述和主题索引；隶属于芬兰国家图书馆知识库的政府、大学等机构的出版物，元数据则可直接从库中收集提取；其他机构以及通过开放接口获取的资源如在线学术期刊，则会借助成熟的收集工具进行收集。值得注意的是，为促进数据的互操作性，相应元数据后续也将应需转换为芬兰国家图书馆使用的元数据格式。

在开放利用维度，一方面，在线开放主题集合、网站和视频三种类型的网络信息在线目录，支持基于关键词的布尔逻辑检索和截断检索，提供主题、时间和类型等筛选项，并在线编制详细的检索说明供用户参考；同时，开展并通过评估反馈优化网站无障碍建设，促进上述服务的可及性。另一方面，保持合规有限开放，使用 Solr 和 Wayback 等网络档案访问工具促进网络档案信息资源开放，但仅授权芬兰国内 6 个法定缴存且未连接到互联网的图书馆终端提供网络信息的访问，允许对材料进行打印和拍照，且不支持数字副本的制作。其中，社交软件 X（原 Twitter）内容的检索与访问仅可在法定终端进行；此外，项目针对个人信息作出隐私说明，包括处理个人材料的目的和依据、已保存的数据内容、个人敏感数据的处理和保护措施等多项内容。

4.2.1.2 多主体共建类

此类实践主要表现为：由多个机构组建如联盟形式的共同体，面向网络档案探索信息资源建设的范畴、方法、方式与技术工具等，合作发布相应网络档案信息资源成果、展开网络档案研究等。这类实践中，各参与主体间无明显的主次关系，结构较为扁平，强调行动的协同性和群体参与的特质。

有关网络档案信息资源建设对象的遴选，详细策略依据各成员机构实践经验和具体项目而各异，基本模式表现为：结合公众提名与专家遴选的方式，面向全球、国家或区域内具有重要意义的网络内容展开收集，包括网站、社交媒体等，以求广泛而多样的代表性资源。在收集过程中，更多基于如奥运会、气候变化、人工智能等影响广泛的主题或事件展开，因而以选择性收集为主，往往使用开源网络收集工具对选定的 URL 种子列表展开爬网，同时根据网站的更新频率等确定收集频率，并适时将增量的种子列表及相应内容添加至网络档案中。资源的组织加工则使用较为统一的国际通用元数据标准并提供详尽的资源描述，一般包括基础的标题、作者、URL、主题和整体内容描述等基础元数据项，为检索服务建立基础；同时考虑到由多主体带来的特性，项目往往会对其中资源的多样性予以说明，主要通过标明多元语种、国家、类型等著录项而体现。开放利用方面，各建设主体多借助各自网站、指定平台或共建界面等建设网络档案信息资源访问门户，并为用户提供浏览、检索等服务，或涉及高级搜索选项、筛选项和排序机制等优化检索的交互设置。相较于部分单主体主导类实践，此类实践更多强调以多主体参与实现更广泛公开的内容提供与访问，因而相对具有更少的访问限制。除此之外，也提供相关的教程和指南，帮助用户有效地浏览和利用网络档案。

例如，国际互联网保存联盟作为最具影响力之一的网络存档组织，由来自全球 35 个国家、大学和地区的多个图书馆和档案馆共同组成，各成员以参与短期或长期项目的工作组形式展开合作。其中，内容开发工作组（Content Development Working Group，CDG）旨在建设有关国际社会重大事件的、可公开访问的和全面的网络档案集合，已围绕奥运会、气候变化、人工智能等具有国际影响力的主题建立协作集合。在具体建设过程方面，以某网络档案项目为例，其资源建设总体路径是围绕档案主题从全球范围多种渠道汇集多元网络信息，建设广泛且具有代表性的网络档案信息资源库供查考。对象的遴选以公众提名及成员讨论决策的方式进行，并列出其项目高优先级的子主题以征集更符合要求的信息资源；同时对资源类型的征集排序作出说明，如已经发布的网络信息资源相较于社交媒体简讯和主题标签等具有更高的优先级。收集策略表现为基于遴选得到的 URL 种子列表进行选择性收集，批量收集借助如 Archive－It 网络爬虫、自动脚本以及自主开发的工具展开，涉及 HTML、文字、图像、视频、PDF 及其他媒体文件，且按需适时展开增量收集。其收集成果表现为广泛的资源出处和数量，截至 2020 年底，已收集包括来自公共卫生机构、新闻媒体、流行病数据绘图项目、个人叙述和医学期刊等渠道的 11000 项网络信息资源，涉及语种也高达 66 种，其中，西班牙语、英语和葡萄牙语为使用最多的语种。在信息组织和加工维度，每项信息资源除了添加 URL、标题、语种、顶级域名、出版国家等基础性元数据，还特别对网站状态展开分类说明，如提供的资源集合是否仍处于更新状态、原始网站是否实时可用等实用参考信息；分类基于收集来源展开优化，主要依据主题展开，包括政府机构、媒体文章、个人社交媒体等多项主题。在开发利用维度，网络档案信息资源存储并发布在互联网档案馆的 Archive－It 平台上，以网络档案信息资源库的形式支持用户搜索和浏览，支持检索主题集合、网站标题、URL 及网页文本内容，并以重映的形式进行资源呈现。开发利用阶段的研究项目基于相应建设成果展开，如卢森堡大学的研究团队使用某网络档案探究其中利益相关者的类别及其所体现的代表性与包容性、网站超链接的分布特点等定性与定量问题。

中国国家图书馆在 2007 年成为国际互联网保存联盟的成员，2009 年成立国家图书馆互联网信息保存保护中心，对各领域主要网站和重大事件进行收集存档；2014 年，依托"网事典藏"项目，联合全国公共图书馆共同开展互联网资源的保存和服务；2018 年，研发并推广网络存档网站公共服务，将存档的互联网资源通过国家部署的网络资源保存与服务系统，实现互联网资源高效和规范化的收集、编目、回放、发布和服务。在此过程中，中国国家图书馆采用了客户端存档、交互存档、服务器端存档三种方法来收集网络信息，收集策略包括网络域名收集和选择性专题收集。上述收集策略也决定了网络信息组织的基本维度，且国家图书馆在资源建设方面更着力解决时间连贯性的有关问题，确保提供给用户的资源是给定时间点的网络信息。此外，中国国家图书馆采用 WARC 存储格式以支持重复数据的删除。同时，开发了自动化检测工具以保障真实性、完整性和质量，主要检测爬网错误、缺少链接、数据下载大小和未知的多用途互联网邮件扩展（MIME）类型等方面的问题。截至 2018 年底，全国各级公共图书馆基本实现涵盖政府公开信息及国内外重要网站网页等互联网资源的保存与保护。

4.2.1.3 跨主体汇集类

此类实践多以单个机构如互联网档案馆为中心，同时面向其他网络档案信息资源建设机构谋求合作，集中为用户提供来自不同国家与地区机构的网络档案信息资源。其中，主导机构更多以呼吁倡议、提供相应支持的形式参与至网络档案的数字保存之中，各参与主体则实际担任资源共建者的角色。

此类实践在收集、组织和开发方面结合了上述两类实践的特点，主要表现为参与机构为面向全球范围选择性收集具有重要价值的网络内容，围绕主题或事件形成 URL 种子列表，内容涵盖网站、社交媒体等多种网络信息资源；主导机构具体确立自身收集遴选标准后使用自建或开源工具对种子网站逐一收集，爬网频率和深度根据不同项目而定；各主体合作展开资源组织，包含基础的元数据描述与主题分类，描述项同时作为后续检索项；以主导机构建设的在线资源库提供检索及重映服务，支持基于 URL、主题等关键词的网站或网站集合检索，并提供基于检索项的筛选，从而满足研究及其他利用导向。整体而言，尽管该类实践与单主体主导类实践均表现出强烈的单主体力量，但是核心差异是跨主体汇集类实践的主导机构在资源收集、组织等核心建设环节不是全程参与并发挥作用。虽然该类实践与多主体共建类实践同样存在多主体参与的特点，但是跨主体汇集类实践更多体现出围绕主导机构及平台进行资源汇集的中心理念。

互联网档案馆作为跨主体汇集类实践的代表性主体，已与全球 1000 多家网络档案信息资源建设机构展开合作，相关主体涉及图书馆、档案馆、文化记忆和研究机构、社会团体等，共同对具有重要价值的网站进行识别、保存与展示。尽管互联网档案馆主要依靠提供存档工具、平台服务支持自身运营，但其自身也会主动建设网络档案信息资源，以全球事件（global event）集合为例，该网络档案集合由互联网档案馆的 Archive－It 团队与来全球各机构的策展人及主题专家共同遴选，针对特定主题也面向公众寻求提名，强调面向具有重大影响力的全球事件展开相应网站和社交媒体等内容的收集。因此，整体收集策略同样表现为基于前期遴选的 URL 列表的选择性收集，其中各项网络档案信息资源主要由参与的主题专家提名筛选，互联网档案馆针对其价值展开进一步评估并通过 Archive－It 工具具体展开收集工作，成果包括各跨国主题集合与站点，如美国总统选举、去中心化网络峰会等集合，来源包括新闻文章、博客、社交媒体和其他网站等，具体涉及文档、图像、网页源代码等数据格式。信息的组织工作主要表现为由主题提名专家与互联网档案馆开展细致的元数据描述与分类工作，著录项方面，除了内容说明、主题、日期、地区和语种，还特别对形成者、收集者和出版者等不同利益相关者展开区分说明；分类可依据自发活动、政治选举、社交媒体等主题或其他著录项而展开。同时，出于多级著录的考量，项目对每一具体资源及收录具体资源的网络档案集合均添加细粒度的元数据及供检索用的筛选项，以实现更精细的组织。在开放利用维度，相应网络档案信息资源则发布在 Archive－It 平台，以网络档案信息资源库的形式供公众浏览查询等，支持基于关键词的网站集合、站点以及全文检索。检索所得网页的重映通过网站时光机（Wayback Machine）工具实现，该工具可提供过去不同时间点的网页快照，用户在框中输入域名后，只需单击"Take Me Back"按钮即可显示相应网络页面被收集的可视化日期图表，以显示网页的被收集频次、日期列表等元数据。同时，通过颜色对给定日期的单个网络收集或多个网络收集关联的点和链接进行区分和分类，便于用户选取已被成功收集且可用的网络档案信息资源，更好地满足用户查阅与研究的需求。

4.2.2　数据集构建类

数据集构建类实践，立足大数据技术发展的整体环境，旨在将已存档内容建设为具备数据颗粒度的资源体系，以支持科学研究、保存国家数字遗产、构建集体记忆等。网络档案信息资源建设为数据集一般表现为同一主题下的网页 URL 列表与背景信息的集合，以数据库文件格式创建。已有实践的数据集成果格式丰富，覆盖 CSV、JSON、ZIP、PDF 等格式，部分实践还搭载了 API 服务。相关成果主要是围绕国家重大公共事件、国家政治机构官方信息开发出的相关数据集，内容基础则是政府机构、官方组织的网页与社交媒体信息的存档结果。整体上，此类实践的案例数量较少，50 个项目中仅有 4 个项目提供网络档案数据集下载。

由于此类实践以建设主题性的网络档案数据集为目标，往往围绕主题或事件来分别集中网络信息，因此其建设过程更加注重网络信息落于数据层的整合与描述，且技术性较强。除了其他类别项目都会使用的一般性收集、重映技术，此类实践还会基于收集社交媒体的需要，自制社交媒体爬网工具，同时利用 API 技术增强开放数据服务。

实践的具体建设起始于网络信息收集，以选择性收集为主要策略，即仅收集一定范围内的代表性网页，或是按照自定标准指定收集对象。因此，实践主体首先会建立明确的收集标准，一方面是按照主题、事件或域名等标准确立收集范围、频率，确保所收集信息能够反映国家重大事件、历史变迁与公众焦点，构建区域性集体记忆；另一方面是注重合规性，参考国家法律的缴存制度等明确收集原则。实践主体使用开源的网页收集工具，选择性抓取网页数据，或直接在内部商议、公众推举等流程后得出网页列表进行定期的数据收集。在组织加工层面，追求更细粒度的资源描述与元数据著录，不仅包含对数据集内信息的形成主体、主题、时间、地区、类型等基本元数据的著录与整体内容的描述，而且包含对收集技术（收集频率、URL 历史记录）与情境（收集主题、收集关键词）的细致描述，并鼓励公众参与数据描述。同时，为促进资源的开放利用，实践主体会将网络档案数据集以开放数据的形式发布于机构网站，辅以数据集索引功能与检索服务，使用户可根据数据集的格式、类别、技术、主题、开放权限进行分类筛选与快速检索。此外，部分实践还为数据集开发对应的 API 接口，方便用户直接连接网络档案数据集进行使用。

俄罗斯国家数字档案馆网络存档项目是典型的数据集构建类实践，由俄罗斯公益组织"信息文化"创建和支持。其资源建设的愿景在于促进数据理解和开放，特别是希望在俄罗斯国家范围内宣传开放数据概念，为社会创造有用的、必要的数据资源与产品。该项目共建成三项网络档案数据集，分别为俄罗斯新闻媒体"莫斯科回声"网络档案开放数据集、俄罗斯社交媒体网络档案开放数据集与俄罗斯网络档案开放数据集。每个数据集都容纳了多元格式的网络档案信息综合数据包，如"莫斯科回声"网络档案开放数据集中包含收集自"莫斯科回声"网站的 WARC 格式信息、电台广播 mp3 文件链接等。

　　该项目的资源建设总体路径是根据"机构""人物"开展主题收集、汇聚网络信息，完整收集网络数据，最终在公众众包描述的支持下开发出多种格式的开放数据集：一是项目从值得保存的国家政府机构、政治人物、新闻媒体机构视角切入，遴选预保存的机构、人物后，再收集并定期更新对应机构、人物发布的网络信息，如在政府网络档案数据集构建中，该项目共收集了俄罗斯88 个政府机构官网的网络数据。二是在收集维度，该项目的信息收集类型、深度相较于其他实践都要更加广泛和深入，一方面体现在收集了大量社交媒体信息，另一方面表现为完整保存网络页面上附载的 DOCX、XLSX、PDF 文档等文件型资源。因此，该项目不仅综合使用 Wpull、Grab - site、HTTrack 等多种开源爬网工具，以及社交媒体的 API 服务来定期收集、导出目标网络信息，而且众包开发一些收集工具，如其曾发布工具开发众包计划，呼吁公众参与开发下载非标准来源数据，导出社交软件 Instagram 数据的工具，并在"莫斯科回声"档案项目中使用自开发程序脚本导出社交软件 Instagram 信息。三是在信息组织和加工维度，该项目号召公众参与网络档案信息描述，如招募志愿者为已存档网页添加资源类型、主题、机构、链接等元数据。四是该项目将 HT-ML 网页连同元数据转换为谷歌电子表格文档，再将表格信息转换为 CSV、JSON 及 Airtable 表格等数据集形式，连同 CDX、WARC 等格式信息在项目网页开放下载。

4.2.3　研究基础设施配置类

　　研究基础设施类实践表现为不仅要全流程、多方面做好资源建设，而且要以利用为导向配置相关要素，以此纳入网络档案信息资源建设的行动内容。换言之，网络档案信息资源建设不仅要立足网络信息对象层面，更要强化研究基础设施的支持，帮助用户理解网络档案是什么、有什么、为什么可用、怎么用等问题，从而引导用户使用网络档案，实现网络档案真正的资源价值。这往往需要建立具有各类资源与保障的平台，形成保障网络档案信息资源可认知、可理解、可利用的基础设施。这类平台实践的发起主体及平台建设主体多为研究机构，实践过程中要与网络档案信息资源建设机构（图书馆、档案馆、网络存档联盟等）及政府文化部门等达成项目合作。此类实践较为前沿，拥有一定实践经验的主要为 NetLab 与 Resaw 两个项目，二者仍处于开发的初始阶段。

研究基础设施类实践一般通过网络平台集成各项服务，从不同方面驱动网络档案信息资源本身的多样化、多层次建设。

研究基础设施类实践除了需要建设平台，对保障性内容的构建主要从如下方面展开：①研究用例。主要是为用户提供各类以网络档案为研究材料的示范性利用实例。研究基础设施类实践往往会组织或收集各类实践，甚至以征集研究项目的形式，培育用户探索网络档案的使用方法，从而全流程明晰用户视角下档案信息资源建设的具体要求。②培训研讨。实践主体会通过组织系列培训会、研讨会加强各方参与者的交流合作，其中包括网络档案信息资源建设方与研究者就如何提升资源质量与服务形式的探讨。③工具教程。主动推介网络存档工具与相关存档教程给平台使用者，推动使用者自主学习网络档案存档、资源建设、开发全流程的工具应用。④社群构建。在各类活动、项目的组织过程中逐渐扩大合作范围，获得与各类机构的长期、稳定合作关系，甚至吸引用户加入协作流程，构建具有生长性的档案信息资源建设共同体。

以 NetLab 为例，NetLab 是丹麦皇家数字人文实验室（DigHumLab）内用于研究互联网材料的研究基础设施项目，由奥胡斯大学媒体研究教授兼互联网研究中心主任尼尔·布鲁格（Niels Brügger）发起，并同其他同校研究者负责全程建设，同时与丹麦皇家网络档案馆 Netarkivet 项目组、互联网档案馆等组织保持密切合作。

第一，NetLab 通过组织培训课程、教育研讨活动以及开放工具、教学资源，帮助研究者梳理网络档案的基本研究用途，追踪研究动态，创新开发工具与方法。首先，项目为研究者总结了不同学科视角下使用网络档案开展研究的可行方向，包括政治学、历史学研究中政治话语的模式和发展研究、网络舆情与公共服务研究等。其次，NetLab 定期组织一系列的教学研讨活动，包括 NetLab 论坛、网络分析研讨会、博士和研究员研讨会等，主要围绕平台建设、网络档案分析工具、网络档案信息资源的建设方法等主题组织各类成员讨论。最后，项目借助相关书籍、论文、工具推介来介绍网络存档的基本做法与关键概念，例如总结了用于存档完整网页、收集图片视频、留存音视频、提取超链接、保存社交媒体、监控网页更新的优质网络存档工具。

第二，NetLab 依靠自组织研究项目、网络档案使用案例启发研究者挖掘更多的网络档案信息资源二次开发方向，依托用户力量明确档案信息资源优化建设的需求与方向。例如，NetLab 的"探索一个国家的网络领域——丹麦网

络的历史发展"项目描绘了丹麦国家顶级.dk 网域的发展脉络与配套.dk 网域
研究基础设施的开发。该项目公布了该研究的设计思路、调查结论与部分数
据，其中包含对丹麦皇家图书馆主导的 Netarkivet.dk 网络档案的开发利用过
程，结合其整体上对 Netarkivet.dk 网络档案的推介和使用引导，能够将研究者
导向到对 Netarkivet.dk 网络档案的研究利用与资源的二次建设。这种推介和引
导贯通设施整体，也突出体现在 NetLab 公布的项目目标"对已有网络档案信
息资源（以 Netarkivet.dk 网络档案为主）进行优缺点描述、评估"之中。

第 5 章
网络档案信息资源建设
代表性实践全景概览

自全球第一例网络档案信息资源建设项目启动到现在，网络档案信息资源建设实践已步入数量稳定增长、类型不断丰富的全面发展时期。笔者就总体的建设模式予以展示，体现了多元的建设方式。为了进一步观察与分析现有实践与发现优化空间，笔者进一步立足网络档案信息资源建设的具体要素，呈现不同要素作用下具体实践的不同形态，对代表性实践予以全景概览。

5.1 美国得克萨斯大学圣安东尼奥分校网络档案项目

美国得克萨斯大学圣安东尼奥分校（UTSA）网络档案项目是由高校图书馆发起的典型网络档案信息资源建设实践之一，表现出强烈的面向高校知识服务的目标导向。同时，该项目将社交媒体信息纳入建设对象范围，较为稀有，具有示范性。

5.1.1 建设背景

美国得克萨斯大学圣安东尼奥分校网络档案项目是美国得克萨斯大学圣安东尼奥分校图书馆特别馆藏下属的一个重要项目，旨在建立和维护一个全面的校内网络信息资源系统，通过收集、存储和保护与美国得克萨斯大学圣安东尼奥分校相关的网络内容和信息资源来激发新的知识产出，为该校和来自世界各地的研究人员提供服务，从而推动该校成为世界一流的公立研究型大学。

美国得克萨斯大学圣安东尼奥分校图书馆的网络档案项目主要着眼于以下内容开展网络信息资源建设活动：一是保护该校的机构遗产，有助于研究人员通过网络档案了解该校的过去与现在。二是收集特殊馆藏的补充材料，过去以印刷品形式出现的内容现在大量转变为在线发布，网络档案将作为该校特别馆藏收集的实体馆藏中缺少材料的补充。三是作为研究的主要来源材料，过往常见的档案类型如信件、期刊和剪贴簿逐渐转变为社交媒体、博客或图片的网站。四是获取政府信息，保存政府行政部门的网站及其变更。五是保存政策和文件，帮助研究人员查看该校定期更新、在线发布的政策、程序和其他文件材料。

5.1.2　建设过程

美国得克萨斯大学圣安东尼奥分校图书馆的网络档案信息资源的建设对象主要来自学校官方网站、教职工和学生创建的社交媒体网站，以及来自双语教育、饮食文化、性别研究、当地历史文化等主题领域的组织和社区的网站。其他因个人目的而创建的网站、受密码保护的网站、数据库、日历和有robots. txt 排除请求的非该校网络信息资源则不在建设范围内。

通常该校特别馆藏网络信息小组还会就网络信息的遴选进行商议，并根据其是否为该校特别馆藏所持有的其他实物或数字档案的补充、是否与该校的历史管理或文化有关、是否与馆藏收集政策中列出的主要收集领域一致、是否符合珍稀书籍收藏要求和是否能支持大学的研究教学等因素对其进行评估。

在日常实践中，为了确保特别馆藏网络信息资源建设工作的长期可持续性，网络信息小组还必须综合考虑一系列主客观因素，例如在资源层面需要评估机构可用存储空间的数量与成本、可用工作人员的时间成本、保存维护和访问材料的能力，以及内容层面关注网络信息数字内容的消失速度、相关实物或数字收藏的使用统计、伦理和隐私、网络信息的更新频率、是否已被其他机构收集等因素。对于已经收集或正在持续收集中的网络信息，例如已不再符合资源建设标准、受机构保存能力限制、网络信息价值消退、使用率或者变化频度和幅度很低或者因重大技术问题导致网络信息无法被用户使用等情况，网络信息小组经核验审查之后，可对该网络信息重新进行评估，并决定是否删除已收集网站信息、停止现有收集过程或者重新组织现有资源。

美国得克萨斯大学圣安东尼奥分校特别馆藏网络信息小组通常使用网络爬虫进行信息资源收集，这是通过访问一组称为种子的 URL 列表并识别该种子中的所有超链接，在爬取种子时复制和保存信息的过程。由于此信息以 WARC 文件格式保存为快照，因此当使用 WARC 查看器打开保存文件时，就会显示为网络信息资源被收集时的状态。

例如，在一次具体的信息收集中，该小组会先确定网络信息资源所属的话题或者主题，选择需要爬取的特定网站，设置爬取机制并为爬取对象添加元数据描述，并根据网络信息资源的变动更新频率设置相应的爬取频率。只有经过该小组的讨论和批准，才可以创建新的网络信息集合、种子筛选，以及对现有集合进行重大更改。对网络信息的收集主要分为两种，一是基于主题的收集，指该小组针对特定主题或者话题创建网络信息集合；二是基于事件的收集，通常与实时发生的事件相关，也可以在更大的网络信息专题中的种子层面进行。在抓取之前，该小组会审查和分析网络信息集合、以前的资源抓取报告和抓取范围规则，并据此对抓取的数据进行限制，以确保项目预算处于恰当的范围之内。此外，该小组每年会召开两次会议，以制定剩余使用寿命（RUL）清单，确定网络信息资源收集的频率。一般而言，对大学的网络档案信息资源会在秋季和春季学期结束时进行收集，对非大学网络档案信息资源则会在这以外其他的网络信息小组认为必要的时间进行收集。

资源整合是资源开发的重要前置环节，美国得克萨斯大学圣安东尼奥分校特别馆藏网络信息小组会将收集的各馆藏按照主题所属领域划分为多个类别，并采用《档案描述：内容标准》（DACS）和改进后的 15 个 Dublin Core 元数据集为收集的网络信息创建描述性元数据，以满足用户的长期访问需要，并且只有经过网络信息小组的审批才能创建新的元数据。为了支持元数据创建并努力避免偏见，网络信息小组会制定相应的描述指南并生成一份主题编目列表，供元数据创建者使用。在资源收集完成后，网络信息小组会立刻对所有收集的资源内容进行质量验证，以确定收集是否成功并验证目标 URL 的准确性，并在之后的几周或几个月内持续更新和完善资源元数据，以确保描述信息的准确性，便于后续开发网络信息内容检索服务。

在开放利用维度，网络信息小组关注资源的研究价值，致力于长期保存网络信息资源建设过程中爬取的 WARC 格式文件，用描述性元数据对每个网站的题名、主题、创建者、发布者进行描述和记录。美国得克萨斯大学圣安东尼奥分校特别馆藏网络档案项目的成果可以通过互联网档案馆的 Wayback Machine进行在线检索和查看，允许用户通过基于资源的主题类型归集形成的资源目录框架进行分类浏览。此外还支持关键词检索、URL 检索、全文检索和利用布尔逻辑对检索词进行逻辑表达的高级检索功能，每项检索结果条目都由站点题名、URL、描述、文件类型、主题、创建者、发布者、语言、报道单位、贡献者等多个元数据构成，在检索结果页面侧边栏还可以通过勾选元数据选项或者限定网站发布时间对检索结果进行分类筛选，进一步优化检索效果。在检索结果页面，用户可单击任一条目的 URL 打开其 Wayback 日历页面，并通过单击选择的日期浏览资源的原始内容。用户在访问资源的过程中，所有资源页面顶部都会被标记上黄色标题，以避免与该资源的当前、实时版本相混淆。美国得克萨斯大学圣安东尼奥分校图书馆要求利用收集内容的研究人员以合乎道德的方式使用资源，明确网络档案资源不符合网站最新版本，以及对资源的引用必须准确。研究人员还必须遵守所有适用的相关法律。如有必要，研究人员必须获得版权所有者的正式同意，才能重新发布或重复使用资源的内容。

5.1.3　建设成果

自 2008 年以来，美国得克萨斯大学圣安东尼奥分校特别馆藏一直在有选择地收集和保存网络档案，提供原态重映型网络档案的数据访问服务。特别馆藏网络信息小组使用互联网档案馆的 Archive – It 提供的网络爬虫工具对符合的网站进行收集并按照主题类型将馆藏划分为不同的主题集合。该校特殊馆藏已建成多个活跃馆藏，收集并保存的资源类型包括网站、视频、音频、文档等，详细记录了该校和当地的社会与文化、博客和社交媒体、艺术与人文、大学和图书馆，均为支持在线浏览、分类筛选与关键词检索的原态重映类资源。网络档案信息资源已成为该校特殊馆藏的一部分，依托 Archive – It 提供网络浏览与检索服务，支持检索网站集合、站点、URL、网页文本内容。

5.2　美国国会图书馆网络档案项目

美国国会图书馆网络档案（Library of Congress Web Archives，LCWA）项

目是全球较早启动的大型国家级网络档案资源建设项目，以丰富的资源类型和庞大的资源总量闻名。它不仅建设了原态重映类资源，而且以公众热点为指引开发了多元主题的开放数据集。此外，该项目希望用户能深入利用其资源，设计了一系列资源宣传活动与利用指导来协助公众分析其开放数据集。

5.2.1 建设背景

美国国会图书馆（Library of Congress，LOC）作为世界上最大的图书馆，其使命在于为公众保存并提供丰富、多样和持久的知识来源。面对网络档案信息资源面临的随时消失风险，美国国会图书馆发起了 LCWA 项目。该项目旨在保存代表广泛主题领域的美国及国际组织的网络信息资源。值得一提的是，该项目前身为 2001 年由美国国会图书馆发起的"密涅瓦"（MINERVA）项目，其同样旨在保存有用的网络信息资源。

5.2.2 建设过程

为明确网络档案信息资源的具体建设内容，美国国会图书馆首先根据其馆藏政策声明（collections policy statements）和馆藏政策声明——补充指南（supplementary guidelines）建立网络档案的遴选标准，图书馆遴选专家依此开展资源建设工作：一方面，确定收集的优先级排序，如应优先收集属于图书馆全面收集类别的网络内容，同时列出网络档案的质量和有用性、独特性、关联性等因素作为参考。另一方面，尽管图书馆尽可能实现格式收集的多样性，但是项目对暂时由于技术限制而难以收集的内容予以排除，如动态交互内容、流媒体和音视频内容等。

因此，LCWA 所收集的对象具体包括以下两类：一是网站类，包括美国政府网站、选举网站、部分外国政府网站及其他相关网站。二是以社交软件 X（原 Twitter）为代表的社交媒体类。在收集方法上，LCWA 项目综合采用全面收集和选择性收集的方法。全面收集主要面向美国立法、行政和司法部门的网络内容，选择性收集的内容则涉及如国家实验室、地方资料、特定主题领域等。在确定收集范围与方法后，具体的收集流程通过自动爬取种子 URL 而实现，同时通过综合评估已收集网站的性质和图书馆的需要而确定不同网站的收集频率，并定期开展重新评估，以保持评估与频率的动态性。针对社交媒体内容，收集则主要借助其自身提供的数据导出功能。

该项目对网络档案信息资源的整理工作集中体现在清洗、描述及分类三个环节。为保证数据质量，美国国会图书馆每年至少对所有确定收集的网络信息内容展开一次基础爬网，后续爬网则以此删除重复数据，仅存储新内容。这一过程由 Heritrix 支持实现，该工具可通过设置爬网范围和规则实现无效数据的自动清洗。针对非重复的网络档案信息资源，沿用美国国会图书馆元数据对象描述模型（MODS）标准展开描述，具体元数据项主要包括主题、格式、日期、地点、贡献者、所属部门、访问方式等；在分类方面，美国国会图书馆主要依据基于主题和基于事件的方式对已收集网络内容进行分类整理，形成不同的网络档案集合，并以此为面向后端用户检索访问的基础。

LCWA 项目面向网络档案信息资源的开发主要表现为基础服务的提供及相关的利用引导。首先，建设网络档案信息资源在线数据库，特别推出如"国会图书馆""联合国国际刑事法庭""美国奥林匹克委员会"等精选主题集合，面向公众和研究人员等提供在线浏览、检索等服务，开发基于标题、URL 等的关键词检索与多项筛选功能，并提供具体的检索说明；检索结果的呈现则包括原始网页的截图及相关元数据信息。

除此之外，美国国会图书馆也加强网络档案数据集的建设，借助图书馆实验室托管的平台实现数据集的开放下载。其中，美国选举网络档案数据集的建设团队还以 Jupyter Notebook（一种用于创建和共享计算机文档的原型网页端应用程序，能以可重用的代码向用户展示和分享相关成果）的形式，提供如何进一步探索和分析数据的示例，引导用户进一步开发利用网络档案信息资源。

5.2.3　建设成果

该项目的成果主要包括以下两个方面：一是形成了丰富的网络档案数据集，能为学术研究和二次创意开发提供便利。除了基础的、粒度较粗的网络档案副本，该项目特别围绕美国政府、美国选举、网络文化等主题建设了格式多样的网络档案数据集，例如，美国政府网站数据集涵盖表格、PDF、音频、图像、PPT 等媒体类型，以 CSV、TSV 和 XLS 格式提供利用；而选举网络档案数据集则因其索引形成于 Wayback 软件中，元数据以 CDX 的形式提供；其他内容还包括 GIF、MEME、网络链接等。二是搭建了集成式的网络档案信息资源数据库，为公众提供一站式检索和利用服务。该项目所建设的在线网络档案库收录了多个主题的多份网络档案，支持关键词检索和基于格式、日期、地点、主题、语言等条件的筛选，针对每份网络档案也提供相应的在线阅览服务。

5.3 英国政府网络档案项目

英国政府网络档案（UK Government Web Archives，UKGWA）项目成果较为显著，是由档案馆主导建设的大型项目。UKGWA 的建设对象既包括国家静态网域，又包括官员、政府机构的社交媒体信息，力求其网络档案信息资源能全面呈现国家文化脉络与网络中的英国政治叙事。因此，该项目具有较强的参考价值。

5.3.1 建设背景

英国国家档案馆较早意识到网页是重要的电子文件，是档案信息资源不可或缺的一部分，因而较早地开展网络档案信息资源建设项目。2003 年 9 月，英国国家档案馆启动英国政府网络档案项目，通过将英国政府的网站档案信息资源收集保存，为普通大众、学者、政府管理人员提供丰富且有价值的网络档案信息资源。从一开始文件的上传发布到后来的长期链接的创建再到现在社交媒体信息资源的建设，通过技术的改进和相关制度的完善，该项目保存的资源涉及英国政府的社交媒体以及网站和博客等传统的网页信息，并能提供访问。

该项目的组织形式主要体现出多主体共建特征，即由英国国家档案馆团队、互联网记忆基金会、MirrorWeb 公司、英国公共档案法规定的公共文件主体机构的网站管理者和部门文件官员合作开展。

5.3.2 建设过程

在资源遴选方面，UKGWA 收集了所有的英国政府部门网站、政府机构、非政府部门的公共机构网站、公共咨询和皇家委员会网站、重要的国家医疗服务体系网站、由政府部门赞助的公众调查和其他短期机构，及部分英国国家医疗服务体系官方网站，并且给出了一份需要收集的详细网站列表。该项目主体可根据具体情况对是否收集每个网站作出决定。随着政府本身的变化和政府对网络使用的方法变化，该项目会更新和审查需要保留哪些内容的标准。

在具体收集方面，首先是确定和选择目标网站。UKGWA 项目的目标是按照时间表收集范围内所有已知的网站。在大多数情况下，每个网站都是每年收集 2 次。如果可能，还将在关闭之前 6 个月内进行抓取。其次是爬取网页。英国国家档案馆使用网络爬虫的方式进行爬取，如果网站使用反机器人阻止或减慢爬虫技术将意味着该网站无法成功爬取。网络档案信息资源收集的过程可能需要几个星期才能完成，这具体取决于网站的大小和复杂性。除了网络信息的常规收集，该项目还对在发布范围之外且具有档案价值的网站和社交媒体进行有限爬网收集。

在资源整合方面，该项目为了能将最终资源的外观显示与原页面保持一致，会将收集过程得到的网站内容放在一个临时 URL 内，以便进行检查和修正。检查、修复完成的页面将被转移到一个开放的永久 URL 下，通过编目和索引处理，正式成为英国政府网络档案数据库中的一部分，并通过开放的该项目网站平台来呈现收集保存的资源。

在资源开发方面，该项目开发了完备的资源检索利用服务，为公众提供了以下 5 种查阅网站档案的渠道：①在某网站的原 URL 或现在可用的 URL 前增加前缀来查看该网页的所有内容；②通过英国政府网络档案馆网站页面搜索页直接搜索对应内容；③在部分现行网站底部可找到档案馆入口，一键跳转到该页面进行检索；④使用 Memento 插件查看档案；⑤通过任何一种搜索引擎进行在线搜索。在利用搜索引擎检索时，既可以直接输入目标进行检索，又可以在搜索结果页面中利用关键词、相关链接、文件类型和年份进行高级筛选。在页面顶端有 "A～Z" 26 个英文字母，可以帮助用户快速找到想搜索的内容。点击进入其中一个网站名，下一级页面中展示出该站点的完整域名，点击就可以浏览该次收集的网页版面内容。用户可以通过书签、备忘录等小工具在下一次访问网站时能够更快地找到之前已经找到的档案资源。

5.3.3 项目成果

（1）原态开放类资源

由于 UKGWA 只对网络档案信息进行了固化处理和数据提取，尚未进行额外加工，因此网络档案信息为原态开放类网络档案数据。数据的内容涉及工商业与经济金融、各级政府、民生工作、表彰委任、国际事务与国防、通信和科技等多个主题。该项目从 2003 年开始建设，但其中的一些资源材料收集可以追溯到 1996 年，已经建设了 6000 多个资源，主要包括 836 个推特账户、6603 个 You Tube 视频账户以及 55 个 Flickr 账户，共计推文 1001652 余条、视频 84480 余支。每个账户内包含了该账户从被爬取内容开始至 2023 年所发布的文字、图片、视频、超链接等原创性内容，转发、评论等内容则未被收集。

（2）开放的网站平台及精细的数据库利用服务

为了面向公众推出其资源成果，该项目开发了一个开放的网站平台——UKWGA 网站。该网站内的档案资源涵盖了英国各政府部门、执行机构和公共组织为了实现政务公开、提高机构运行效率、向公众提供更便捷的公共服务等而在官网、推特等社交媒体上发布的涉及社会多个领域的网络资源。该网站不仅综合存储、收录了网络档案的内容，而且支持公共检索与访问，支持用户了解如何将网络档案信息资源添加到该项目的资源建设计划中，并查看有关网站信息收集、保存的技术信息等。该网站上的档案资源按字数、格式、发布者等元数据项进行组织。按照字顺法，英国政府网络档案馆将所有网站的名称按英文首字母顺序进行排列，得到一个 A～Z 的列表，从语法层面对这些网络档案信息资源进行有序组织；以格式进行分类，所有的档案资源可按照 Word、Excel、Text、PDF、HTML、CSV 等文件格式进行聚类；同时，对来源于各社交媒体上的网络档案信息资源则按照产生账户进行聚类。

5.4 国际互联网保存联盟网络档案项目

国际互联网保存联盟是规模较大的网络档案信息资源建设共同体。其资源建设项目具有较强的社会性、开放性，以全球高关注度的重大事件信息为资源遴选核心，增强了公众参与感。此外，国际互联网保存联盟围绕其资源发起多个研究项目，并为其他建设主体提供教程、工具、会议活动等丰富的资源利用服务，不断吸引更多实践者加入，甚至带动了其他主体的自建项目的发展，发挥出较强的社群效应与实验性。

5.4.1 建设背景

随着网络档案的重要性愈加凸显，为实时收集网络资源、给下一代留下可查考的数字遗产，国际互联网保存联盟成立，并开启了联盟式的网络档案信息资源建设模式，致力于改进网络档案信息资源建设的工具、标准，同时促进国际合作以及网络档案在研究和文化遗产方面的广泛访问和使用。

国际互联网保存联盟由来自全球多个国家、大学和地区的多个图书馆和档案馆共同组成，各成员以参与短期或长期项目的工作组形式展开合作。其工作组可细分为内容开发工作组、研究工作组（Research Working Group，RWG）、培训工作组（Training Working Group，TWG）、保护工作组（Preservation Working Group，PWG）、收集工作组（Harvesting Working Group，HWG）和访问工作组（Access Working Group，AWG），其中，内容开发工作组旨在建设有关国际社会重大事件的、可公开访问的全面的网络档案集合，是网络档案信息资源建设的主体，已围绕奥运会、气候变化、第一次世界大战等具有国际影响力的主题建立协作集合。

5.4.2 建设过程

国际互联网保存联盟的网络档案信息资源建设体现为联盟式的专题资源建设，资源的收集以某一专题内容为核心，因而在开展资源建设之前，需要确定建设何种专题的内容。为此，其内容开发工作组设立了专题遴选标准：一是国际互联网保存联盟成员高度感兴趣；二是专题无关乎于任何一位成员的责任或义务；三是具有较高的研究价值；四是专题涉及的资源范围需跨国，但不要求一定是"全球"。在此标准下选定专题后，内容开发工作组为其选定首席策展人以协调此专题项目的开展。在具体建设过程方面，以"2022 年奥运会、残奥会馆藏"为例，其资源建设总体路径是围绕 2022 年北京冬季奥林匹克运动会和 2022 年北京冬季残疾人奥林匹克运动会，从全球范围多种渠道汇集多元网络信息，建设广泛且具有代表性的网络档案信息资源库供查考。

在资源收集维度，该项目首先是通过"公众提名 + 成员讨论决策"的形式进行网站遴选，遴选的标准包括资源类型及资源主题两大类，其中资源类型包括个人文章、新闻报道、博客等 6 类，资源主题包括运动员或团队、兴奋剂、奥运会或残奥会场馆、体育赛事等 14 个❶。标准中特别指出，由于技术限制，不接受来自有关社交媒体平台的内容，公众提名及成员的决策均需参照此标准进行。在此项目中，公众提名多个资源，筛去部分不符合遴选标准或者由于技术原因无法保存的资源后，共遴选出 863 个资源。❷ 然后是进行资源的收集，收集时针对不同的网页有不同的收集策略，例如对专门的关于运动团队或运动员的网站需要收集完整的网站页面及目录，对链接多篇文章的新闻页面需要收集主页面加上页面上的所有链接，对简单的新闻文章则只收集一页。在此策略下，项目最终共收集了 361.1GB 数据、1441 万余个文档。❸

在信息开发维度，对国际互联网保存联盟资源集内的每项资源除了添加 URL、标题、语言、事件、网站类型、国家等基础性元数据，还特别对每项资源内容所属的奥运会项目进行著录，例如单板滑雪、越野滑雪、高山滑雪、多项运动等；分类基于收集来源展开优化，资源可依据主题、语言、运动项目、事件、国家、网站类型等进行筛选，例如语言分类板块显示法语为资源中使用最多的语言，主题分类板块中显示与"运动员或团队"相关的资源数量最多。

在开放利用维度，网络档案信息资源存储并发布在互联网档案馆的 Archive – It 平台上，以网络档案信息资源库的形式支持用户搜索和浏览，支持检索主题集合、网站标题、URL 及网页文本内容，支持简单检索和高级检索两种检索方式。

5.4.3 项目成果

国际互联网保存联盟的网络档案信息资源建设项目形成的最终成果主要呈

---

❶ IIPC. 2022 Winter Olympics and Paralympics [EB/OL]. (2022 – 01 – 14) [2025 – 03 – 12]. https：// archive – it. org/collections/18422.

❷❸ IIPC. Celebrating the 2022 Winter Olympics and Paralympics Web Archive Collection[EB/OL]. (2022 – 05 –05) [2025 – 03 – 12]. https：//netpreserveblog. wordpress. com/2022/05/05/celebrating – the – 2022 – winter – olympics – and – paralympics – web – archive – collection/.

现为两个板块：一是网络档案信息资源；二是为帮助理解、使用、开发网络档案信息资源所建设的配套利用服务。

在网络档案信息资源方面，国际互联网保存联盟在 Archive – It 上存有多个网站，涵盖气候变化、人工智能、第一次世界大战、奥运会等主题，均为反映网站原外观与基本信息的原态开放类资源。

在配套利用服务方面，国际互联网保存联盟共形成了以下五个方面的建设成果。一是辅助资源查找与利用的访问服务，主要体现为网络档案的在线浏览与检索服务，同时国际互联网保存联盟还开发了 OpenWayback 工具，用于在用户浏览器中"回放"网站，帮助用户更好地查询和访问网络档案。二是帮助用户理解和使用网络档案信息资源的培训类成果，包括面向各类对网络档案感兴趣或有需求的人员所开设的培训课程（如我们为什么要存档网络、什么是网络档案、网络存档的主要方法）、与网络档案信息资源建设相关的各类工具与软件（如与收集、保存、检索、分析网络档案信息资源相关的工具及软件）、其他资源（如网络存档社区、相关博客和网络档案信息资源建设相关活动的演讲视频等）。三是促进网络档案信息资源高质量建设的会议类成果，包括网络研讨会、技术电话会议、国际互联网保存联盟大会等。四是引导和鼓励用户对网络档案信息资源进行开发利用的项目类成果，包括国际互联网保存联盟资助的项目及合作参与的项目［如为网络档案馆的馆藏开发布隆过滤器（Bloom filter）、用网络档案提问——历史学家的介绍性笔记本、国际互联网保存联盟研究报告系列等］。除此以外，国际互联网保存联盟以实例示范如何探索网络档案，包括关联分析、文本挖掘、技术趋势分析、访问已删除或修改的内容、保护历史、保证链接永久有效、公共问责、外展和教育等 8 个层面的实例研究成果。五是扩大网络档案信息资源影响力的活动类成果，国际互联网保存联盟在有关社交软件上设有账号，定期发布网络档案信息资源建设的相关资讯，也设有相关互动 tag，如#WebArchiveWednesday 等。

5.5　Archive Team 的濒危网络档案信息资源建设项目

Archive Team 是一个全球范围内网络志愿者自愿参与和协作的非官方网络档案信息资源建设组织，其项目在一众机构主导类项目中十分突出，展现了开放自由的分布式建设特征，即每个项目由不同的志愿者领导，通过组织分工与自研发技术完成信息的收集、开发，再汇总成果到项目平台上予以开放。项目整体上以濒危平台信息的长期保存为主要任务，具有显著的社会公益性与数字遗产保护导向。

5.5.1 建设背景

互联网的动态本质和技术的快速演进使得网络信息资源面临易被丢失、删除或无法访问等多重风险。如何保留和保存互联网上重要的网络信息资源，以便将来的研究和数字遗产的保护，成为当前亟待关注的问题。由此，Archive Team 应运而生，以一种招募全球网络志愿者协作的创新模式开展网络档案信息资源建设，旨在保护处于危险或濒危状态的网络档案，推动数字遗产的传承和可持续发展，确保重要的网络档案信息资源能够为未来时代所访问和利用。

Archive Team 由杰森·斯科特（Jason Scott）于 2009 年组织设立，该组织以保护数字遗产为共同目标，以开放式合作为核心原则，其成员多数以匿名身份出现，分布在全球各地，来自不同的国家、地区和组织机构，按工作内容可分为系统管理者、技术开发者、网络档案抓取者、数据保存者以及社交媒体参与者等。其中网络档案抓取者是 Archive Team 网络志愿者的主体，负责各子项目的资源收集工作，直接促成 Archive Team 的网络档案信息资源建设成果。

5.5.2 建设过程

Archive Team 是以网络志愿者参与为特色进行网络档案信息资源建设的组织，其目标是尽可能地保存有丢失危险的网站或数据，建设内容广泛且多元化的网络档案信息资源。该组织将丢失危险界定为以下内容的单一或组合：一是被收购、大规模裁员或处于即将关闭、已经关闭中；二是具有政治或法律问题；三是具有重要文化意义；四是禁止 Wayback Machine 抓取的 robot. txt 排外文件。在资源收集维度，主要通过互联网中继聊天（internet relay chat，IRC）频道与网络志愿者进行协调来决策项目优先级，将有档案建设需求的网站分为当前项目和可获取项目，并建立项目队列以供志愿者选取。

在资源的收集上，由于 Archive Team 要求尽可能还原原始的用户体验，因此收集内容通常以原始的网站结构和格式为主。例如 Google + 项目，由于其本身是一个社交媒体平台项目，因此其收集内容多为各种用户生成媒体的站点、系统、网络和协议等网址信息。收集方式则根据项目优先级和难度对不同项目进行具体策略规划。对于中小型网站，通常由单人以及自动化工具 Archive. bot 完成，例如 Wikispot 项目，其中大部分的内容是由个别成员单独抓取，主域上的所有内容由 Archive. bot 收集；对于大型网站，主要由各网络志愿者服务器中的 Warrior 设备从跟踪器中获取任务，全天收集网站的各种元素，如网页、图像、视频、音频和其他多媒体文件等。例如 Google + 项目，由数百名志愿者同时运行 Warrior 工具，最终在不到 4 周时间内收集了超过 1. 56 PB 的 WARC 文件。❶

在资源开发维度，针对每个项目所收集的网络资源，该项目核心志愿者会将其打包成 Megawarc 文件（大型 WARC 文件），旨在记录元数据。例如 Google + 项目添加了包括日期、语言、媒体类型、标题、首次爬网时间、最后爬网时间等元数据；分类基本贯穿于资源收集过程中建立的项目队列，将资源按照媒体类型、年份、主题、创造者、语言等进行筛选，例如媒体类型最多的为网站、语言使用最多的为英语。

在开放利用维度，Archive Team 将网络档案信息资源上传至互联网档案馆的存档团队收藏（collection）中，支持用户检索元数据和浏览文本内容，并为用户提供 Wayback Machine 和 CDX 数据库的 API 访问（专为程序员和高级用户设计）。

5. 5. 3　建设成果

Archive Team 的网络档案信息资源建设成果主要表现在两大方面：一是网络档案信息资源；二是围绕资源建设过程和成果提供的利用服务。

在网络档案信息资源方面，Archive Team 自成立后向互联网档案馆的 archiveteam collection 上传了多个网站以及图片、文本、视频、应用程序等多种形式的网络档案，同时被 Wayback Machine 摄取了多次网络档案的 WARC

---

❶　Archive Team. Google Plus[EB/OL]. （2025 - 01 - 12）［2025 - 03 - 12］. https：//wiki. archiveteam. org/index. php/Google% 2B.

文件。

在利用服务方面，Archive Team 产出了以下四方面成果：一是资源检索利用类平台，Archive Team 开发了 Archive Team Wiki 平台，以方便所有用户在 Archive Team 中检索利用近期已建设好的资源。二是工具教程类成果，Archive Team 开设了软件（包括提供信息备份、保存和分发工具）、格式（包括介绍文本、图像等数据格式）、存储介质（包括从哪里获取它、获取什么以及如何使用等）等列表，帮助对网络档案有需求和感兴趣的人员重新获得对自身网络信息资源的控制。三是技术开发类成果，Archive Team 开发了 IRC 频道，以维持网络档案各项目的决策、排行和分配。同时开发了 Warrior、Tracker 等多个技术工具以提高网络信息资源的收集和收集效率，帮助网络志愿者更高效便捷地参与网络档案信息资源建设。四是社会宣传类成果，包括管理各社交媒体账户，例如@ archiveteam、@ at_warrior、/r/archiveteam 等，以招募网络志愿者参与并倡导网络档案信息资源建设。

5.6　互联网档案馆项目

互联网档案馆项目是全球范围内的首批网络档案资源建设项目之一，依靠海量资源、强大的技术与平台服务领先于其他实践，其前驱作用不可忽视。由于该项目作为资源量较大、配套服务较全面的综合性资源建设项目，其开发过程中的很多策略已成为行业标杆、标准，且有较多建设主体在持续使用其经典产品，因此该项目值得作为典范予以推介。

5.6.1　建设背景

互联网档案馆是一家非营利组织，通过建立数字图书馆收录互联网网站和其他数字形式的文化文物。互联网档案馆为研究人员、历史学家、学者、阅读障碍者和公众提供免费访问，其使命是提供对所有知识的普遍访问。

网络上发布的内容存续时间短暂，但尚未有保存网络内容的行动。互联网档案馆从 1996 年开始网络档案信息资源建设，保存有关网络历史记录，并通过 Wayback Machine 提供访问。互联网档案馆通过 Archive – It 计划与 1000 多

家图书馆和其他合作伙伴合作识别、建设重要的网络档案信息资源。❶

5.6.2　建设过程

互联网档案馆主要依靠 Wayback Machine 提供建设工具、平台服务支持自身运营，但其自身也会使用该工具主动建设网络档案信息资源。

第一，Wayback Machine 是集网页收集、存储与重映功能于一体的综合资源建设工具，用户在表单中输入一个 URL，按下按钮，即完成页面的保存，并立即拥有该页面的永久 URL，同时支持在浏览器中安装插件版本进行页面的快速收集。

第二，使用 Wayback Machine 进行收集的网络档案信息资源最终呈现为网页快照形式的原态开放类信息资源，即能够重映原始网页外观，但不支持资源数据的直接下载。同时，互联网档案馆通过 Wayback Machine 网络平台为用户提供资源的检索和利用服务。基于 Memento 协议，用户只要在检索栏输入网页 URL，即可出现可浏览的资源列表，能看到 20 世纪 90 年代中期的网站的旧版本。

第三，其资源分类与相应的可视化显示功能十分完备。在分类方面，Wayback Machine 通过颜色对给定日期的单个网络收集或多个网络收集关联的点和链接进行区分和分类。蓝色表示爬虫获得状态码 2nn（良好）；绿色表示爬虫获得状态码 3nn（重定向）；橙色表示爬虫获得状态码 4nn（客户端错误），红色表示爬虫获得状态码 5nn（服务器错误）。大多数时候用户的选择为蓝色的点或链接。此外，用户在资源检索时输入网页域名后，只需单击"Take Me Back"按钮即可显示该网页被 Wayback Machine 收集的日期图表。

最早的 Wayback Machine 属于互联网档案馆自用工具，于 2001 年开放给公众使用，并开放其已有的资源成果。由于此类实践发起较早，类似于对 Wayback Machine 工具的实验，尚不清楚其早期具体的资源遴选取向与开发策略。整体而言，互联网档案馆仅收集公开的网页，其中可能包括带有个人信息的页面，不会收集需要密码才能访问的页面、只有在用户键入并发送表单时才

---

❶ The Internet Archive. About the Internet Archive［EB/OL］.［2025 – 03 – 12］. https：//archive. org/about/.

能访问的页面或安全服务器上的页面，也不会收集尚未发布到 Usenet 公告板或可公开访问的在线留言板的聊天系统或个人电子邮件消息。对于已建设的资源，互联网档案馆也会定期重新访问原网页，如果内容发生变化，则会爬取该页面的当前最新版本。

随后，互联网档案馆依托其 Archive－It 与全球各地机构的策展人和主题专家共同组织、创建重大事件网络档案信息资源集合（Global Event）。自 2006年起，该项目已共同建设 31 项跨国事件主题集合。

值得一提的是，互联网档案馆在项目中更多起到项目领导与资源汇集的作用，即自身不参与具体的资源收集，而是主动汇集其他主体建设好的与全球性重大事件相关的网络档案信息资源。资源建设方法同样以遴选和开发两大环节为主。

Global Event 的整体收集策略表现为基于 URL 列表的选择性收集，其中各项网络档案信息资源主要由参与的主题专家提名筛选，互联网档案馆针对其价值展开进一步评估并通过 Archive－It 工具具体展开收集工作，成果包括多项跨国主题集合与 65332 个站点，如美国总统选举、去中心化网络峰会等集合，来源包括新闻文章、博客、社交媒体和其他网站等，具体涉及文档、图像、网页源代码等数据格式。

信息的开发工作主要表现为由主题提名专家与互联网档案馆合作所实现的细致的元数据描述与分类工作，除了内容说明、主题、日期、地区和语种等著录项，还特别对形成者、收集者和出版者等不同利益相关者展开区分说明；分类可依据自发活动、政治选举、社交媒体等主题或其他著录项而展开。同时，出于多级著录的考量，对每一项具体资源及收录具体资源的网络档案集合均添加细粒度的元数据及供检索用的筛选项，以实现更精细的组织。

在开放利用维度，相应网络档案信息资源则发布在 Archive－It 平台，以网络档案信息资源库形式供公众浏览查询等，支持基于网站集合、站点以及全文的关键词检索。检索所得网页的重映则通过 Wayback Machine 实现。

5.6.3　建设成果

整体上，互联网档案馆的自建网络档案信息资源均为重映网页外观的网页快照型资源，依托 Wayback Machine 与 Archive－It 平台提供开放利用。2024 年

3月，加上用户在互联网档案馆托管的资源，互联网档案馆的网络档案信息资源包括7350亿个网页档案信息资源；Global Event项目成果则包括32项跨国主题集合与65332个站点资源，如美国总统选举、去中心化网络峰会等资源集。

同时，互联网档案馆依靠其强大的基础设施资源，成为具有代表性的网络档案信息资源建设项目，并主要体现在工具与教程服务两个方面。

5.6.3.1　工　具

Wayback Machine与Archive – It是互联网档案馆研发、主推的综合性网络档案信息资源建设工具，为用户提供从收集到开发，再到重映的全套资源建设和平台性利用支持。

以Archive – It为例，自2006年以来，Archive – It已为超过24个国家或地区的800多个组织提供网络档案信息资源建设服务，包括图书馆、文化记忆和研究机构、社会影响力和社区团体，以及教育和开放知识计划。Archive – It用户已经保存了超过400亿条网络发布的原生数字记录，总计PB级数据。

Archive – It为收集和保存动态网络资料提供工具、培训和技术支持，主要为各网络档案信息资源建设主体提供一个共享其收藏的平台，具有多种搜索、发现和访问功能，例如用户可以从archive – it.org站点进行全文搜索，方法是单击"搜索页面文本"选项，或者从"探索"页面浏览平台所有合作伙伴自建的资源集合，探索各个网络档案信息资源建设主体的相关描述性信息。美国国会图书馆、英国国家档案馆、日本国立国会图书馆等机构均是Archive – It平台服务的长期用户。

5.6.3.2　教　程

互联网档案馆设置了丰富的网络档案信息资源利用者、开发者指引门户。在门户中，互联网档案馆提供网络档案信息资源Python库的使用指南、API接口服务以及资源收藏功能，使得到授权的开发者可使用其API服务批量导出资源数据；一般用户也可通过该门户浏览与网络档案信息资源有关的术语定义，查看如何收集、保存网络档案信息资源的相关教程与工具指导，也可以收藏其感兴趣的网络档案信息资源、项目等。

5.7 Archives Unleashed 项目

Archives Unleashed 由互联网档案馆主导建设,是为数不多的面向学者的研究基础设施型项目之一,且其成果的功能、作用较为清晰。该项目强调为用户提供网络档案信息资源配套的开发技术、研究工具与利用平台,其项目成果也以工具、教程、平台为主,能够支持用户对资源进行智能检索、文本挖掘与数据分析。

5.7.1 建设背景

Archives Unleashed 项目的主要目标是面向以学者为代表的网络档案信息资源用户的利用需求,进一步开发、搭建以互联网档案馆资源利用服务为核心的研究基础设施平台。该项目由互联网档案馆主导建设,并主要负责项目整体的统筹规划与平台开发,项目团队成员由来自不同机构、不同专业的学者、技术人员组成,例如信息管理专业出身的萨曼莎·弗里茨(Samantha Fritz)为项目主管;加拿大滑铁卢大学历史学出身的数字人文学者与计算机科学学院的一些学者为研究人员。同时,项目在建设过程中受到多方的资助与支持,如加拿大滑铁卢大学、英国约克大学等学术机构帮助其探索网络档案的研究利用需求,与配套的开发技术、工具、平台;安德鲁·威廉·梅隆(Andrew W. Mellon)基金会不仅为项目提供了启动资金,而且持续资助其项目研发。

5.7.2 建设过程

该项目于 2017 年正式启动,分为两个阶段:第一阶段为 2017 ~ 2020 年,项目旨在开发用于网络档案检索与数据分析的工具。该项目团队认为 Wayback Machine 对网络档案的提供利用是传统模式,仅仅只是一次一页的浏览模式,应当为用户提供更具洞察力与分析能力的服务。第二阶段则是 2020 年 6 月至今,旨在拓展 Archives Unleashed 的功能,将其建设的云平台与互联网档案馆的 Archive – It 服务融合,并且实施 Cohorts 项目来推动研究人员参与网络档案信息资源开发项目。

5.7.3　建设成果

Archives Unleashed 项目依托互联网档案馆自建资源打造面向资源利用者，尤其是开发者、研究者的综合性利用基础设施，为其提供专门的资源检索工具、分析工具、加工平台和配套学习资源。

5.7.3.1　资源检索工具

该项目开发了 Warclight 搜索引擎。这一搜索引擎源于英国网络档案的相关项目，是更适于 WARC、ARC 格式的网络档案的搜索引擎，可以实现多面的全文本检索、文件浏览和其他高级的发现选项。用户可以下载并安装这一工具，用于所获得的馆藏的检索和分析。

5.7.3.2　资源分析工具

Archives Unleashed 项目面向使用 Archive – It 服务的用户提供丰富的资源分析工具群。

一是融合为 Archive – It 服务内容的开源云分析工具 Archives Unleashed Cloud。该工具可以帮助研究人员进行在线网络档案分析。Archives Unleashed Cloud 同步了 Archive – It 的所有资源内容，可为用户提供资源的基本信息和全文，并能自动对资源内容进行分析，包括内容的抓取频率、主要保存节点的网络图、网域分布等内容，分析结果以可视化形式呈现并支持复杂网络分析软件 Gephi 运行。

二是 Archives Unleashed 工具包。它是基于 ApacheSpark 开发出的用于网络档案处理与分析的开源平台。Archives Unleashed 工具包以 Scala 和 Python 两种编程语言进行示范向用户提供利用该工具解决各类网络档案分析任务的思路和参考。该工具包主要从网络档案文本的提取和挖掘、网络档案链接的关联分析、网络档案数据化分析这三个方面提供工具和方法以帮助用户处理和分析网络档案。

三是 Archives Unleashed Notebooks。它可为基于 Archives Unleashed 工具包获得的网络档案的处理和分析提供原型方法。具体来说，用户可以将使用 Archives Unleashed 获得的网络档案放在提供的云上数据存储库中并赋予每个集合 ID，然后直接在 Archives Unleashed Notebooks 中对这些网络档案内容进行分析。Archives Unleashed Notebooks 利用最佳实践的方式指导用户进行自己的研究，每个对应一个潜在的研究问题，用户只需要"填空式"选择对应研究问题的代码段然后输入所选档案集合的 ID，即可进行分析。用户还可以根据自己的需求调整各项参数，从而获得定制化的分析结果。Archives Unleashed Notebooks 能实现根据域名统计网络档案信息、文本挖掘、情感分析等功能。

5.7.3.3　资源加工平台

Archievs Unleashed 项目开发了专门的网络档案数据化加工平台，即档案研究计算中心（ARCH）。档案研究计算中心可帮助用户基于网络档案生成各类数据集如域名频次的统计、超链接的网络图示、文本全文等。它有用户体验良好的界面，点击按钮即可基于所选的网络档案获取所需的数据集，并可浏览可视化分析结果。

5.7.3.4　学习资源

Archievs Unleashed 项目不仅提供综合空间和工具支持，而且关注方法与素养培育，由此提供配套性的学习资源。

一方面，以示范性项目推进网络档案利用及其支持性构件的研究。这主要依托 Archives Unleashed 开展的 Cohorts 项目来实现。Cohorts 项目向各领域的学者公开征集选题与研究方案，涉及历史学、政治学、社会学、语言学、计算机等领域。两期项目选取了 10 项研究，由全球 21 个机构的 45 位学者完成。这些研究将获得 Archives Unleashed 项目特定的资源、支持和指导，以此示范网络档案能用来做什么研究、怎么做研究，网络档案可以进行怎样的获取、处理和分析。

另一方面，及时向用户发布 Archives Unleashed 项目的研究成果。该项目团队积极对外公开项目进展与研究成果，包含项目资料、期刊论文、会议论文、专著、会议海报、访谈等，例如对项目中提取的数据集进行公开，如经济网络档案集及相关分析结果、Friendster 数据集等可直接供研究和分析的数据集。关注该项目或是使用项目成果的用户可订阅项目简报，定期接收推送的信息。推送每季度一期，推送信息对项目最新进展进行了详细的介绍。

第6章
计算档案学视角下网络档案
信息资源建设的实践解析

由调查所得的网络档案信息资源建设实例与现实情况，可发现网络档案信息资源建设依托其内在要素，于多样化的场景中呈现为不同内容。这既为更广泛、深入的网络档案信息资源建设提供了基础和参考，也显现出现有的实践局限。基于计算档案学提供的理论与方法框架，既有实践的特点、不足及其原因可得到进一步解析，以启示网络档案信息资源建设的优化方向与空间。

6.1 实践特点：基于其构成要素的解析

面向各类网络档案信息资源建设实践，可归纳如下实践要素及其特点。

6.1.1 主体参与渐趋多元

网络档案信息资源建设的参与者类型多元，对网络档案信息资源建设的认知、实践能力、资源等亦有差异，因而显示出繁杂多样的主体参与机制。

6.1.1.1 组织形式

网络档案信息资源建设项目的参与主体主要区分为发起主体与协同主体。发起主体往往在项目中发挥总领者作用，是主要的行动主体，全面负责项目的发起、监督、管理与具体的建设任务。协同主体负责采取协同行动，形成管理合力。结合总览部分的数据分析，可将实践分为单主体主导类与多主体联合主导类。

（1）单主体主导类

单独发起网络档案信息资源建设项目的主体类型十分广泛，以各个国家的国家公共图书馆、档案馆、高校图书馆等记忆机构为主，例如英国网络档案项目、俄罗斯国家数字档案馆项目、美国得克萨斯大学圣安东尼奥分校网络档案项目等。此外，各国政府部门亦会立足其内部职能要求与业务需求，组织高层级的网络档案信息资源建设项目，如欧盟出版物办公室发起的欧盟网络信息存档项目等。

（2）多主体联合主导类

典型的多主体联合主导的网络档案信息资源建设项目均由大型的机构联盟、社会组织发起，它们往往由记忆机构、研究机构或个人组成。代表性主体包括国际互联网保存联盟与互联网档案馆：国际互联网保存联盟由来自多个国家的成员机构组成，包括国家、大学和地区图书馆和档案馆等；互联网档案馆则是一个公益性组织，容纳了来自各行各业的工作人员如企业家、研究人员、社区服务者等。

同时，网络档案信息资源建设项目的协同主体涉及公众、社会组织和提供技术服务的企业等。例如，在 Webarchiv 项目中，公众可向捷克国家图书馆提交其期望保存的网络信息；英国政府网络档案项目由互联网记忆基金提供资金支持，主要技术工作则由 MirrorWeb 公司在网站档案馆团队的指导下协同网站管理者完成。

6.1.1.2　主体类型

总体来看，不同类型机构在网络档案信息资源的协同建设中发挥着不同的职能与作用。

（1）记忆机构

图书馆、档案馆、博物馆因肩负守护国家文献遗产，构建国家集体记忆的职责，持续推进构建各类具有文化、记忆价值的新型信息资源库，尤其是在《保护数字遗产宪章》（*Charter on the Preservation of the Digital Heritage*）、《数字遗产长期保存遴选指南》（*Guidelines for the Selection of Digital Heritage for Long - term Preservation*）等数字遗产政策指引下，更是加强了以网络信息等数字原生信息为材料的新型档案信息资源建设实践，成为绝大部分网络档案信息资源建设实践的发起者与主导者。作为主导者，记忆机构一方面会负责制定专门的网络档案信息资源建设策略，管理项目进度并控制资源建设全程；另一方面要建立专门的内部人员队伍主动实施具体的信息收集、保存、组织与开发。

（2）文化部门

文化部门的主要职责之一是推进区域文化资源发展，同时也是数字转型战略的主要监督者、执行者，因此会发起有关网络档案信息资源建设实践。与记忆机构不同的是，文化部门发起的实践重点在于：构建政府机构变迁历史、区域性重大事件记忆，以此建设富有政治意涵的主题式网络档案信息资源。例如，美国政府出版局与其他机构合作建设的总统任期末网络档案，旨在记录政府网站在总统任期过渡及后续换届过程中的变化；美国亚拉巴马州档案与历史部除了收集国家机构和立法者的社交媒体账户政治博客，还针对该州具有区域纪念性意义的事件展开资源建设。文化部门在实践中同时身负监督者、执行者两种角色，既需要管理项目内的人员安排、整体进度，又需要收集、开发网络档案信息资源。

（3）数字资源建设联盟

大部分数字资源建设联盟是免费提供网络档案信息资源成果的公益性组织，或是例如互联网档案馆兼具商业性质，提供部分付费服务，如其在 Archive - It 平台上推出的网络档案高级托管服务。此外，一类联盟由各国的记忆机构联合组成，另一类联盟则依靠个体性的社会组织机构或个人结成（如网络档案信息资源建设上目标一致的研究者），符合前者特征的代表性主体包括国际互联网保存联盟、纽约艺术资源联盟、常春藤联盟高校图书馆联合会，后者则包括互联网档案馆和俄罗斯公益组织"信息文化"。总体上，各类联盟在国际网络档案信息资源建设实践中起到举足轻重的引领作用。

一方面，联盟发起并主导了一系列围绕国际重大事件的大型项目与先锋实验性项目，建成的资源主题能够最大范围地切合各国公众的兴趣，留存了各类突发性事件产生的深远社会影响，如由国际互联网保存联盟建设的某网络档案项目囊括了来自多个国家或地区方面的语种资源，为公共访问和二次开发利用提供强大的资源基础支撑。同时，得益于联盟内部成员的多方技术、策略支持，联盟敢于主导一些珍稀的、挑战性的新型网络档案信息资源建设项目，美国常春藤联盟高校图书馆联合会所建设的数字游戏社区网络档案馆便是这种实践的典型代表，其馆藏涵盖由数字游戏生成及与数字游戏相关的各种网络格式内容，涉及游戏文化的方方面面；社交媒体档案是此类实践的关注要点，由众多关注网络档案建设的个体合作发起的"记录当下"项目旨在收集保存社交媒体上的数字内容，特别是与重要社会事件、政治议题和文化现象相关的内容。

另一方面，联盟形成的强大社群平台展现出极强的外部性，为许多单主体主导项目提供了经验、工具等实际支持，爱尔兰网络档案、德国网络档案等众多项目均使用 Archive－It 作为项目中收集网络档案的综合工具支持以及最终成果的开放利用平台。其外部性同样体现在建立合作网络上，互联网档案馆与研究基础设施项目 NetLab 和 Resaw 建立了长期合作关系，前者是丹麦的数字人文实验室的组成部分，后者则依据欧盟"整合和开放现有国家研究基础设施的专题建议"提案而施行，均旨在面向网络信息促进协作研究基础设施建设。

（4）学术机构

参与网络档案信息资源建设的学术机构主要为高校、研究机构、研究中心，如上述提到的 NetLab 就隶属于丹麦奥胡斯大学传播与媒体学院下设的数字人文实验室。此外，学术机构希望通过网络档案信息资源建设为自身的研究提供新型研究材料来源，促进数字人文类研究的创新发展。因此，学术机构一方面发起了网络档案研究基础设施类项目，如以加强网络材料研究为导向的 NetLab；另一方面，强调合作并参与到其他项目中，例如 Netlab 与丹麦皇家网络档案馆 Netarkivet 密切合作开展研究项目，借助档案馆资源重建 Sys Bjerre 的职业生涯；同时通过开发网络档案研究的基本工具以协助网页的收集和组织，为相关项目技术工具的升级开发作出贡献。

（5）平台运营商与技术公司

各社交媒体平台与 MirrorWeb 等技术公司并不会自主建设网络档案信息资源，而是为一些大型项目提供关键的技术支撑，尤其是在收集和保存两大技术痛点方面。例如，有社交软件提供了批量获取用户信息、粉丝评论等信息的 API 接口服务，大大降低了美国国会图书馆存档、中国国家图书馆互联网信息保存等项目的社交媒体信息收集难度；又如，MirrorWeb 公司承担了英国国家网络档案馆的网络信息收集任务，并提供其长期保存需要的软硬件空间和利用服务。

（6）公　众

公众不仅是网络档案信息资源的利用者，而且会参与网络档案信息资源建设中的众包部分，加入网络档案建设对象提名或网络档案信息资源组织的工作中。以俄罗斯网络档案建设项目为例，其开放数据集的建设不仅借助于公众在资源类型、主题、机构、链接等方面添加的元数据信息，而且通过公众编写的程序脚本、开发的导出下载工具等反向促进信息资源的优化建设。又如，许多具备一定网络档案信息资源建设技能的用户在 GitHub 上传自发爬取、整理的重大事件网页档案数据，也在技术工具、组织方法等方面推进网络档案信息资源建设。

6.1.2　档案对象日趋多样

不同建设主体依据立场、性质、能力的不同，建设不同的资源对象，主要依据网络信息的格式、主题、形成者三个主要属性来决策是否收集对应的网络信息并将其作为对象进行资源建设。

6.1.2.1　类型上兼具静态网页与动态社交媒体信息

资源建设对象既包括网站网页类信息，也包括结构复杂的、动态变化的社交媒体信息，如微博、Insgram 信息等。整体来看，大部分项目选择收集静态网页信息作为其主要的网络档案信息资源；将社交媒体信息纳入收集范围的项目较为稀有，数量仅有 7 个。于前者而言，大部分项目专指保存网站网页类信息，例如，法国网络档案项目优先收集在法国域名 . fr 下注册的网页，及其他与国家领土相关的域名网页（如链接以 . re 或 . bzh 结尾的网页）；又如挪威网络信息存档项目选择收集 . no 域上注册的网页以及部分使用挪威语发布的通用域 . com 网页。

同时，将社交媒体信息纳入收集范围的项目会综合建设网页信息与社交媒体信息，代表性案例有瑞典 Kulturarw3 项目，瑞典建成的网络档案库中不仅包含瑞典顶级域名 . se 网页，通用顶级域名 . com、. org 和 . net 的 Internet 地址网页，还包括在瑞典网络新闻网站上的公众评论信息。又如，俄罗斯国家数字档案馆项目保存了政府机构官方社交媒体账号列表与其经典广播电台"莫斯科回声"在社交软件上发布的信息。此外，就具体格式而言，尤其是对社交媒体平台而言，不同的平台都有其专门格式。

6.1.2.2 主题范围丰富

网络档案信息资源建设实践普遍收集不同主题的网络信息，但也有部分实践对资源的主题有所取舍，仅收集少量或单一主题来源的网络信息展开资源建设，这类实践可分为专注收集重大事件网络信息、政治类网络信息和艺术类网络信息。专注收集重大事件网络信息的项目较多，如国际互联网保存联盟面向有关健康的明日档案项目；专注收集政治类网络信息的项目有美国总统任期末网络档案项目、欧盟网络档案项目、英国脱欧网络档案项目等；专注收集艺术类网络信息的项目主要是一些对艺术史研究具有重要意义的网络内容，如纽约艺术资源联盟网络档案项目。

6.1.2.3 形成主体性质多样

部分实践会依据网络信息的形成者来判断其资源价值，以此作为确定存档范围的依据。其中，优先挑选、收集政府机构与新闻媒体所发布的网络信息进行建设往往是记忆机构和文化部门的选择。例如，美国国会图书馆网络档案项目资源遴选的标准之一是选取由立法、司法和行政部门形成的美国政府网站；又如，俄罗斯网络档案项目进一步聚焦收集有关政府官员等基于个体的内容，相关成果包括多名政府官员和政治家的社交软件 Instagram 账户数据；又如，法国网络档案项目会在国内重大事件发生后临时收集权威的新闻网页进行建设。

6.1.3 流程内容逐步清晰

网络档案信息资源建设逐步基于不同类型的实践，共同探索出面向网络材料的档案管理流程，且具体环节、内容、要求、策略等逐步丰富，尚在完备进程中。

6.1.3.1 遴选

遴选指确定要存档进行资源建设的具体对象，并对其进行评估的过程。遴选由识别和评估两项内容组成。这是网络档案信息资源建设的前置环节，主要用于明确收集策略。识别是指明确网络信息的收集来源，如某个机构、群体、事件、活动等形成的网络信息，如英国国家档案馆将其政府的网站和社交媒体账户选定为收集的来源；评估则是为了明晰必要性、可行性、价值、合规性等，以此形成具体的收集参数和对应的策略，如英国国家档案馆因技术难度放弃收集社交软件 Facebook 的信息。

立足于某个机构的遴选流程，主要包括四个步骤：①确定机构的存档参数，由此确定对应被纳入遴选的对象；②确立法律框架，明确长期保存相关的法律事项，以此明晰是否需要展开遴选行动；③实施遴选行动，应用上述的遴选标准；④完成决策，形成遴选结果。

遴选的影响因素包括：①真实性。来源、背景是鉴定的重中之重。②数字材料的特性要求档案馆尽早与形成者协同，与信息技术人员、数据科学家等展开合作。③档案馆的资源限制尽管存在，但有诸多成熟度模型可以帮助档案馆建构基本能力并做好有效的处置工作。

以美国国会图书馆的社交软件 X（原 Twitter）档案库为例：①由于社交软件 X（原 Twitter）广泛的用户群体和对美国社会的影响，因此被美国国会图书馆识别为收集的重点对象；②收集范围在近 10 年的实践中进行更改，也在于动态的评估策略：限于技术可行性，起初仅收集文本信息；③认为社交软件 X（原 Twitter）用户的广泛为其关键价值，因而选定为所有文本信息皆存档；④后续由于图片、视频、超链接等信息占比提升，各类信息都被纳入收集范围，但受限于保管资源和资源建设能力，转变为仅收集重要账户、事件、活动的相关信息。

6.1.3.2　收　集

收集是对遴选结果的应用和实施，决定了资源建设的数量与质量基础。收集主要包含如下内容。

第一，实施遴选得出的具体收集策略，分为全面收集与选择性收集。全面收集主要用于广泛收集特定主题、时间段或网域上的所有网页信息。常见的全面收集策略的应用场景是选定国家顶级域名，使用 Hertrix、Archive‑It 等工具定期爬取在顶级网域内注册的、代表该国家文化、使用该国语言编制或由该国官方机构创办的国家级网站。澳大利亚网络档案项目、法国网络档案项目、瑞典网络档案项目、捷克网络档案项目等众多国家级网络信息存档项目都是使用此策略的代表。选择性收集是当机构没有全面收集所需的能力时，通过设定特定的选择标准，区分不同信息的价值后，抽样抓取代表性资源的手段，常见于重大事件或代表性机构网络信息的存档范畴设定中。例如，明日档案项目选择性地收集了英国网络档案中有关健康的内容，美国得克萨斯大学圣安东尼奥分校网络档案项目则专注于分校相关的网络信息。部分实践会在收集政策中明确定义遴选标准，如卢森堡网络档案项目从主题、重要性、公共利益、唯一性等方面划定遴选范围。亦有实践在面向公众征集网站提名时，详细公布网络信息的遴选标准，如国际互联网保存联盟面向全球征集有关网络档案时，明确列出高优先级子主题，并对资源类型征集排序作出说明，指出已发布的官网信息相较于社交媒体简讯和主题标签等具有更高的优先级。此外，由于网络信息的动态变化，因此面向时间维度的频次设定也是关键，这主要取决于收集方的资源与能力。总的来说，频次越高，资源与能力要求越高。

第二，以质量维护为中心的具体收集行动。为了确保所收集信息的真实、可靠、完整、可用，收集过程中的质量维护行动至关重要，其综合了管理策略与技术方法。例如，美国国会图书馆的社交软件 X（原 Twitter）档案库是由社交软件 X（原 Twitter）指定社交数据创业公司为技术公司，确定质量要求并依据此要求设定收集速度、元数据方案、格式要求、软硬件配置等。

第三，技术工具的配套，本书将在技术工具环节具体说明。

6.1.3.3 组 织

组织旨在实现所收集网络档案的有序构建与排列，从而促进用户对内容的检索、访问与理解，是资源建设的核心环节。此步骤主要涉及清洗、描述、分类和索引等操作。

（1）清 洗

部分项目涉及数据的清洗或压缩，删除所收集网络信息中侵犯知识产权的部分、敏感数据与重复性内容，通过在爬网程序中内置删除标准进行自动清洗，或展开二次评估并进行手动删除来实现。例如，美国国会图书馆每年至少对所有确定归档的内容展开一次基础爬网，后续爬网则依次删除重复数据，仅存储新内容，由 Heritrix 支持删除，可通过设置爬网范围、规则实现自动清洗。又如，瑞士国家图书馆会删除侵犯知识产权的网络信息和隐私数据，通过唯一标识符检索、确定已爬取数据中不包括仍具有商业价值、受版权保护的在线出版物内容。此外，部分实践通过二次评估机制来重新审视早期的遴选标准，停止收集并删除不符合现有标准的网站，如美国得克萨斯大学圣安东尼奥分校网络档案项目详细列明了展开二次评估的几种情境，涉及网络资源价值变化、存档版本出现严重技术缺漏等情况。

（2）描　述

对网络档案信息资源的描述主要通过添加符合标准的元数据实现，如瑞士国家图书馆使用元数据编码和传输标准（metadata encoding and transmission standard，METS），并以国家书目编号（national bibliography number，NBN）的形式为每一项资源赋予唯一标识符，同时创建自动分配标识符的工具，实现部分元数据描述的自动化；纽约艺术资源联盟则专门研制"用于描述具有存档版本网站的元数据应用程序配置文件"（metadata application profile for description of websites with archived versions）作为元数据描述的标准。同时，部分项目鼓励公众、学者参与网络档案信息资源众包描述项目，如俄罗斯国家数字档案馆项目招募志愿者来为已存档网页添加资源类型、主题、机构、链接等元数据。

（3）分　类

分类主要沿用收集和遴选等前续工作的标准，包括依据域名主体分类、依据主题分类、依据事件分类等分类方式，瑞士国家图书馆就依据收集方案将其网络档案整理为州相关、州官方、联邦政府、事件和主题集合五大类别。

（4）索　引

组织还包括面向后端利用的索引与排序工作，例如建设文本索引、时间索引等，便于用户检索查询相应网站。例如斯洛文尼亚将网络档案信息资源按日期排列，便于用户查看不同版本的网站；希腊国家图书馆则通过导入文本索引和检索算法，使用户能够以基于文本及 URL 检索所需网页。

6.1.3.4　利用导向的开发

资源建设在当下更体现利用导向，即面向用户需求强化产品开发环节。

开发环节依据产出成果可分为两类。一是基础服务类，包括向用户提供原始网页检索与访问服务及相关指导，或提供相应数据集下载及接口调用服务，引导用户利用网络档案。此类服务也可对应原态建设类和数据集构建类的实践。二是二次开发类，强调基于现有网络档案信息资源展开进一步的项目研究、技术系统建设、公共服务等，以实现更为全面、可持续的信息资源开发与利用。在研究项目方面，如在明日档案项目中，有关健康的网络档案主题集合用于元数据、计算分析、伦理和权利问题的研究，以使网络档案更具代表性、包容性和开放性地应用于健康研究中。在技术建设方面，通过产出相应大数据工具促进对网络档案的使用、分析等，捷克国家图书馆在此方面开发了挖掘网络档案大数据的集中式界面，英国网络档案馆则创建 Shine 工具用于英国网络档案信息资源的分析。在公共服务方面，包括借助各种宣传手段触及更广泛的受众，如捷克国家图书馆长期在有关社交软件上分享不复存在但其馆藏中存有副本的"死"网站，旨在提高公众对网络档案信息资源的认识和兴趣，进而引导用户对项目成果的访问及利用。

资源开发所使用的工具涉及从收集、整理、保存到提供访问的全流程，例如 Heritrix、NetarchiveSuite、Webrecorder、HTTrack 等均为批量收集网站的常用工具，OpenWayback、NutchWAX、SolrWayback 则多用于网站的复现与访问，而 Archive–It、Web Curator Tool 等综合类工具则基本上能提供全流程的技术支持。

6.1.4　建设成果初具层次

网络档案信息资源建设项目的成果较为多元，且依据建设深度而体现出不同层次的产品与服务。

6.1.4.1　基于网络档案原材料的数据汇聚

实践总体上形成了描述颗粒度、开发深度、格式、功能不一的两大类数据资源：一类为复现网页被收集时原态视觉特征的网页快照文件，同步收集了包含部分字段的元数据，以 WARC、HTML、PDF 格式为主，捷克、斯洛文尼亚、奥地利等国的网络档案馆建设均属于此类实践。另一类为深入网络档案提取整合的数据集，是更加成熟且利于批量下载、分析与开发的结构型数据，以 JSON、ZIP、CSV 格式为主。例如俄罗斯网络档案项目最终成果为 CSV、JSON、Airtable 表格等形式的数据集，并提供 CDX、WARC 等格式信息的开放下载。

6.1.4.2　依托数据库建设的查询检索

一是自建网络档案数据库。例如，澳大利亚国家图书馆推出的 Trove 平台不仅综合存储、收录了澳大利亚网络档案的内容，而且支持公共检索与访问，并促进社区协作与交流研究。二是委托第三方机构进行数据库开发，甚至是包括数据备份保存与利用在内的全套服务，德国网络档案建设项目就依托于第三方机构提供的全套服务，包括在其服务器上实现网络档案的收集、存储、保管等操作。三是各主体会搭配数据库开发设计网络平台上的数据开放利用功能，包括数据的分类筛选与检索功能。例如诸多项目在网站中提供按照时间、格式、语言、机构来源等著录项分类筛选数据的网络档案浏览功能，还开发出按照网站、机构、主题等多要素进行检索的工具和服务。值得一提的是，依托第三方机构的服务往往更为优质、完善，且具备较强的稳定性，以 Archive – It 和 Wayback Machine 最为典型。例如，在所调研项目中，爱尔兰网络档案项目使用 Archive – It 托管可开放利用的网络档案数据，并在此基础上提供基于时间、主题、格式和语言等分类筛选功能，用户可按网站集合、网站、URL 和网页文本内容展开检索。

6.1.4.3　配置研究基础设施的平台性服务

此类实践不限于提供资源，而且会围绕已建成的资源提供一系列研究配套服务、指引，吸引研究者利用已有资源，引发二次建设。以 NetLab 为例，它为吸引学者充分挖掘丹麦有关网络档案的资源，不仅定向提供网络档案，而且建设专门平台，通过配置自组织研究项目、网络档案使用案例、网络档案利用指南、网络档案利用的技术工具以及开展网络档案主题研讨会等来提升学者的网络档案利用认知与素养，为促进利用而实现了基础设施级别的资源建设。

6.1.5　技术保障渐成工具化

网络档案项目在资源建设过程中体现了技术的全面支撑，并伴随全球化的协作而开发出日趋通用的工具，于协作导向下逐渐生成共建共享的工具体系。

6.1.5.1 原始网页收集工具

原始网页收集工具用于获取并保存网页，其基本模式为使用网络爬虫自动爬取所选定网站，下载网页中文本、图片和视频等格式的内容，同时保留爬网过程中的相应元数据信息，部分工具还支持依据用户需求进行进一步配置。本书所调查的网络档案信息资源建设项目共涉及 17 种支持收集功能的工具，包括 Grab - site、Webrecorder、HTTrack、WGET、Web Curator Tool、Netarchive-Suite、Archive - It 等。其中使用范围最广的当属互联网档案馆开发的 Heritrix，这是一个开源、可扩展的网络爬虫工具，支持大规模网络的收集与档案级质量的存档，也可配置类似于 Wget 爬虫的目录格式存储文件，即使用 URL 命名每个资源的目录及文件名。使用该工具展开收集的项目数达 27 个，法国、芬兰、瑞士、澳大利亚等国家的网络档案建设项目均属其中。

6.1.5.2 资源重映工具

资源重映工具用于还原、再现过去某一时间点的网络档案原始页面及具体信息，便于用户在不同的时间点以原始形式重新浏览已保存的网络档案。该类工具的特色在于其模拟"时光机器"的功能，可用于提升用户访问体验，受到各类网络档案项目青睐。相关工具包括互联网档案馆的 Wayback Machine、国际互联网保存联盟的 OpenWayback，以及 PyWB、SolrWayback 等。其中，使用 Wayback Machine 的项目数量有 17 个，涉及卢森堡、斯洛文尼亚、希腊等国的网络档案项目。

6.1.5.3 数据处理工具

数据处理工具主要用于网络档案信息资源在各个环节的数据提取、转换、删除等处理操作，旨在提升数据质量（如一致性、可用性、互操作性等），一般涉及包括批量处理、调整文件格式、提取特定信息等功能。例如，为解决总统任期末网络档案在传输和整合方面的问题，美国国会图书馆开发 Bagit 用于支持许多机构之间的大规模数据传输，其开源桌面版本 Bagger 也同时由美国国会图书馆开发提供。又如，命令行工具 Warcit 旨在实现磁盘上网络文档目录从HTML或其他数据格式到符合标准的 WARC 格式文件的转换。

6.1.5.4　资源质量保证工具

资源质量保证工具强调在网络档案的收集和存储过程中确保信息的准确性、完整性和可访问性。它通过识别和纠正相应问题以保证确保网络档案内容的质量，一般支持检测错误链接、缺失文件等功能。例如，纽约艺术资源联盟通过使用 DuraCloud 将数字内容存储在云端，该服务不仅具有持久性、可靠性和可访问性，而且支持自动化的数据管理任务，例如数据验证、完整性检查和修复等。

6.1.5.5　资源检索与发现工具

资源检索与发现工具旨在便利用户在庞大的网络档案馆藏中有效查找所需特定内容，是支撑网络档案信息资源库建设的重要基础。因此，此类工具一般要求提供检索主题集合、网站标题、URL 及网页文本内容等功能，以进一步支持建设高级检索或专业检索板块，提供多种筛选项和排序方式，使用户能够快速而准确地找到所需信息。调查项目范围内共涉及 8 种此类工具，包括 NutchWax、Apache Solr、Wera、OutbackCDX、Lucene 等。其中，搜索引擎 NutchWax 受到 8 个项目的使用，其与 Wayback Machine 等重映工具组合使用可提供中小型网络档案集合的完整访问。

网络档案信息资源建设技术工具汇总如表 6 – 1 所示。

表 6 – 1　网络档案信息资源建设技术工具汇总

类别	名称	用途	项目数量/个
原始网页收集工具	Archive – It	作为一款帮助机构和个人建立存档的工具，一旦目标网站的 URL 被输入并保存且该网站允许互联网档案馆所使用的 robots. txt 访问，该网页将会成为时光机项目的一部分	3
	Brozzler	作为一种分布式网络爬虫，其使用真实的浏览器（Chrome 或 Chromium）来获取页面和嵌入的 URL 并提取链接；使用 youtube – dl 来增强媒体收集功能；使用 rethinkdb 来管理抓取状态	3
	Conifer	可提供网络存档服务，为用户浏览的任何网页创建一个互动副本，包括用户的互动所揭示的内容，如播放视频和音频、滚动、点击按钮等	2

续表

类别	名称	用途	项目数量/个
原始网页收集工具	Digiboard	其使员工能够选择网站存档、管理和跟踪所需的权限和通知、执行质量审查流程，以及其他任务	1
	Grab – site	作为一个开源的命令性工具，可用于抓取和存档整个网站的内容，旨在帮助用户创建可离线访问的网站副本，并提供用于存档和研究的功能	1
	Heritrix	作为开源的网络爬虫，可用于系统地收集网络内容，具有高度可配置性，允许用户指定爬取特定网站或域名的规则和策略	27
	HTTrack	作为一个免费且易于使用的离线浏览器实用程序，可允许用户将网站内容从互联网下载到本地目录，并构建目录，将 HTML、图像和其他文件从服务器捕获到用户的计算机	3
	NetarchiveSuite	作为由丹麦皇家图书馆开发的开源网络档案系统，提供一套全面的工具和功能，可用于网络档案馆，包括爬取网页、管理和存储收集内容、执行质量保证检查，以及为用户提供访问存档网页的组件	3
	Pandas	其设计目的是满足图书馆网络归档科工作人员的需求，并为其他参与 PANDORA 项目的人员提供相应的支持，其可提供了一套工作流程、工具和功能，以便进行互联网内容的抓取、存档、索引和访问	1
	Promisebot	其抓取过程从网页 URL 列表开始，当访问网站时，其会检测每个页面上的链接（SRC 和 HREF），并将它们添加到要抓取的页面列表中	1
	Veidemann	作为一个开源的网络爬虫和归档工具，其由挪威国家图书馆开发，旨在满足机构和研究者对网络数据的需求，可用于进行大规模的网络数据收集和存档	1
	WAIL	可用于多个 Web 归档工具之上的图形用户界面（GUI），旨在为任何人提供一种保存和重播网页的简单方法。WAIL 用 Python 编写，并使用 PyInstaller 编译为可执行文件	1

续表

类别	名称	用途	项目数量/个
原始网页收集工具	Web Curator Tool（WCT）	作为一个免费、开源的工作流程管理工具，可用于选择、抓取网站、执行质量保证和准备将网站捕获到保存系统中	5
	Webrecorder	其提供了一套开源工具和软件包，可用于收集交互式网站，并在稍后尽可能准确地复现它们	5
	WGET	作为一个从 Web 服务器检索内容的计算机程序，其是 GNU 项目的一部分。其名字来源于"万维网"和"get"，支持通过 HTTP、HTTPS 和 FTP 下载，其功能包括递归下载、转换链接以离线查看本地 HTML，以及支持代理	1
	Wpull	可与 Wget 兼容（或改造、克隆、替换、替代）的网络下载器和爬虫器	2
资源重映工具	OpenWayback	其是全世界的网络档案馆用来在用户的浏览器中回放存档网站的一个关键软件。国际互联网保存联盟成员和更广泛的网络归档社区正在共同努力，支持其开源版本，以满足归档社区和用户不断变化的需求	5
	PyWB	作为一个 Python 网络归档工具包，可用于尽可能准确重放的网络档案，其还包括用于创建高保真网络档案的新功能。该工具构成了 Webrecorder 项目的基础，而且提供可供其他网络存档使用的通用网络存档工具包，包括传统的 Wayback Machine 功能	4
	SolrWayback	作为一个网络应用程序，可用于浏览历史记录的 ARC、WARC 文件，类似于 Wayback Machine，其可在包含使用 WARC 索引器索引的 ARC、WARC 文件的 Solr 服务器上运行	1
	Wayback	作为一种网络存档和回放工具，允许用户收集和保存网络内容，其提供了用于接收和呈现存档的网络内容的即时通信（IM）风格的界面，以及用于检索以前存档的页面的搜索和回放服务，旨在供网络档案管理员、研究人员，以及任何想要保留网络内容并在未来访问它的人使用	17

续表

类别	名称	用途	项目数量/个
资源检索与发现工具	Apache Solr	作为 ApacheLucene 项目的开源企业搜索平台，其主要功能包括全文检索、命中标示、分面搜索、动态聚类、数据库集成，以及富文本（如 Word、PDF）的处理，其还可高度扩展，并提供了分布式搜索和索引复制	2
	IRS	可用于搜索引擎	1
	Lucene	作为一个开源的基于 Java 的搜索库，可为文本数据提供索引和搜索功能，其于 1999 年首次发布，可广泛应用于信息检索应用程序，是许多搜索引擎的核心组件，包括 Apache Solr 和 Elasticsearch	1
	NutchWax	作为一种馆藏网络档案的搜索引擎，其可与互联网存档 Wayback Machine、免费可用的 Wera 或 OpenWayback 应用程序一起使用，用户可以获得中小型网络存档集合的完整访问工具	8
	OutbackCDX	可用于网络存档的基于 RocksDB 的 CDX 服务器	2
	Solr	作为一个基于 Apache Lucene 构建的开源搜索平台，其旨在提供高度可扩展、分布式和容错的搜索功能，被广泛用于构建搜索应用程序和为各种系统提供搜索功能	3
	Trove	作为一个由澳大利亚国家图书馆提供的数字化图书馆和搜索平台，旨在为用户提供广泛的澳大利亚和国际文献资源的访问和搜索	1
	Wera	作为一个免费可用的解决方案，可用于搜索和导航存档的网络文档集合，支持对网络档案进行全文搜索，其组件可用于从互联网档案馆 ARC 文件目录中获取记录	2
数据处理工具	BCWeb	可用于网页开发	1
	Bagit 和 Bagger	为了解决传输和聚合期末内容带来的挑战，美国国会图书馆开发了 Bagit，这是一个开源 Java 库，用于支持许多机构之间的大规模数据传输。Bagit 还发布了 Bagger，它是 Bagit 的开源桌面版本	1
资源质量保证工具	COFRE	其是一个安全的档案保存系统	1
	DuraCloud	DuraCloud 提供了一个可扩展的云存储平台，使机构能够将其数字内容存储在云端，并保证持久性、可靠性和可访问性，其还支持自动化的数据管理任务，例如数据验证、完整性检查和修复	1

6.1.6　制度标准引导显著

6.1.6.1　制　度

在网络档案信息资源建设的实践进展中，制度逐步丰富，主要提供为什么做、如何做的依据和指引。

第一，较多顶层法律与政策明确赋予相关机构开展网络档案信息资源建设的义务与基本权利。国际上，联合国教育、科学及文化组织发布的《保护数字遗产宪章》、《数字时代的世界记忆：数字化与保存》（*Digital Memory of the World in the Digital Age：Digitization and Preservation*）、《关于保存和获取包括数字遗产在内的文献遗产的建议书》（*Draft Recommendation Concerning the Preservation of，and Access to，Documentary Heritage including in Digital Form*）等政策提倡记忆机构将数字遗产保护作为基本职能与日常性事务，而网络信息明确归属于数字遗产范围，使记忆机构将其纳入职责范畴。不同记忆机构各领域的法律往往也强调记忆机构的网络档案信息资源建设职能。例如，韩国国家图书馆自 2004 年以来依据韩国图书馆法第 20－2 条（网络资料收集），一直在推动其网络档案建设项目——在线存档和搜索网络资源（Online Archiving & Searching Internet Sources，OASIS）。此外，相关政策明确了网络档案信息移交保存的必要性，保障了相关机构接收、保存相关网络信息资源，建设网络档案信息资源的基本权利。例如，澳大利亚政府制定了相关政策，要求各级各类联邦政府依照归档网络资源：联邦政府网络文件保存行动指南，对其在线活动、交互信息和各种形式的电子出版物等进行保存；又如，美国国家档案和记录管理局也相继制定网络文件移交说明和网络文件管理指南，用以指导电子政务系统的网络文件移交与管理。此外，各国的缴存法主要阐明相关机构应向国家机构如图书馆缴存网络出版物，确保作为数字遗产的重要网络信息得到妥善保存。例如，瑞典 Kultutarw3 项目就是基于瑞典缴存法在 2012 年将电子材料纳入缴存范围的背景下展开的。

第二，部分政策法规与指南为网络档案信息资源建设提供方法和行动路径参考。联合国教育、科学及文化组织发布的《数字保存实施指南》（*Guidelines for the Preservation of Digital Heritage*）、《数字遗产长期保存遴选指南》指出需维护数字遗产信息的数字连续性、完整性、真实性、合规性与安全性，并建议在遴选阶段综合使用广泛性收集与选择性收集两种收集策略。这为网络档案信息资源建设在收集层面指明了实践需遵循的基本原则与具体的实施策略。我国的《重大活动和突发事件档案管理办法》同样为事件类网络档案信息资源建设提供方法思路，如该办法第四章提出的"档案馆和责任部门应当通过编制检索工具、建立检索系统、建设信息共享平台等方式，为重大活动和突发事件档案利用创造条件"，启示了我国重大事件网络档案信息资源建设的基本方向。

第三，各国的版权法通过对网络信息的收集和访问范围等作出规定，强调网络档案信息资源建设的合规性。在此框架下的行动策略，一方面包括在具体收集之前寻求版权许可，划定收集范围，并支持利益相关方要求删除或撤回敏感或不宜开放内容的权利。例如，美国得克萨斯大学圣安东尼奥分校网络档案项目制定删除政策，其条件之一是利益相关方认为该校在未经许可的情况下超出合理使用范围使用其网络档案，该校将接受反馈撤回相关内容。另一方面则是展开访问控制，通过限定网络档案内容开放范围、访问终端等措施以满足隐私及版权的要求，芬兰国家图书馆就是注重此方面合规性的代表之一，其基于该国版权法的要求仅授权该国 6 个法定缴存且未连接到互联网的图书馆终端提供网络信息的访问。

6.1.6.2　标准规范

标准规范一方面可用于规范网络档案信息资源建设在收集、组织、开发等多个阶段的具体行动，发挥行动指导作用，提升信息资源的全面性、规范性和互操作性等；另一方面可指引技术应用和工具开发，为其提供细化依据。在面向整体规范层面，部分标准如我国的《政务服务电子文件归档和电子档案管理办法》、《政府网站网页归档指南》（DA/T 80—2019），可视为在网络档案信息资源建设框架下的进展内容，适用于不同级别政府网站的网页文件，根据文件特性对收集、整理、固化归档、移交接收、存储保管、利用和鉴定处置等全过程提供建议。此外，保存格式、遴选和描述标准方面逐渐形成了更具体和系统的标准规范。

第一，国际和国内标准均涉及关于网络档案信息资源保存格式的规范内容。在国际层面，WARC 格式成为网络档案信息资源保存的推荐格式，在国际互联网保存联盟资助下，由互联网档案馆开发完成，《信息和文献 WARC 文件格式》（ISO 28500：2009）也于 2009 年 5 月正式成为国际标准，并于 2017 年被采纳为我国国家标准（GB/T 33994—2017）；我国的《OFD 在政府网站网页归档中的应用指南》（GB/T 39677—2020）也提供了政府网站适用开放版式文档（OFD）归档的建设技术建议，给出了网页元素及其转化为 OFD 的范围和规则及政府网站网页归档需考虑的相关因素。

第二，遴选的规范一般由记忆机构及相关专家确定，涉及网络档案的来源、内容主题、格式类型等方面，相关细则则依具体对象而有所不同。通过制定并遵循合适的遴选标准，可明确收集阶段的策略，由此建设出高质量、具有代表性的网络档案信息资源。在此方面，卢森堡网络档案项目围绕主题的时事性、内容与主题的相关性、公共利益与兴趣、信息的唯一性四个方面形成了遴选标准。其中，相关性可用于确定收集的深度（出于整个网站都不太可能与该主题相关的理由）；唯一性可用于确定收集网站的紧迫性和收集频率。例如，由于政党网站内容一般仅在竞选期间更新，且在新闻发布会、海报、宣传单中重复出现，由此可以仅添加一个网站作为种子，有助于系统地寻找并排除类似的网站。

第三，描述标准规定了如何对网络信息进行分类、编目、添加元数据等，便于高质量检索和利用的实现，相关元数据标准一方面涉及 Dublin Core、MARC 等国际通用标准，同时也涵盖各国家图书馆自身的馆藏描述标准，较为统一的元数据标准使用则将进一步促进资源的交换与利用。例如，芬兰国家图书馆采用 Dublin Core、ONIX、NewsML、MARC 等元数据标准对资源进行一般描述，且为了促进不同资源的互操作性，将相关元数据选定为芬兰国家图书馆数字资源统一使用的元数据格式。

6.2　实践不足的主要表现

面向国际至国内的实践，可发现网络档案信息资源建设实践尚有多方面的局限，主要体现为如下方面。

6.2.1 实践规模有限

纵观全球网络档案信息资源建设实践，已建成的资源规模仍较为有限，这既表现在行动数量有限，覆盖的地域范围较小，又体现在各个项目当前建成的资源总量较小。

第一，虽然开展网络档案信息资源建设项目的国家和地区日渐增多，但其整体覆盖率仍远远不足，项目多集中在美国、英国、加拿大、澳大利亚等发达国家。

第二，各个项目最终实际建成的资源总量较小。以资源规模较大的国际项目互联网档案馆为例，互联网档案馆从 1996 年开始面向全球用户建设网络档案信息资源，保存有自收集以来长达 26 年以上的网络档案信息资源。截至2023 年，互联网档案馆已建设了约 7350 亿个网页的档案信息资源；在其自主开发的 Archive – It 平台服务中，用户已上传、保存了超过 400 亿条网页记录，数据量达 PB 级，但这仍遥遥不及每日激增的国际网络数据生成总量。据全球数据资料库 Statista 统计，全球网络用户每天约创建 4.0274 亿 TB 的数据。❶ 可见，即使是国际领先的知名项目互联网档案馆，在网络档案信息资源建设总量上与对应的网络数据生成总量间仍存在巨大差距，更不用论及其他项目。总体上，资源建设总量达到 TB 级的项目仅占少数，如瑞典 Kulturarw3 项目、英国网络档案项目、奥地利网络存档项目等；不乏只建设了千个、百个或个位数网页档案信息资源的项目，或资源数据量在 GB 级的项目，如俄罗斯国家数字档案馆项目、美国佛罗伦萨国家图书馆网络存档项目、美国得克萨斯大学圣安东尼奥分校网络档案项目等。此外，本书收集的所有项目中只有 7 个项目将社交媒体信息纳入资源建设范围，但相关统计显示，视频流量占全球数据流量的一半以上。社交媒体上充斥着视频内容，如抖音完全基于视频，并且其用户群逐年增长。这意味着大量有档案价值的社交媒体信息未被建设成有效的网络档案信息资源。

在我国，网络档案信息资源规模问题同样严峻。国家互联网信息战略项目

---

❶ FABIO D. Amount of data created daily（2024）［EB/OL］.（2024 – 03 – 16）［2025 – 03 – 07］. https：//explodingtopics. com/blog/data – generated – per – day.

发布的最新数据显示，截至 2018 年，以国家图书馆为首的全国各级公共图书馆累计收集网站 23000 余个，而同时期我国以 . CN 为域名的网站总数已远超该数据，达到 2124. 3 万个。❶ 第 52 次《中国互联网络发展状况统计报告》已于 2023 年 8 月发布，基础数据量实现再一次突破。截至 2023 年 6 月，我国网民规模达 10. 79 亿人，域名总数为 3024 万个❷，这意味着我国实际建设完成的网络档案信息资源量与之差距有可能进一步加大。

6.2.2　实践深度受限

网络档案信息资源建设实践普遍呈现出对资源的开发深度较初级的问题。

第一，资源的开发颗粒度未达到充分数据级。大部分项目建设出的网络档案信息资源的形态较为原始，可供用户直接利用的数据和可应用的维度较少。在本书收集的 50 个项目中，有 43 个实践项目属于原态开放类实践，即对收集的网络信息只进行固化处理和数据提取，不进行额外加工或仅予以浅层开发，依据主题、形成者、形式等基本元数据项进行汇集呈现。甚至于一些经典、大型项目都维持着原态开发思路，如国际互联网保存联盟的内容工作组主导开发的一系列重大事件网络档案信息资源建设项目、英国网络档案项目、爱尔兰网络档案项目等。以爱尔兰网络档案项目为例，实践主体在爬取欲保存的网络信息后，依据标题、作者、日期、URL 和主题等常见元数据项著录、整合收集的网络原始信息，依次设计好存档材料的多种分类和检索筛选项后，公开网站URL 于 Archive – It 平台。此类实践最终开发出的资源成果以网站的外观呈现为主要目标，且大部分实践只支持利用者在线阅览资源，禁止用户下载资源数据。同时，只有极少数项目开发了多种格式的，元数据更加丰富、完整的网络档案开放数据与配套的 API 技术服务，但其资源规模十分有限。例如，法国网络档案项目建设有专门的网络档案开放数据集——法国的网域 URL 集和选举网站 URL 集，平均每个集合内提供了约 5 万个网站的 URL 数据；又如，俄罗斯国家数字档案馆项目只建设了 3 项专题类网络档案开放数据集，分别为"莫

---

❶ 中国互联网络信息中心. 第 42 次《中国互联网络发展状况统计报告》［EB/OL］. （2018 – 08 – 20）［2023 – 10 – 07］. https：//www3. cnnic. cn/n4/2022/0401/c88 – 767. html.

❷ 中国互联网络信息中心. 第 52 次《中国互联网络发展状况统计报告》［EB/OL］. （2023 – 08 – 28）［2023 – 10 – 07］. https：//www3. cnnic. cn/n4/2023/0828/c88 – 10829. html.

斯科回声"网络档案开放数据集、俄罗斯社交媒体网络档案开放数据集与俄罗斯政府网络档案开放数据集，其中最大的数据集容量仅有 300GB。

第二，资源的还原性、动态性不足。还原性不足体现在大部分实践建成的网络档案信息资源只是"有限固化"版本的网络信息。因此，大多数项目为原态开放类实践，其资源仅能重映网页在被收集时的基本外观与静态内容。较多实践并未收集网页中附带的动态插件、超链接等信息，无法在最终成果中完整重映所有网站内容。例如，英国网络档案项目表示由于技术困难，项目只能收集非常有限的社交媒体信息；又如，挪威网络信息存档项目的网络信息收集对象范围中明确不包含社交媒体信息。即使 WARC 格式已成为国际公认的最佳网络档案信息资源格式，仍有部分项目沿用较"固化"的资源格式；在我国，《OFD 在政府网站网页归档中的应用指南》等标准确定了 OFD 在网络档案信息资源建设中的使用优先级。

这可能导致大部分网络档案信息资源的完整性不足，丢失了许多重要的内容要素，又因网络信息的原始状态本身就是动态的，进而间接降低了网络档案信息资源的原始程度。网站中的网页与网页之间的相互链接关系会随时变化，其网页中的插件信息也属于动态信息，更何况每秒都在形成海量信息，通过用户的评论、回复、转发、删除行为高速生长，充斥着动态关系的社交媒体信息。网络档案信息资源若能在开发利用维度高度还原出这种动态变化，才可以保障网络档案信息原始性的理想状态。但事实上，大部分实践当前未能面向社交媒体信息建设出广泛可用的网络档案信息资源。例如，美国国会图书馆未能面向社会公开社交软件 X（原 Twitter）的利用，原因就在于欠缺相应的组织方法和资源。

第三，资源的配套利用服务不足。整体上，各项目面向公众利用开发的网络档案信息资源配套服务较少，很少能达到基础设施服务级的平台服务。一是多数网络档案信息资源平台提供的资源检索工具较为简易，通常只支持 URL、关键词检索字段与主题、时间、主体、类型、语言等基本的资源分类、筛选字段。二是各平台对资源的描述、导引服务不足，多数实践只提供了对资源专题的整体描述，且普遍较为简短，缺失对全部资源的导引和对每一条资源项目的介绍，不利于用户发现、挖掘资源主题。三是个别数据集构建类项目仅开发了 API 技术服务，再无提供更多面向用户的专门网络档案信息资源分析或二次开发工具。四是各实践并未开发大型专题数据库服务，而是更多聚焦于小型的重大事件主题资源集合，如国际互联网保存联盟开发的一系列重大事件网络档案信息资源，覆盖奥运会、残奥会等主题；同时，极少数容纳工具、平台、社群等多种利用服务在内的研究型基础设施平台并没有自主开发对应资源，且已暂停运营。

6.2.3　实践可持续性不足

从各项目的推进情况来看，网络档案信息资源建设实践在稳健性、可持续性上有所欠缺。一部分项目曾因资金、技术、伦理等问题而暂停，甚至有部分前沿项目已进入长时间的停滞状态。

第一，并非所有项目都在持续推进，部分项目曾因各类问题中断实践。例如，1996 年，布鲁斯特·卡勒（Brewster Kahle）和布鲁斯·吉利特（Bruce Gilliat）创立了互联网档案馆，在项目初始阶段，两人开发了 Alexa Internet 公司，利用它进行网络快照拍摄，为互联网档案馆贡献了初始资源，但 Alexa Internet 公司的经营权不属于互联网档案馆项目，它于 1999 年被亚马逊公司收购。其后，由于互联网档案馆需要开发自己的软件和技术来收集网络数据，因此直到 2003 年互联网档案馆和欧洲的一些图书馆的计算机科学家联合开发了软件 Heritrix，互联网档案馆才开始扩大网络信息收集范围，为用户提供稳定的资源服务；又如，俄罗斯国家数字图书馆项目建设的俄罗斯政府网络档案信息资源已至少连续三年没有更新，自 2020 年团队首次浏览该项目网站到现在，其公开发布的资源量一直维持在 300GB；再如，Arquivo. pt 是 ". eu" 域名网页档案信息资源的积极建设者，2014～2017 年进行了 3 次全域爬网，之后便停止了相关建设工作，而这是迄今为止已知的唯一专注于归档整个 ". eu" 域的综合性项目。其合作研究者表示，虽然 . eu 域是欧洲顶级域名，但在严格意义上该工作不属于任何国家级记忆机构的数字存缴范围，由于其持续的资源建设责任永远由 Arquivo. pt 承担也是不合理的，因此缺乏合适的责任机构和稳定的资金来源。❶

第二，部分前沿项目已进入长时间的停滞状态或被永久关闭。网络档案信

---

❶　BRUGGER N, LAURSEN D. The historical web and digital humanities：the case of national web domains ［M］. London：Routledge，2019；HOCKX – YU H，LAURSEN D，GOMES D. The curious case of archiving. eu ［J］. The Historical Web and Digital Humanities，2019：64 – 72.

息资源研究基础设施项目的代表 NetLab 与 Resaw 项目均面临此困境。Resaw 项目在 2017 年提交的资助提案未通过审议，此后，Resaw 的大部分项目计划暂停，仅保留两年一次的 Resaw 会议活动。NetLab 项目也进入调整阶段，其项目网站因未知原因关停，后续的资源与平台发展计划尚不明朗。

6.2.4　资源应用情况欠佳

网络档案信息资源应用情况欠佳指大部分项目的网络档案信息资源利用成效不明，即公布整体利用情况、利用案例的项目极少；而少数展示资源应用情况的项目所提供的资源宣传与二次开发服务形式也较为有限，服务场景有待拓展。

第一，在本书收集的 50 个项目中，仅 11 个项目展示了资源利用情况或具体用例，例如明日档案项目、爱尔兰网络档案项目、法国网络档案项目、比利时 PROMISE 项目、捷克网络档案项目、卢森堡网络档案项目、葡萄牙网络档案馆项目、新西兰网络档案项目、互联网档案馆与国际互联网保存联盟项目等。

第二，各项目围绕资源利用提供的资源宣传与二次利用服务不够丰富，以资源展览、会议交流与研究项目形式为主。互联网档案馆、法国网络档案项目等举办了数据马拉松等促进公众二次开发网络档案数据集的创新活动。同时，并无项目统计整体的网络档案信息资源利用和下载情况，而各项目组织的研究项目也主要是面向人文领域的研究者，可见各项目并未充分关注其资源的利用成效。

6.3　建设不足的归因分析

针对国内外网络档案信息资源建设实践存在的局限与不足，本书结合对计算档案学和档案信息资源建设的解析，依照计算档案学理论与方法要义，以及同网络档案信息资源建设的关联框架，可发现网络档案信息资源建设不足主要归因于计算思维融合不到位、利用导向显示度不足、技术部署与应用欠缺、主体协同机制未完善四个方面。

6.3.1　计算思维融合不到位

在指导方略上，计算档案学视角下网络档案信息资源的有关实践主要遵循的仍是传统理念，未能充分融入计算思维展开档案信息资源建设，导致网络档案数据化程度不够，档案信息资源建设的颗粒度较粗，资源建设方法停留在文件级开发层面。具体而言，计算思维与网络档案信息资源建设融合不到位表现为以下内容。

6.3.1.1　对网络环境下的档案认知扩展有限

在对档案及相关概念的认知上，计算档案学视角下网络档案信息资源的有关实践较多局限在传统的证据和记忆视角，缺乏对于网络环境下档案认知的拓展。一方面，在网络档案是什么和有哪些价值的问题上，既有的实践主体大多将网络档案视为文化遗产和记忆遗产。而信息技术的发展、网络空间服务于现实活动的定位等现实背景都需要将档案的认知从后端的文化记忆资源拓展延伸至前中端，以满足业务需要的数据资产和资源。另一方面，在对档案信息资源的认知上，由于有关实践主体大多为记忆机构，因此大多将档案信息资源定位为长期保存的文化记忆资源，注重挖掘和利用网络档案的文化记忆资源价值，而缺乏了解信息生命周期前中端的"业务"与"现行"价值。因此，在档案信息资源建设的认识上，已有实践大多将网络档案的资源建设局限于对资源的捕获和组织，着力于对于抓取捕获的网络档案资源进行描述、分类等有序化的过程。总体来看，有关实践仅将档案资源建设视为后段过程性环，并未考虑在信息全生命周期尤其是前中端予以部署，即尚未充分将档案资源建设与前端业务充分融合，没有深入考虑后端不同利用主体的需求展开资源的开发利用。

6.3.1.2　采用快照可视化，而非数据思维

网络档案信息资源建设遵循的是快照可视化方式，其指导思想不符合网络档案动态化特质的数据思维。在实践中，档案信息资源建设遵循两类思维：一类是快照思维，在网络资源建设中，尤其是在归档环节，多以网页快照的方式将网络信息固化为板式文件，无法反映网络信息的动态性、交互性等特征，也难以对网络档案资源进行深度的开发；另一类是"前信息化"思维，在网络

档案信息资源建设的各环节中主要是以元数据提挈信息组织的思路进行，而网络数据本身是动态和流动的，一次性固化元数据的方式难以将网络档案动态的特质保存下来。同时，多以网络快照的方式进行存档也反映出目前的网络档案资源建设缺乏对于前沿技术的融合、网络档案资源建设方法和手段落后等不足，网络档案信息资源建设的模式亟须变革。

6.3.1.3 档案化管理理念与方法融入不足

在网络档案信息资源建设中，档案化管理理念与方法融入较为有限。一方面，档案领域的理念和实践经验在网络档案资源建设中缺乏充分应用，由于开展网络归档和网络档案信息资源建设的主体大多为图书馆等记忆机构，因此实践中遵循的是图书馆的资源组织和资源建设思路，将网络档案作为出版物进行组织和开发利用。已有实践较少考虑网络档案作为重要的档案类型其来源同样是资源组织与资源建设的重要考量因素，鲜有将来源概念及来源原则融入网络档案资源建设中。另一方面，网络档案信息资源建设中档案化管理思路融入不足，已有实践大多将档案信息资源建设视为过程性环节，未能立足于前中端的场景与需求，在前中端依据网络档案的形成背景、格式等明确其长期保存的需求，也未明确网络档案信息资源在生命周期各阶段有何种的管理需求。

6.3.1.4 计算思维核心理念融入不足

计算思维核心理念融入不足也是网络档案信息资源建设存在局限的重要原因。一是计算档案学及其指导思想计算思维均以增值利用为重要内核，但网络档案信息资源建设中利用导向还不够突出，仅围绕资源本身进行开发利用。在网络档案信息资源建设前期缺乏增值利用的目标导向，对于利用主体、利用场景、价值取向等维度缺乏分析与布局。二是计算思维强调的系统思维要求将网络档案资源开发涉及的资源对象、方法流程、技术工具作为系统整体进行考量和规划，这要求以治理的思维对网络档案信息资源建设进行顶层设计，将网络档案信息资源建设涉及的各类要素优化配置。然而，有关实践仍停留在管理的思维层面，整体上缺乏对于网络档案信息资源开发利用的规划布局，细节上也缺乏各类技术适用于哪些流程、各主体应如何协调等方面的部署。

6.3.2 利用导向显示度不足

在资源建设流程方面，网络档案信息资源开发缺乏利用导向，缺乏对于各方需求的分析，资源建设流程及各环节存在与前端业务流程脱节、各环节间关联不足等问题，需进一步优化再造，其不足与不足的原因表现为三个方面。

6.3.2.1 需求导向不足

已有的网络档案信息资源建设大多将注意力集中到网络档案信息资源自身，依据其自身的价值和特质进行开发利用，缺乏对于各方需求的充分分析，网络档案信息资源建设的需求导向和利用导向不够明确。一是各利益相关者的需求分析有待更充分地收集与解析，也由此才可更明确网络档案资源建设的价值取向。例如，档案馆、网络平台、网络档案的形成机构之间存在的需求冲突并未得到有效分析和协调，围绕个人隐私和知识产权保护的讨论在所调查的项目中较为有限，未配置足够的制度依据。二是缺乏对各类潜在用户的需求分析，主要包括：①缺乏对于前端业务需求的分析，业务需要要求网络档案保存多长时间、网络档案的即时存档如何服务当下的社会活动、网络用户或平台等并不明确。②缺乏对于重要利用主体如学术利用群体和政府的需求分析，未能针对学者学术利用的需求展开针对性的网络档案资源建设。③对于广大的社会个人用户，网络档案信息资源建设并未充分考虑他们的需求，这体现在开放利用的功能支持局限之中。

6.3.2.2 流程再造缺失整体性

网络档案信息资源建设流程缺乏整体性。一是网络档案信息资源建设与前端业务流程衔接不够顺畅，尤其是记忆机构主导下开展的网络档案信息资源建设极少考虑与前端业务流程的关联，对网络档案形成的背景缺乏关联；而网络档案作为现实业务的重要产物，网络档案信息资源建设需明确网络档案信息资源嵌入哪些业务节点、与业务如何融合、如何满足前端业务需求。二是网络档案信息资源建设对利用需求的支持不足，尤其是网络档案信息资源开发利用的知识化、产品导向还不够突出。已有的网络档案信息资源建设方式一方面是以用户为中心，将网页视为独立单元，按照用户的需求组织网页，用户通过 URL 链接或利用搜索引擎找到所需的网络档案信息；另一方面是以资源为中心，网页不被视为独立的单元，而是将文本、图片等视为资源单位，建立网络档案语料库以便后续的利用。这两种方式的最终产出均不是直接的知识或知识产品，更多是作为基础资源便于后续的开发，不能直接支持用户的利用需求。此外，网络档案信息资源建设主要是各类记忆机构开展从存档到资源建设的流程构建，起点均为对网络档案的捕获归档，将其视为文化记忆资源进行挖掘利用，并未从业务视角出发将网络档案信息资源建设嵌入完整业务流程中。因此，前端缺乏从业务视角出发对于应归档哪些档案、保存多久、如何开展资源建设、资源建设如何同业务环节融合的设计与考虑。在网络档案信息资源建设中，捕获、归档、开发、利用各环节之间的集成不足，如较少考虑开发需求要求前期归档应采取何种策略与技术，缺乏从整体视角对网络档案信息资源建设的顶层设计。

6.3.2.3 资源建设各环节未能优化提升

网络档案信息资源建设各环节也均未能实现优化提升。一是网络材料的处理并非以知识提取为目标，对于网络材料的加工处理多注重网络材料的有序化组织，并非以对网络材料的知识提取、用户的知识化利用为目标。二是捕获、组织、处理、开发等网络档案信息资源建设环节未达到数据层级，既有的实践大多以网页快照方式将资源固化为板式文件进行后续的开发利用，缺乏对于网络档案的数据化处理。三是网络档案资源建设未以产品为导向提供利用，已有网络档案资源建设提供的利用形式多为语料库等需要进一步加工利用的形态，而不是直接可以利用的知识产品。四是网络档案信息资源建设流程自动化和智能化程度不足，人工智能等新兴技术的融入不够充分。

6.3.3 技术部署与应用欠缺

6.3.3.1 尚未形成完善的资源建设技术方案

网络档案信息资源建设实践与技术的融合有限，普遍缺乏完善的资源建设技术方案，对网络档案资源的规模化、优质化、数据化建设支持程度不足。具体表现为以下两个方面。

（1）技术方案设计缺少问题及需求导向

资源建设技术方案的设计与开发没有面向网络档案信息资源建设实践的多样化场景及其存在的具体问题或需求展开，已有实践的技术应用大多体现为单个技术工具的开发。

一是技术的选择与应用没有充分参考网络档案信息资源建设不同目标导向、对象范畴、建设方法等维度的需求，以设计针对性的技术方案。例如，以保存互联网时代社会记忆为导向的资源建设项目追求网络档案的全面捕获，从不同方面、不同层次、不同视角记录网络空间的社会活动，技术方案应支持其大批量、高效率、自动化地收集网络档案，并从主题、人物、事件等多维度整合资源，进而还原和呈现社会活动；以研究服务为导向的资源建设项目则力图为研究人员提供数据层级的网络档案资源服务，技术方案应支持其建设数据颗粒度的资源体系，并且捕获和著录更全面的元数据、开发网络档案数据挖掘和分析服务。

二是技术方案尚未覆盖网络档案信息资源建设的全流程，网络档案捕获、整合、开发等具体环节仍存在技术问题，亟须解决。现有实践的技术应用通常集中在资源捕获部分，如使用自主开发工具、自动脚本或知名网络收集工具Heritrix、Archive – It 等开展批量爬虫活动，而网络档案资源整合与开发相应的技术部署较少。首先在资源捕获环节，尽管该环节的技术解决方案相对丰富和成熟，但无法通过静态链接获取的、需要用户注册后才可见的深层网页应如何捕获，捕获过程中噪声数据如何识别、筛选等问题还需要在技术层面进一步探索；其次在资源整合环节，面向网络档案庞大的数据量、多样的数据类型、动态复杂的数据关联关系，技术如何辅助或支撑网络档案的质量检查与修正、丰富描述性元数据以及资源的分类与整合等成为关键问题；最后在资源开发环节，网络档案资源的检索、数据挖掘与分析、数据产品的开发等则依赖于新兴智能技术的充分应用，这部分技术工具的开发尤为欠缺。

（2）基于资源建设难点的技术创新有限

网络档案信息资源及其建设工作的特殊性使得在档案信息资源建设等领域常用、通用的技术手段或工具不能完全适配其实践要求，有待基于实践难点进行技术创新。

一是网络档案数据结构异质复杂。网站是由 HTML 文件、图像、视频、脚本、超链接等多类型数据共同组建的集合，同时超链接还建立了网站内各元素之间的，以及与其他网站中元素的跳转路线，因此网站除了视觉呈现的信息，还包括大量隐藏数据。由此，开展网络档案信息资源建设有必要明确选择何种技术处理、组织与整合如此庞大且复杂的网络档案资源，使用怎样的技术从中识别、提取、关联数据元素，并明确相应的技术应用策略。例如，网络档案中视频、图像等多媒体内容包含的信息量大于文本信息，网络档案检索方法需从静态的文本内容检索拓展到对图像中各要素的识别、动态视频信息检索等多个方面，并形成数据驱动的检索规则，而相应的技术开发方案有待明确。

二是网络档案未建成完备的数据体系。网络信息的大体量使得存档机构需要制定存档策略进行筛选以确定存档范围，包括特定网络域、网站类型、网站元素、归档深度、文件类型等维。网络档案与实时网络内容相比缺失了部分原生网络信息，甚至存档策略的不合理会导致网络信息的重复抓取、部分信息收集的空白。同时，不同国家、不同机构立场的差异也会影响对网络信息的价值判断、存档策略的制定。因此，面向存在知识缺口的网络档案资源，如何在技术层面规避这一问题带来的影响，开发高质量、可重用的网络档案数据产品，需要进一步探索和试验。

6.3.3.2 缺少促进资源利用的配套技术工具

网络档案信息资源建设的最终目标是促进网络档案的有效利用和服务，由此应实现资源、平台、技术等要素的关联整合，然而已有实践大多集中在资源建设的前端，仍需面向利用需求进行拓展。

一是有待建立集成资源开放利用功能的平台。在利用导向下，网络档案信息资源建设可以被看作资源收集、组织、整合、开发的连续整体，而平台既是资源建设方实现网络档案集成、重组、再现的基础设施，也是用户浏览、获取、使用网络档案的窗口和渠道。然而，由于现有实践项目建设的资源集成平台在开放利用功能方面重视不足，因此结合网络档案信息资源的特性，开发资源检索、分析、挖掘、可视化等功能需要被纳入平台建设的整体框架之中。例如，人工的、单一的、线性的、以文件为中心的访问方式难以处理庞大的网络档案数据集，当前的实践难以以信息、数据层的角度为基础，打破单份网络文件之间以及文件内部各元素之间的界限。因此，用户较难在不同的数据细粒度的档案材料中进行检索、关联和聚类。同时，考虑到用户类型的多样性、对网络档案信息资源的熟练程度不同，在配备完善的利用支持功能如导航、互动、帮助等方面也有局限。

二是辅助资源开发利用的技术工具有限。当前网络档案信息资源建设的国际标准要求以 WARC 格式保存网络档案，该格式的通用性程度较低且学习成本较高。同时，网络档案资源结构和内容的复杂性也为资源的处理、分析与挖掘带来难度。然而，面向用户个性化的开发利用需求和技术障碍，现有配套的数据处理和分析工具提供有限。例如，在数据处理方面，未提供全面支持创建数据子集的技术工具，用户难以在原始资源集的基础上创建稳定、边界明确、结构化的数据子集，直接影响开展更集中的网络档案处理和分析工作。

6.3.3.3 有待补充数据技术批判应用的规则

人类世界的数字转型带来社会活动的全面数字化，运用数字技术与工具认识问题、分析问题、解决问题成为优先考虑事项，但同时也应保持理性，以批判视角看待技术应用问题。而当下的网络档案信息资源建设实践中也欠缺相关规则的引导。

一是尚未充分认识到网络档案信息资源建设中技术应用可能存在的问题。例如，关注技术应用中可能引发的数据安全、个人隐私、知识产权、被遗忘权等风险。由于数字技术的广泛应用，因此网络档案信息资源中不仅包含由政府机构等形成的公共信息资源，而且包含由公众形成的私人信息。而在运用数字工具进行全面捕获、资源整合和开发过程中，如何避免隐私泄露、侵犯知识产权等问题在实践中未能得到充分考虑和解决。又如，放任对数字技术的依赖可能导致技术决定论等思想，而忽视了相应管理制度、规范等的系统建设，弱化了社会、文化、伦理等因素对网络档案信息资源建设的影响，进而导致资源建设成果的混乱。

二是有待建立数据技术批判应用的规则。在网络档案信息资源建设的现有实践中，尚未建立批判性应用数字技术与工具的规则，就技术工具如何选择、如何应用、技术应用的适应性与非适应性等问题缺少说明。

6.3.4 主体协同机制未完善

计算档案学为网络档案信息资源建设提供了协同视野，现有实践参与主体愈加多样，然而各主体角色定位、协同框架、协同方式等仍有待明确，网络档案信息资源建设作为新兴的探索性事务缺乏系统的组织架构支持。

6.3.4.1 学科的理论引领性参与有限

由于网络档案信息资源建设的复杂性和关联性，单一维度的路径并非解决之道，仅仅依靠实践探索亦有局限，因此学界的充分参与极为必要。在理想状态下需要档案学、计算科学、数字人文等多学科的参与，并贡献理论与方法，解决实践中的问题与障碍。然而，当前理论指导未充分构建，由于计算档案学处于初步的构建进程中，因此面向新问题未能及时提供有效的理论与方法指导。

一方面，计算机科学的参与有限导致网络档案信息资源建设难以适应当前的技术发展环境。网络档案信息资源建设由于档案的高质量要求，因此落后于现行的网络数据建设与开发方法，同时新兴数字技术如何在其中应用并充分发挥其优势也存在问题。另一方面，档案学科的参与不足体现在计算档案学并未充分面向网络空间进行探索，主要侧重于档案对象的数据化和数据方法与技术在档案管理中的应用。同时，在计算档案学对应的实践探索中，尚未面向网络档案信息资源的全过程细化与设计对应的"计算问题"。因此，全面的顶层设计与相应的实践规划均有诸多可建设之处。此外，网络档案信息资源建设还涉及司法、政治、社会学、艺术等领域，具体有哪些问题以及对应的解决之道，都需要回归理论层面扩展识别新问题、新方法、新思路。

6.3.4.2 资源建设主体的多元化不足

在网络档案信息资源建设的现有实践中，记忆机构、官方文化部门、学术机构、社会组织、企业等成为重要的参与主体，然而相较于网络档案信息资源覆盖的利益相关群体而言，仍存在主体多元性不足的问题。

从角色定位来看，参与主体较为局限，多元化程度低。已有实践中各类参与主体多为资源建设的发起方或主导者、监管者、执行者，为支持网络档案信息资源建设，提供实践所需的技术、资金、人才、基础设施等，确保资源建设的可持续、高质量和稳定发展。由于作为网络档案信息资源需求方这一角色定位的多元主体，如科研机构、图书馆、档案馆、公众等，其参与力量尚未得到充分挖掘，因此有待吸纳不同需求的资源用户参与到资源建设的方案设计、具体行动中来，推动资源建设的目标及方法进一步优化。例如，不同需求导向的用户所需的网络档案信息资源、资源形式、资源利用方式等也存在差异，科研机构将网络档案视作数字时代学术研究的重要研究资料之一，公众认为网络档案是记忆建构重要的基础资源，政府等机构则将其作为业务活动开展的凭证和参考资料之一，而当前的网络档案信息资源建设通常基于单一的目标导向，没有考虑如何满足多样化用户需求。

从参与程度来看，多元主体定位模糊，参与深度有限。大部分主体在现有的网络档案信息资源建设中仅为间接参与或是偶发性、间歇性参与，并未达成多元主体参与的成效。例如，国际互联网保存联盟由来自全球多个国家、大学和地区的多个图书馆和档案馆共同组成，由于各成员以参与短期或长期项目的工作组形式展开合作，部分机构如中国国家图书馆虽然加入了联盟，但没有实际参与具体的资源建设项目，因此项目资源结构也偏重积极参与其中的国家或地区。又如，大量网络档案信息资源建设项目都保留了公众贡献的渠道，鼓励公众提名希望捕获保存的网站或社交媒体，然而公众的贡献积极性较低，大部分资源仍是由技术工具全面捕获或专家团队选择性捕获。因此，如何有效引导、协调、激励各类主体的参与意愿和动力，构建协作聚合的多元主体框架需要进一步明确。

6.3.4.3　主体协同尚未形成治理模式

已有实践中，各主体的参与更多是为组织网络档案信息资源建设而联合行动，并未构建起网络档案信息资源建设的规则体系与相关要素，最终未能形成多主体的协作治理模式。

第一，档案机构的主导参与不足。一是档案机构在当前实践中的主导地位尚不突出，大部分网络档案信息资源建设项目由图书馆主导。尽管图书馆在积极吸纳数字存档的理论，改变已有认知和方法，以优化网络档案信息资源的建设方法，但档案机构在长期实践中累积的建档及档案管理方法在确保网络档案信息资源的长期可用性、真实性、完整性等方面更具优势。二是即便档案机构发挥主导作用，也没有覆盖多元主体的网络档案信息资源协同治理模式。例如，网络档案信息资源建设的制度机制建设缺失，包括资源建设规则、规范、标准、程序、协议等。因此，资源建设各主体的责任分配、关联互动关系、协同方式与路径等要点尚不清晰，有待提升主体结构的稳定性和协同互动的方向性。

第二，尚未形成治理模式下的多要素协同，包括理念目标、信息资源、技术工具、制度标准等。尽管主体协同是构建网络档案信息资源建设治理模式中重要的一环，但不应仅限于主体层面，需要在主体协作的基础上实现多要素的集成、共享和互动。例如，技术工具的有效供给和互通共享，可支持网络档案信息资源的协同建设、整合与开发，在为各主体协同提供互动平台的基础上，也为网络档案的共享开放奠定统一的技术基础。然而，有关实践更多是在发展中探索，前瞻性的部署和协调有所欠缺。

第 7 章
计算档案学视角下网络档案
信息资源建设的优化模式

通过理论分析与实践解析，网络档案信息资源建设的优化方向进一步得到发现。基于计算档案学的理论内涵、方法要义以及实践经验，网络档案信息资源建设的优化模式可从如下方面得到构建，如图 7 - 1 所示。

7.1 理论内涵：优化模式的构建基础

当下，无论是实践者还是学者，对网络档案信息资源建设的理解差异或局限都是影响实践规模与深度的重要因素。计算档案学由此为网络档案信息资源建设的优化模式建设提供参考，以应对动态变化的网络空间。于网络档案信息资源建设而言，计算档案学的引入为其模式的构建首先是确立了优化变革的前提，随之为具体实践提供更完备与适用的方向性的理论指导。

7.1.1 立足数据情境的概念重构

概念方面，网络档案信息资源建设需要分解为多个核心术语，并立足网络空间所建立的信息、档案情境来重构概念。

一是深化网络空间的认知。网络档案信息资源建设的基本前提是以网络空间为档案活动的前置情境，深化网络空间的认知是建构更优网络档案信息资源建设理论、方法以及实践路径的必然要求。因此，要通过认识网络空间的建构

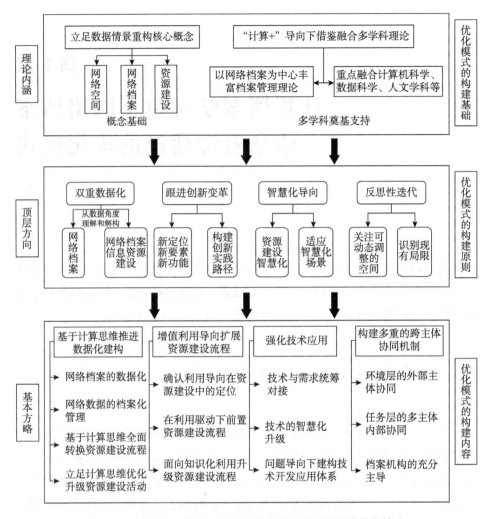

图7-1　计算档案学视角下网络档案信息资源建设的优化模式

与运行机制以及深入调查网络空间中的信息与档案现象，从档案视角理解并界定网络空间。换言之，"网络空间作为档案库"的诠释将形成网络档案信息资源建设的理论基础，以下三点应当得以明确：①可从信息视角认识网络空间，即网络空间中各种社会活动以信息为媒介展开，信息也作为活动结果留痕于网络中，这种信息过程与结果共存的模式，映射出网络空间社会活动平台与活动记录库兼具的属性，即网络空间广泛建设相应产生复杂的信息生成与传播机制，呈现出海量交缠叠加的信息与信息现象。②网络信息的档案特性需要重新识别与解读，要依循网络空间的特性理解档案的背景、内容、形式特征、档案属性如原始记录性与真实性、档案价值等，如档案边界的重新确认、档案来源更加复杂、档案价值更体现社会与个人视角、数据属性更加充分等。③网络空间有其特性，将影响其利益相关者的行为模式，包括档案管理。一方面，网络空间的组织、制度以及价值机制与网络空间信息档案化管理的复杂性，均要求包括网络档案信息资源建设在内的档案管理活动融入参与式管理的方法。另一方面，因为网络呈现出非线性的时空场景，所以网络档案信息资源建设要实现全方位的流程再造。

二是丰富网络档案的认识。网络档案并非网络与档案的简单叠加，既要如前文所述去深刻理解网络空间的特质及其对档案的影响，又要明确档案在网络空间中需要有哪些认识上的变化。①网络档案、网络信息、档案之间的边界需要明晰。一方面，相比网络信息，网络档案是指那些更需要长久保存且更接近社会活动原始记录的信息。因此，在活动记录与出版信息之间，可纳入网络档案范畴的是前者。换句话说，对网络档案的理解，还是要遵循档案是社会活动记录的视角。另一方面，相比于相对传统的档案，网络档案还是存有"泛化"的特性。网络档案的原始记录性和真实性不能得到"绝对"保证，这在于网络平台可能不是记录的首发平台，也在于网络平台确实无法绝对确保信息的准确性，但可以通过政策、标准、技术提升控制力度，而不是以档案的绝对要求来限制"存档"行为而造成网络档案的流失。换言之，一定程度的数据噪声和质量局限应当是被允许的。②档案的认识视角需要更多元。一方面，社会与个人的档案由于网络用户的基数将更具数量优势，因而无论是对档案的属性界定还是价值认知，都要考虑围绕社会与个人作为利益相关者的视角与需求。例如，个人档案、社群档案相对宽泛的内容、形式、属性要求要得到考量。另一方面，为更贴近网络空间服务于现实活动的定位，档案的认知需要相应调整，对档案的认识要从后端亟待传承的文化遗产延伸到前中端的满足业务需求的数据资产与资源。进一步来说，网络档案的实践中，网络档案形成者及其利益相关者需要得到更多关注，在此定位下如何理解档案的价值形态与资源建设要求同样需要深入思考。

三是扩展资源建设的内涵。由于计算档案学的提出已明确体现了档案管理需要全程体现增值利用，且网络的非线性时空特质同样影响档案管理，因此网络档案信息资源建设的内涵已非孤立地强调将档案材料变为资源这一活动本身。换言之，网络档案信息资源建设需要从以下三大方面扩展内涵：①强调智慧和价值生产的目标，即网络档案信息资源建设不仅是为了将档案材料有序化，而且要更加对接利用需求，尤其是数字产品与服务的开发要求。因此，更要做好从形成者到向社会开放所涉及的用户群体、利益相关者的识别，并在协同框架下对需求、风险、权益、职责等要素予以综合分析，由此深入理解利用的具体导向。②强化基于数据颗粒度的建设模式。换言之，网络档案材料的资源建设要面向数据层级予以布局，从技术开发到设计思路要更加体现数据化开发的潜能与方向。③网络档案信息资源建设应不局限于档案对象，在利用导向下也要考虑如何将促进和保障资源成果利用应配置的各要素纳入其中，这就需要在实际中明确有哪些要素，与档案对象什么关系、有什么要求等。

7.1.2 "计算+"导向下的多学科借鉴融通

于网络档案信息资源建设而言，已有的档案管理理论可提供基础性和方向性的支持，但尚需面向更复杂多样的数字场景形成更具针对性的理论体系。计算档案学以超学科为目标，所引导的多学科借鉴融通面向网络档案信息资源建设这样的复杂事务，恰好可以提供更丰富的理论指导，帮助其设定更明确的方向与原则，以指导开展更系统的实践。

一是以网络档案为中心丰富档案管理理论。针对网络档案的内容、形式、背景特征，两大方面的理论扩充体现为：一方面是以档案多元论加强指导，深化扩展对网络档案多元档案对象、利益相关者、场景的认识，并用于映射至更加协同全景的档案管理中。档案多元论提出：相对于政府或居主流地位的组织机构通过档案来构建它们的集体记忆，非官方机构更关注个体与被边缘化的非主流群体的记录，需要将其纳入以构建更为多元的记忆。此外，全球化进程中，各国与地区档案研究或实践机构加深合作，有着愈加统一化的趋势来达成一致的管理标准、行动等，多元化的视角要求关注那些本土的、地方的档案、档案实践以及档案学研究活动，关注它们宝贵的异质性。例如，各地不同的法律法规体系，是遵循连续体理论还是生命周期理论，各国档案馆是如何界定文件的，术语有什么不同。面向网络档案信息资源建设，档案多元论的指导方向在于帮助网络档案信息资源建设关注以下三点内容：①由于网络档案于不同场景、主体、平台等要素中可以有不同界定，因此要加强不同要素背景下的网络档案信息资源建设现象分析与确认，识别共性与差异，以此作为求同存异的前提。②在网络空间共建的背景下，由于网络档案信息资源同样需要协同共建，因此需要解析出多元要素较为通用的"组合"，而从整体上设定可以更加包容和多元的档案系统，可以面向不同的要素表现确定网络档案信息资源建设的总体方法、路径及其要求。③发现不同要素表现的背景下，确认哪些是需要被保护的"特殊性"，以此在平衡整体利益和多样性的前提下确定网络档案信息资源建设基本方法与策略。另一方面是进一步加强对个人数字存档、个人档案管理、社群建档等相关理论的融通。如前文所述，网络档案需要扩充个人与社会视角，对档案是什么的解释、档案管理有怎样的规律与方法的思考，相应需要考虑个人与社会因素，如个人的档案管理行为特点等。因此，网络档案信息资源建设要在上述理论的指导下加强个人、社群、社会的研究，将已有的有关个人档案、社群档案、社会档案共建等方面理论成果用于网络档案信息资源建设理论体系的建设。例如，个人档案管理环节要实现和网络档案管理环节的交叉比对，以此指导网络档案信息资源的流程再造。又如，围绕个人档案管理，累积与囤积的现象相对广泛，鉴定与保管的特质弱化，相关研究成果就可以用于指导网络档案信息资源建设中个人需求的特征发现与协同框架下的职责配置。

二是以"计算+"为导向融合多学科理论。计算档案学更多的是实现方法层的建构，在理论方面仅指出超学科或跨学科建构者的基本方向，如前文而言，网络档案信息资源建设可作为丰富计算档案学的重要"试验场"。在此背景下，网络档案信息资源建设自身的理论扩充同样可借鉴计算档案学所提供的超学科融合这一根本方向。因此，可重点融合的学科体系包括：①计算机科学或数据科学。除了下文在方法层要提到计算思维，计算机科学与数据科学中的理论要义同样需要梳理融合。例如，有关来源、归档等核心概念，需要实现同档案学的对接。②为了体现网络档案信息资源建设同前中端业务流的融合，企业管理、公共管理的前沿理论同样需要学习和应用，企业治理、社会治理、职能与业务分析等相关理论与方法有待深挖。例如，社会治理理论可用于指导网络档案信息资源建设在多元主体协同、管理要素顶层集成、面向过程的要素构想等方面的具体设计。③由网络档案后端利用所驱动，以历史学、政治学等为代表的人文学科的理论指引和关联也是网络档案信息资源建设所需，尤其是计算档案学同数字人文有诸多相关之处。数字人文作为认识论与方法论要帮助网络档案信息资源建设在理论层面充实认知、工具、流程的总体理论框架。例如，数字人文可用于指导将数据集、数据产品与服务、相关配置保障等关联为体系化的网络档案信息资源建设对象及其内容；将数字人文的开放性知识生产模式应用于网络档案信息资源建设创新机制的构建等。

7.2 顶层方向：优化模式的原则要义

除了落实概念基础与多学科奠基支持，优化模式的创新构建更是要深刻理解与融合计算档案学的理论内涵，从其顶层方向设定原则要义。

7.2.1 双重数据化

于计算档案学而言，从数据视角来重构档案活动是基础，网络档案信息资源建设在此思路下要实现双重的数据化映射。

一是从数据角度认识与理解网络档案，即网络档案信息资源的建设对象。一方面，既从整体上明确数据流如何构建了网络空间，又从微观角度理解数据如何构成了社会活动的记录，由此形成了内容、形式与背景特征，据此确认数据对档案属性及相应的资源建设带来了怎样的影响。例如，网络档案信息资源建设在档案对象层的数据颗粒度构建成为基本要求。另一方面，网络档案从档案本质属性出发反向影响数据的相关要点也得到明确。具体来说，档案要求以人可读可用和有序化的特质同样要求有一定的举措有效应对数据流的复杂多变与仅机器可读的特性。因此，这也需要对网络档案信息资源建设设定相应的基准线，确保资源建设的方法符合档案要求。

二是将网络档案信息资源建设予以数据化解构。计算档案学不仅建议将档案对象予以数据化，而且强调将档案活动转化为数据生态中的数据现象和模式。换言之，网络档案信息资源建设是将数据技术作用于数据对象，而其他相关要素如主体、制度、流程等同样可以转换为数据方式进行表示。在此视角下，网络档案信息资源建设可以充分表达为数据活动，以数据的方式予以呈现、分析、优化，转化为适应于计算控件的运行要素、现象、方法、模式等，这为相应的数据工具开发、数据方案设计等提供更充分的基础。此外，通过数据化表达，网络档案信息资源建设作为数据现象，如何同网络空间、数字档案空间乃至网络空间所服务对接的现实空间实现更密切的连接的问题至关重要。解决此类问题有助于网络档案信息资源建设用于探讨数据同社会的关系，以进一步探索更多元和更优的手段来解决现实问题与满足现实所需。

7.2.2　积极跟进创新变革

计算档案学内含创新变革需求，其所关联的计算社会科学更是强调通过数据收获新视角、新见解、新工具等，网络档案信息资源建设同样强调创新变革。

一是围绕网络和数据认知带来的变化，明确网络档案信息资源建设的新定位、新功能、新要素等。具体来说，网络档案信息资源建设在当下的数据观与数据应用趋势下：一方面，要深挖面向现实活动的"业务"应用场景，由此扩展网络档案信息资源的对象、方法、流程等。例如，数据资源化、要素化背景下如何服务于各项当下的社会活动是关键导向，这都将扩展网络档案信息资源的地位用于定位，并为其探索出更全面、更具深度的实践路径。同时，也为网络档案信息资源建设寻获新方向、新问题、新目标。例如，网络档案信息资源建设如何同凭证需求深度融合。另一方面，基于新数据、新实践丰富网络档案信息资源建设立足文化遗产传承的理论与实践。例如，在文化数字化的背景下，在社会与个人数据日趋增多的情况下，如何跟进创新开发数据产品与服务的导向优化资源建设，有待识别相应的技术、管理、司法、伦理等新问题，随之确认创新性的解决之道。

二是立足网络空间的建构机制，网络档案信息资源建设有待社会全景参与的变革方向有待构建出创新性的实践路径。换言之，网络空间的数据由各方生产、贡献、使用，资源建设乃至后续的产品与服务开发同样要涵盖各利益相关方的参与。在这一过程中，需要面向不同对象、主体、时空条件等要素的复杂表现建立更适用包容的网络档案信息资源建设模式，并探索可行的实现方法与路径。例如，网络档案信息资源建设要体现出各方参与的设定。此外，还涉及相关保障要素的创新配置。例如，相关政策法规需求如何体现于网络、数据、档案相关的制度中，社会的档案与数据素养如何明确与培育，多元主体合作的组织方式如何设定等。

7.2.3 凸显智慧化导向

计算档案学所彰显的智慧化导向既是背景也是目标，这同数据情境的持续发展密切相关。于网络档案信息资源建设而言，智慧化导向体现为如下方面。

一是网络档案信息资源建设自身更加智慧化。网络档案信息资源建设涵盖多元利益相关者，本身也涉及不同要素与流程，对实践主体而言较有"工作量"负担。同时，网络档案信息资源建设对专业素养与技术能力均有要求，这从准入门槛上限制了多元主体必要与有效地参与。因此，网络档案信息资源建设需要依托数字技术实现更具体系的智慧化。一方面，细化网络档案信息资源建设的流程与对应的需求分析，由此为其配置更多智能化的工具，减少人工参与。另一方面，网络档案信息资源需要融合计算思维的方法，将其系统转化为数字技术直接应用的问题及其方案构建，实现网络档案信息资源建设自身整体的智慧化。具体来说，需要全面探索如何充分应用和开发技术，在不同场景下依据不同条件自动开展适宜的网络档案信息资源建设，以满足各方需求。例如，区块链的智能合约可探索运用在网络保管中，在不同条件下触发网络档案信息资源的不同行为。此外，随着大语言模型的热潮推进，人工智能进一步融入人类社会数字转型，从知识服务到行动智能化将有较大发展空间，这也是网络档案信息资源建设的重要发展方向。

二是网络档案信息资源建设需要将智慧化的场景纳入其中予以变革创新。具体来说，网络空间已非人类的绝对主场，生成式人工智能的发展也意味着数据的形成、处理、管理与利用主体也涵盖了人类难以识别的人工智能。在此背景下，网络档案信息资源建设需要考量两个方面的问题：一方面是生成式人工智能等人工智能应用将广泛参与网络空间的构建，社会活动的记录亦无法将其完全剔除，其所形成的数据的档案价值、档案属性需要构建相应的认定标准。例如，更充分的背景与过程数据是必要的。另一方面是人工智能如何充分纳入建设主体之中。除了前文所提及的工具属性，人工智能及其应用方如何协同参与网络档案信息资源建设也需要从法理、伦理，以及管理实践等方面提供可行策略。

7.2.4　反思性迭代升级融入其中

计算档案学强调的场景多样性是面向发展中的时空，这也意味着变化和变化带来的风险需要在网络档案信息资源建设的优化模式构建中纳入考量，也就是在批判反思中强调迭代升级。

一是从网络空间整体至其各构成要素，均在变化发展中，意味着网络档案信息资源建设从其行动背景到自身内涵都有诸多动态调整的空间。从空间分布来看，从全球到国家或地区，再到不同组织机构、群体、个人或是网络平台等不同空间内，文化情境大不相同，数据技术发展水平也不尽一致，主体需求与能力也具有差异，这本身就要为网络档案信息资源建设积极识别可变化之处。从时间演进来看，上述空间更是具有变化的可能，网络档案信息资源建设的及时跟进成为必需，在智慧化的导向下要做好迭代升级的辅助。

二是需对照网络空间中数据对象的特质，动态识别与应对网络档案信息资源建设局限。一方面，数据安全与权益保障的风险应当得到关注，网络档案信息资源建设涉及多方的数据权益，如何避免伦理风险与利益损失，要从主体需求到保障要素配置予以明确，更要立足未来视野做好流程以及技术方案设定。另一方面，网络档案信息资源建设如何同其他类型的档案信息资源建设实现对接融通同样重要。由于不同类型的档案信息资源建设有专有实践，且主体、对象、方法、流程、保障等要素难以绝对互通，因此如何在倡导数据资源一体化的背景下，既能明确区分边界，又能实现建设模式、方法、过程到成果的潜在互通，有待在更整体的档案管理框架下进行讨论。

7.3　基本方略：优化模式的主体内容

对照计算档案学方法层的基本内容，融于网络档案信息资源建设的相关要素，网络档案学信息资源建设优化模式在主体方略层应有如下表现形成其主体内容。

7.3.1 基于计算思维推进数据化导向的创新建构

网络档案信息资源建设的数据化导向充分，如何从对象到整体作为体系的建构实现数据化，需要有效借助计算思维的理念、方法和知识。这需要在整体上确定计算思维的应用导向，主要从如下方面达成。

7.3.1.1 网络档案的数据化

网络档案信息资源建设在数据技术发展与数据战略推进的背景下，先实现的是档案对象的数据化构建。换言之，网络档案信息资源建设的实践升级中，无论档案材料原始形式如何，数据形态是资源建设必备的形式之一。

一是非数据形态的数据化加工为初级工作，主要分为两种情况：一方面是已保管的网络档案的数据化加工。在以往的实践中，标准框架是以 WARC 的形式保存网页，抑或以网页快照、PDF、截图留存网页中的主体内容，加之配以标题、时间、URL 等元数据。面对这类网络档案，更丰富的元数据与内容数据提取，如人、事、物、地、时等基本项的提取是相对节省成本的操作，而且要根据主导机构的能力与资源保障来确定优先级，以选取重点的网络档案进行数据化加工。于资源保障较为充分的组织机构，如果能实现全部档案以及档案内容如文本、图像、视频、超链接等各类形式的数据化则是理想情况。另一方面是针对当前网络正形成的信息，也需从价值、技术能力、可配置的资源等维度展开综合评估，以选定哪些需要存档，并明确有哪些半结构化、非结构化的数据，制定并实施捕获及后续数据化处理方案。

二是对原生网络信息的数据化存档。一方面是对所捕获的网络信息，其原生形态为数据的部分要确保无论所要求的固化的版本为何种形式，务必要同时保存数据形态的部分。这既包括形式为数据的主体内容，也包括档案管理所要求的元数据。另一方面是所捕获的网络信息并非数据形态的那部分，在能力与资源保障可行的情况下，在捕获后要进行数据组织，由此提升存档的数据颗粒度程度。

需要说明的是，如果受实践资源与技术能力限制，可以选择重点突破的方式展开数据类网络档案的资源建设。一方面可以如前文所述，通过综合评估，确认所存网络档案的优先级，逐步开展数据化加工工作。另一方面可以用数据集建设的方式，于网络档案中析取数据，这种方式在于要确定建设怎样的数据集。例如人、事、时、地等基础数据集，面向特定领域的业务数据集等都是可参考的建设方向。此外，上述数据化加工的过程，往往都需要技术支持，建议开发为可用的工具，由此可以批量处理所捕获的网络档案。

7.3.1.2 网络数据的档案化管理

网络档案予以数据化加工的同时，也要加强档案化的处理，以更适配的档案方法与技术匹配网络档案信息资源建设的专业要求。

一是尽管数据颗粒度的网络档案更加适合机器理解和开发以促进更多元高级的利用，但网络档案同样要有直接适用于人类可看、可读、可用的一面。因此，网络档案的数据生成规则、原有的形式、内容、背景等，均应确认长期保存需求，且被设定为资源建设的对象，资源建设中也应依据这一要求确定方法与技术配置。

二是网络档案信息资源建设从机构层次扩展向更高层级的网络空间，融入档案化管理体系的构建中。网络空间由不同实体和场景所构筑的"分"网络空间的子集构建而成。在网络空间被视作档案库的背景下，网络档案信息资源也需即时体现在网络空间整体建构及其对应的数据流管理中。这也就意味着，网络档案信息资源建设需要扩展其定位，面向综合性的场景界定其构成要素、流程等。对应于此，依托档案化管理的理念、方法及实践路径，网络档案信息资源需要更加明确在其流程段中有怎样的管理要求，亦要分析如何及时融入网络空间机制与技术优化架构中。例如，网络档案跨平台整合的需求可以用于驱动各平台建立更优化开放的技术架构。

7.3.1.3 基于计算思维活动的全面转换

网络档案信息资源建设需要充分融合计算思维各类活动的应用，例如通过数据实践的不同方法推进网络档案的数据化处理，为后续的内容提取和知识发现提供基础；积极采用模拟和仿真实践、基于计算的问题对网络档案信息资源建设活动进行计算世界的呈现、表达、转化和解决中；基于系统思维实现网络档案信息资源在不同层次实践中的整体规划与行动细化。计算思维下网络档案资源建设优化路径如图 7-2 所示。

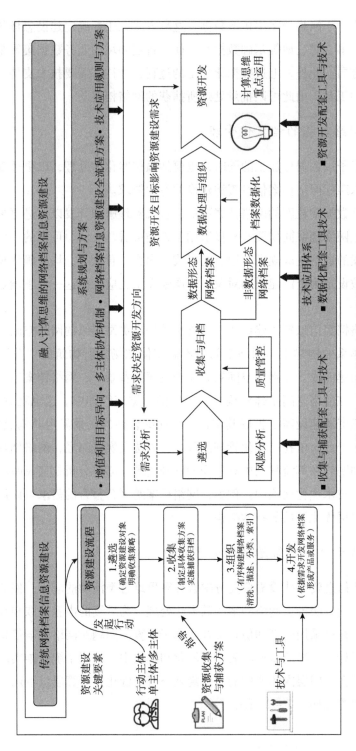

图 7 - 2　计算思维下网络档案资源建设优化路径

142

7.3.1.4　立足计算思维核心活动的升级

计算思维及其下属的 22 类活动应用于网络档案信息资源建设中，并非计算机科学纯技术导向应用于网络档案信息资源建设中，而是积极发现网络档案信息资源建设的需求，将各类活动背后的社会、文化、技术意涵充分融于其中辅助构建更优的资源建设体系。

一是展开对比，在批判方法的引导下发现应用计算思维后同原有网络档案系信息资源建设的异同，分析计算思维特定活动应用的必要性与价值，在此基础上面向更多样的场景与后续的发展要求推广升级。换言之，计算思维任何活动的借鉴应用都要明确在网络档案系信息资源建设的哪个方面、哪个要点，优化的内容、方法、流程是什么，预期成果与局限是什么，后续的验证与优化机制如何，由此形成综合性的应用策略。

二是将网络档案信息资源建设从管理扩展至治理层级。计算思维各项活动应着重于技术视角，且形式多样。应用于网络档案信息资源建设则体现为更多元复杂的方法、流程、技术工具等综合而成的体系。在此情况下，治理理念与方法的提出则极为必要，它意味着要做好网络档案信息资源建设的顶层设计。换言之，强调建设持续推进实践的协作主体，并为网络档案系信息资源建设配置一系列的规则、指南、工具等，以此协调全面应用计算思维转换后的网络档案信息资源建设其内部各要素，以及实践过程中面临的冲突。

7.3.2　增值利用导向扩展资源建设流程

增值利用已是数据作为资源、资产和生产要素关键的档案化管理导向，也是计算档案学提出流程再造的重要内核。网络档案信息资源建设面向价值广度与深度兼具的网络材料，增值利用也是持续推进其流程优化的关键方向。在此方向下，网络档案信息资源建设的优化基点不仅在于自身，而且利用所覆盖的全生命周期的需求也贡献了重要的助推力，由此实现流程的扩展再造。除了前文提及的为了利用强化数据化加工、数据化组织的流程，以下内容同样重要。

7.3.2.1 利用导向的定位确认

增值利用到底在网络档案全生命周期中体现为怎样的内涵与具体需求需要充分明确，这才能够系统确认它影响网络档案信息资源建设的什么方面、如何影响、影响结果是什么、对应策略是什么。

一是增值利用应对接网络档案的具体要素展开全面分析，这将影响网络档案系信息资源建设通用方法、框架及其实践方案的具体设计。分析要点主要包括：①服务对象，即网络档案信息资源建设产生的利益、效益的归属对象是谁，需求的分析与整合，将要用于明确网络档案信息资源的主导方和主导方要建立良好联系的利益相关者，以及如何在总体需求之下确定建设目标、方法与方案。例如，面向社会个体，需求之中要更考虑包容性，要减少建设方面的专业要求并强化普适性工具支持。面向组织机构，更强调规范合规的需求满足，对应的建设方案在专业性与工具的定制程度也更高。②利用情境，主要是确定所服务对象与网络档案信息资源建设实践空间所处的社会、文化、司法、技术背景等，这在很大程度上决定了可行方案如何设计。例如，在不同个人隐私保护的国家与地区，匿名化处理、开放利用的要求各不相同。③价值取向，这为网络档案信息资源建设确定实质立场，由此在多元主体参与面临能力与利益冲突时，具有明确方向来判定与确定应对举措。例如，档案馆更强调长远的社会效益，网络平台突出商业利益，形成机构往往强调权属保护。④利用对象，即网络档案信息资源建设的主体材料。主体材料的归属、形成主体、主题或事件性质、形态表现等内容、形式、背景特征与潜在价值，将影响网络档案信息资源建设的具体路径、风险等。

二是利用导向并非强调无限利用，而是强调合规与遵循伦理要求，要保障的是利益相关者的应有权益。因此，网络档案信息资源建设应面向利用开展三方面的工作：①风险分析，如个人隐私、知识产权、名誉权、数据权等于捕获、组织、开发利用等流程，以及在不同空间及其要素条件下面临怎样的风险，由此建立风险清单。②基于风险分析，制定风险预案，明确在不同的场景下产生的不同风险，应由谁来负责，以什么手段应对，对应的评估与奖惩机制等。③立足风险分析，确立总体规则，为网络档案系信息资源建设建立具体实践中应遵守的规则，如"应为"的行动清单、"不可为"的行动清单、"可能缺损"的行动清单等。

7.3.2.2　利用驱动下的流程前置

本书已提及，网络档案信息资源建设要积极融入网络空间的档案化管理体系中，具体表现为网络档案信息资源建设的需求与要求前置，确保从数据对象到技术架构与制度配套在不同环节所处的场景中实现有效衔接。

一方面，方案的部分预置。基于前文所提的需求分析，形成更明确的网络档案信息资源建设方法与方案。在此基础上，需要展开进一步解析，明确方案的哪些部分需要同前端的哪项流程中的具体内容衔接或是需要前端的哪个部分提供基础。由此，形成具体的需求清单，将其应用于前端的网络数据形成与管理阶段，从制度到技术配置上予以具体设定。例如，网络档案信息资源建设的数据化要求、档案化管理要求、各利益相关者的信息贡献追踪与计算等都需要在前端予以设定。

另一方面，网络档案信息资源建设保持自身"工作流"的同时，在倡导服务现实活动的背景下更要强调与业务的充分融合。因此，业务分析是网络档案信息资源设计具体方案的基础，在明确背景与需求的同时，更是明确网络档案信息资源建设可以从哪些业务开始融合、从哪些业务节点嵌入相关行动、业务层与资源建设层的人员、流程、技术如何对接等。由此，网络档案信息资源建设可以从后端扩展到对业务的现行服务流程中。

7.3.2.3　面向知识化利用的升级

知识化的智能升级已是各类信息资源服务当前倡议的基本方向，更加智慧的服务已在多方探索中。在此背景下，利用端的持续升级倒逼网络档案信息资源建设提供更坚实的基础。

一方面，知识化利用要求网络档案信息资源建设提供更充分的数据化收集、加工、组织后的资源。除了前文所提的数据化工作，更系统的方法与工具的组织、整合极为必要。技术方面的策略将在后文具体描述，这里主要提及多方主体协同建设档案信息资源的必要性。通过倡导网络档案信息资源建设的社会化导向，可以吸纳不同社会组织机构、群体、个人等参与网络档案信息资源建设，它们可以贡献不同视角的认识，为网络档案信息资源建设贡献方法、工具、劳动力等，从而为实现资源建设成果的多样化、深化和产品化增加更多可能。

另一方面，知识化利用更加强调用户理解并采取行动来利用所需的网络档案。在此背景下，网络档案信息资源建设应供应的不仅是有序化的网络档案与可进一步开发的产品与服务，而且需要为用户的有效利用配置所需的工具或指引。具体来说，用户利用网络档案的前提是理解网络档案的价值，并具有档案素养和技术能力。因此，为了利用到位，网络档案信息资源建设需要扩展其内涵，包括：①资源建设过程中需要更多配套的解读与指导，包括网络档案是什么、怎么用以及特定网络档案的深层解读等，形式可以是指南性手册、在线论坛、研讨会、示例等。②从技术层面帮助用户自动获取、处理和使用网络档案，这一策略的前提是可同步获取和分析用户需求，并以此开发或升级技术工具。

7.3.3 技术开发应用体系的强化建设

计算档案学的提出与数字技术的发展背景息息相关，网络档案信息资源建设也是在数字技术的持续发展与应用背景下亟待创新，技术维度的策略也不可或缺。同时，技术维度的策略构建也绝非"唯技术"主义，而是要在社会建构的技术观下展开设计。

7.3.3.1 需求对接技术的全景统筹

技术应用在网络档案信息资源建设中不仅要形成覆盖网络档案全生命周期的通用管理系统，而且要在计算思维应用、流程再造和解放人工投入的前提下，强调在微观实践层对网络档案信息资源建设的全面支持。换言之，只要能通过技术辅助的，都尽可能提供相关工具，减少"人力"投入。因此，面向网络档案信息资源建设的各要素、各流程、各方面，具体有怎样的技术需求需要得到全面识别，并驱动合规与权益保障下的技术开放，实现需求对接技术的全景统筹。

需求的发现与确认的基础是多元场景的整体识别。网络档案信息资源建设可能涉及不同的主体与参与者、网络平台和档案对象、地区背景、档案管理传统等。在场景繁杂的情况下，选定较具代表性的场景，构建相对通用的框架与方案有一定必要。在此基础上，基于对所选定场景的网络档案信息资源建设各要素的调查、实践分析、利益相关者的反馈收集、识别技术需求，对应性设计技术开发与应用方案则较为可行。

其中，代表性场景的分析可从主体层的角度出发，这在于需求分析的服务要素，就是该场景中的网络档案信息资源建设参与者。这需要充分明确主导者、其他参与者以及其他的利益相关者，相应确认资源建设的档案对象如形成平台、形成者、信息各要素的特征与价值，并明晰资源建设的外部条件、保障情况与技术基础。由此，一方面，针对特定场景构建网络档案信息资源建设的全景方案；另一方面，立足主体需求，统筹分析和整合技术可行性和要求，形成技术开发与应用方案。

同时，技术侧的充分调查、理解以及试错也是更好匹配需求的重要方面。对网络档案信息资源建设而言，及时跟进与理解前沿技术极具必要性。例如，当下以固化为主的数据化是有限的存档方式，同数据技术的持续发展相比稍显滞后。因此，对接现有技术及其发展趋势的网络档案信息资源建设的技术开发应体现其主动性，仅被动跟进已难以应对日新月异的网络空间档案化管理要求。

7.3.3.2　强化技术的智慧化升级

如前文所述，技术的开发应用关键是满足主体作为人类的需求。人工智能的开发应用当前广泛体现于各个领域，生成式人工智能成为重要的发展方向。在各国与地区发力于智慧城市、智慧社会建设的情况下，网络档案信息资源建设在计算档案学所倡导融入数字转型进程的框架下，同样强调智慧化升级。

一方面，要理解智慧、智能的社会与文化意涵，通过深挖智慧内核更好地明确需求的同时，也可促进立足网络档案信息资源建设本身的技术开发与应用。在此过程要积极借鉴智慧社会、智慧城市的认知要义、方法论、工具等，从整体上将网络档案系信息资源建设视作整体系统确定智慧化的升级目标。

另一方面，在网络档案信息资源建设视作智慧系统的建设目标下，明确具体的探索路径，以确保建设目标、过程、方法、成效的一致性。①由认知层面厘清智慧网络档案信息资源建设的内涵、功能、特征、要求、运行模式，更要确认它同人类世界、网络空间、各参与者等相关事物的关系。②由方法层面明晰其内容组成，即其要素在智慧语境下应有怎样的表现、内容、特征、要素间相互关系等。③从技术侧和行动层明确实践路径，这涉及要应用和开发哪些技术、应有怎样的实践阶段与要求、相应的保障是什么等。

7.3.3.3 问题导向的技术开发应用体系建构

技术开发应用不仅要有对需求的微观对接，而且要形成可持续发展的内容体系。这既是为了在动态的需求发展中推进技术及时的开发应用，更是要在治理理念与方法的统筹下确保技术开发应用的效益、效率与规范。

一方面，技术开发应用体系的建构应有充分的管理内涵。具体来说，技术开发与应用要纳入网络档案信息资源建设作为管理性事务的组成，确保技术应用有充分的问题导向与价值。对技术开发应用的管理应是常态化行为，促进技术的开发应用具有科学决策属性与全过程的监督指导。具体来说，采用或开发何种技术、技术应用情况、技术升级与否、各种技术之间的开发次序与组配等，都需要管理层面提供更多的指引和依据，并确保有相应的职能主体落实相关行动。由此，减少技术投入成本并提高技术开发应用效率与效益。

另一方面，强化反思，加强对技术的引导。技术开发应用的过程中，风险与批判思维同样重要。于智慧化升级过程中，保障人的主体性和权益防范技术主导，需要的是反思技术应用可能带来的风险。同时，技术的发展不仅在于正向需求，而且在于问题与风险的持续识别。因此，从人的主体性角度出发，要形成明确的风险管控方案与权益保障框架下技术的开发应用指南。由此，确保网络档案信息资源建设的技术开发应用可以面向主导者、参与者以及其他利益相关者实现较优的权益平衡。例如，数据化、构建数据集析取等工具的开发应用过程中，个人隐私保护的风险识别与对策需在技术需求和工具使用的指南中予以明确。

7.3.4 多重的跨主体协同机制构建

多主体参与已是网络空间建构与运行机制的基本特点，这也直接影响网络档案信息资源建设走向跨主体协同。跨主体协同不是简单的吸纳不同类型的参与者，而是为了高质量的行动过程与结果建立完备联动机制。通过借鉴计算档案学指导下的实践，可细化为如下方面。

7.3.4.1 立足环境层的外部协同

网络档案信息资源建设如前文所述，并非孤立于网络档案管理乃至更整体的网络空间建构与运行，它既是组成以服务更高层级的目标的实现，又反向要求网络空间作为环境层在合法合理的前提下为其提供更具格局的外部协同环境。从网络空间的视角来看，主要涉及以下四个方面。

一是网络空间中的各类平台及其服务提供商。这是网络空间得以建构的主体空间提供者，为各类线上的社会活动提供空间、功能以及技术支持。因此，这些平台要为网络档案信息资源建设配置符合其需求的功能、技术和平台政策。例如，社交媒体平台该如何迁移档案、档案各要素是否满足要求、对应的技术支持是什么等方面有其自主权，它们的决策和配置是网络档案信息资源建设得以顺利推进的基础，体现为元数据配置、数据格式、知识产权方面稍有阻碍就会影响实际行动。

二是官方机构，即立法机关、政府、司法机构等规则建构和执行的主体将帮助网络档案信息资源建设明确主体层的相互权责、各类资源建设行为合法合规和统筹协调的有效依据。例如，网络平台要保存多久的信息、能否由用户迁移、可以由哪些机构进行资源建设、有哪些合规要求等，都需要有明确依据。

三是用户，即信息的形成者。他们既可能是资源建设的主导者，也可能仅仅是利益相关者。无论处于哪种角色，他们都要明确他们在网络档案信息资源建设中的权责，并以具体建设实践、许可、授权、否决等行为，给予相关方明确的决策，从而确保相互权益与目标的实现。

四是记忆机构等第三方，它们的定位也在前文有所论述。只是，除了资源建设的主导方，它们还可以是规则制定者、辅助制定者或档案素养的培育方，从而帮助促进网络档案信息资源建设的实践。

需要说明的是，还将有更多的参与者和利益相关者，上述的协同定位也并非孤立设定的。由于它们在整体架构下相互作用、冲突、协商等，在不同的发展阶段，建立起相互协作的价值，因此还可以是动态发展的。

7.3.4.2　贯通任务层的多元主体内部协同

网络档案信息资源建设的多元主体还要实现面向特定任务的内部协同。具体来说，网络档案当前从形成者到未来的利用方，具有动态变化的参与者及其定位。因此，立足具体任务建立内部协同架构亦是重要策略。

一是跨机构的合作，这主要指机构性质方面的多元协同。除了形成者，档案馆在内的记忆机构、高校、商业公司、公益组织第三方等均有可能参与其中，这就要求在当前产学研用一体化的框架内展开协同架构的设计。例如，当前高校作为网络档案信息资源建设专业理论与方法的探索方，需要档案馆提供丰富的网络档案，也需要商业公司或公益第三方提供技术和资源保障。同时，这些参与机构的利益点需要被发现、协商和确认，从而促进可持续的合作。

二是跨领域的协作。网络档案信息资源建设作为复杂事务需要不同领域合作探索或是贡献其各自的视角、知识、能力、成果等。在数字人文、数据要素化等背景下，除了原有的档案领域、计算机与数据技术领域，来自人文、经济、法律等领域的参与和帮助将逐渐显著。

7.3.4.3 档案机构的充分主导

当前的实践中，档案机构由于多方原因参与有限，因此在于技术方面的限制和对网络档案的理解和跟进不足。然而，伴随档案化管理需求的提升，网络档案信息资源建设需要成为更广泛的实践，档案机构的充分主导将成为趋势以保障实践质量，这也是档案机构的职责。

一方面，档案机构的主导应有其明确定位。档案机构不仅作为资源的保管方来开展资源建设的工作，而且在网络空间面向网络档案信息资源建设具有广阔前景的背景下，档案机构要做探索期的引导者、辅助者、保障者。因此，档案机构可以：①从宣传层面积极推广相关示范实践，"游说"各方开展网络档案信息资源建设；②做档案素养的培育者，从理解、建设和利用的角度提升社会方面有关网络档案信息资源的专业意识与能力；③提供工具和智能咨询服务，为社会各方参与网络档案信息资源建设提供执行层的服务。

另一方面，档案机构的主导还应体现为配置网络档案信息资源建设治理机制。治理的要义之一就是多元主体协同，但多元主体协同如何设计具体要素、流程，以及各要素如何统筹等，均要有相应的规则、工具、推进机制。这就涉及档案机构的工作内容，即作为主导者，需面向不同的参与者与利益相关者，设计协同架构，配备推进实际行动的一系列保障要素。例如，档案机构要主导建设网络档案信息资源建设治理委员会，或更高层级的网络档案治理委员会。

第8章
计算档案学视角下网络档案信息资源建设的实践路径：基于典型机构的示范构想

网络档案信息资源建设基于计算档案学所建构的优化模式，可帮助理解基础认知、基本方向、应有要素和核心方略，由此为具体实践提供总体框架。为了显示前文所构建模式如何用和应有的实践表现，以及计算档案学如何深入指导网络档案信息资源建设，本书将选定典型机构呈现具体的实践构想，并基于该机构明确场景并展开调查，发现网络档案信息资源建设的重难点问题与需求，为其设定具体路径。

8.1 典型机构的选定

本书选定的典型机构为 A 报社。A 报社现为文化类的高新技术企业（原为国家行业主管部门旗下的事业单位）。当前它主管了多份报纸刊物，如具有权威性和影响力的全国性行业报，建立了由数十个账号组成的新媒体矩阵，为所属行业主管部门运营的系列新媒体账号，同时自身也在建设行业性数字平台，全面开启数字转型进程。将其选定为示范构想的典型机构的原因有以下四点。

第一，A 报社在档案管理方面具有两大定位：一是档案的形成者；二是档案的长久保管者。因此，依据现有的管理规定和传统，A 报社既是各类网络信息的形成者，要从机构业务的角度做好网络档案信息资源建设；又是其长久保

151

管者，要自主做好网络档案的长久保管工作，推动历史档案的开发利用。

第二，A 报社有丰富的网络信息。A 报社作为媒体类高新技术企业，其网络资源的丰富性和技术创新引领性较为突出。依据前期调查，网络类的信息（数据）已在其当前主营业务所形成信息（数据）中占最高比例。同时，A 报社作为内容生产单位，网络档案管理不仅涉及网络发布的信息，而且密切关联于支持网络发布的新闻内容及其产品制作的全过程内容。

第三，涵盖多维度场景集成的网络档案信息资源建设。除了兼具形成者与长久保管者带来的两大场景，A 报社的网络档案信息资源建设还涵盖了其他的多项典型场景：①依据调查，由于新闻生产的特征和当前的管理情况，因此工作人员将参与生产和制作的内容作为个人材料进行管理的现象普遍，个人视角的场景较为典型；②A 报社就下设报纸刊物与帮助运营的新媒体矩阵，开通账号近 60 个，且广泛与互联网公司开展合作开发各类数据产品和服务，显著涉及第三方网络平台的场景；③由于 A 报社自开发包含网页和移动端的平台，其中移动端具有丰富功能，因此也涵盖自主网络平台的场景。

第四，A 报社的发展定位与规划强调数据的资产化利用。具体来说，A 报社意识到网络材料的价值。在其发展规划中，强调要做好这些材料的资源建设，在数据要素化等战略中挖掘最高价值。

8.2　网络档案信息资源建设基本情况

笔者对 A 报社进行调研的时间为 2023 年 4 月 20 日至 6 月 28 日，笔者与 A 报社工作人员共开展了 9 次深入交流。其间，笔者多次实地走访 A 报社行政、采编、运营各大部门。前期主要对综合行政部、人力资源部、党群工作部、纪检监察部、财务资产管理部、物业管理事业部等部门负责人及相关工作人员进行访谈；中期主要对技术部、融媒体指挥平台、记者部、全媒体总编室、传播发展中心、传播发展中心、公共健康传播发展中心、地方传播发展中心等采编部门负责人和相关业务人员进行访谈；后期以运营部门为主，对采购部、传播发展中心、公共健康传播发展中心、地方传播发展中心等部门负责人和相关业务人员进行访谈，并与报社社长和各部门负责人就调研初步情况开展综合会议。课题组通过政策分析、文献研究、实地调查、半结构化访谈与结构化问卷调查等方法，明确 A 报社的业务架构和工作职能，并对它的档案管理形成总体认识，在此基础上发现网络档案信息资源建设现状、需求、问题和成因，进而提出构想。

通过笔者调查发现，A 报社的网络档案广义上应当包括各类网络平台发布的信息以及内部系统支持这些信息制作所生成的信息，狭义上仅指代网络平台所发布的那些信息。基于档案管理中强调的来源原则、档案有机联系以及完整性要求等，研究采纳的是广义界定，这也同 A 报社基于网络化推进数字转型的方向相一致。同时，为了避免网络档案的界定泛化，研究将范围限定为由内部系统所生成的、被纳入网络档案信息资源建设潜在范畴的业务系统形成的，且为直接支持网络平台所发布内容的那部分信息，而办公自动化（OA）、财务系统等管理系统则不予考虑。依据调查，主要类别及其现状如下。

8.2.1　内容制作类信息

由于网络发布的信息源于已经出版的新闻报道或基于新闻报道及其相关内容的再次加工，因此 A 报社的内容制作类信息主要包括以下两个方面。一方面是制作新闻所形成的记录。该记录主要包括：①前期准备工作中形成的报道方案、策划方案、采访方案。②记者形成报道中积累的原始素材，包括文字材料、图片、音视频等类型素材。③记者形成后并投稿到采编系统的稿件。④选取稿件并组版形成的版样。⑤版样在进行三审三校中产生的修改痕迹与相关资料，如每一次的返样、一校二校产生的返样、签字样等。⑥正式出版后的报纸、杂志等。⑦记者在新闻报道中形成的个人工作记录。另一方面是专门面向网络发布的再加工内容。由于不同网络平台为实现优质传播效果对内容、形式等要求有差异性，因此 A 报社要重新制作内容，尤其是短视频。

A 报社的内容制作类信息的总体档案管理情况如下：①报纸和杂志合订本的成品，纸质版本有专门管理。②A 报社内部采用采编系统。目前采编系统中保存的新闻报道以版面为单位，从记者投稿、初步组版、三审三校到最终组版都会进入采编系统中，系统会保存有关记录（保存时间为 3 年）。然而，采编系统的保存功能仅为临时存储功能，并非真正意义的档案存储。③新闻出版中涉及的原始素材（如未采用至新闻报道的）等过程性材料均保存在记者、编辑个人手中，未进行统一集中管理。少数部门开设了部门的百度网盘等云存储空间，个人可以将形成的原始素材上传到百度网盘中进行存储。

从网络档案信息资源建设来看，A 报社主要存在如下问题：①机构层面的数字形态信息没有实现系统的档案管理；个人层级的管理广泛、方法随机、质量参差不齐。由于这些信息难以被视作有序化的档案信息资源，尤其是重要过程性材料未获得集中管控，因此更难对网络档案信息资源建设（若后续有网络档案）提供充分支持。②欠缺真正的档案化管理。档案化管理强调对于信息的留存和固化，需要以集中的档案管理保证档案的真实性、完整性和可用性。然而，重要材料如在各类公共卫生事件、政策相关网络报道过程中拍摄的照片，主要由记者存储在硬盘、个人电脑及云服务，或形成稿件被提交到采编系统中有所保存。这些材料并未涉及信息资源环节，更不用说网络档案信息资源建设。③管理制度缺失。该报社并无针对上述信息的档案管理制度。④采编系统缺乏数据管理功能，直接影响资源建设。其系统中档案以版面为单位进行存储和查询，未有数据梳理、数据资产目录及相应的功能模块与技术支持等数据化加工，例如无法检索具体的图片和文字段落。

8.2.2 新媒体信息

信息对象方面，A 报社已打造全媒体矩阵，将传统纸媒与官方政务等新媒体融合发展，在微信公众号/视频号、快手、抖音等多个新媒体平台的新媒体账户已经成为 A 报社新闻宣传报道、健康科普的重要阵地。新媒体上发布的内容主要为三类：①对已出刊、出报或其他项目的内容进行截取，直接分享于新媒体平台；②基于出刊、出报或其他项目的内容进行再创作；③基于主管部门的职能、需求及其提供的内容进行"代管式"的新媒体运营。当前，除了其行业性数字平台上发布的重要信息，较为突出的是新媒体平台上发布的视频。视频产出主要有两类来源：一类是依据出版的报纸刊物，形成新媒体产品，进行二次开发传播；另一类是依据 A 报社、行业性数字平台举办、参与活动中拍摄的素材制作出的视频。一条制作完成的视频可以在多个新媒体平台上进行发布。

A 报社的新媒体信息的档案管理情况如下：①管理主体未有档案人员。总编室和各报纸刊物负责运营 A 报社在微信、快手、抖音等多个新媒体平台的新媒体账户，运营部负责管理新媒体账户，而具体信息管理主要由负责部门和具体管理人员进行。②未对新媒体进行档案化管理工作，A 报社内部均认为形成于平台的同时意味着通过平台保管了相关内容；发布前所形成的素材和产品，或存于个人办公设备或存于部门开设的网盘中，这些文件是否保存、怎么保存、保存哪些则较为随机，没有明确规则。例如，部分部门建有微信群，部分素材、成品视频发送在微信群中供编辑使用；部分部门自主设置百度网盘，部分素材、成品视频会上传到百度网盘中。

从网络档案信息资源建设来看，A 报社主要存在如下问题：①没有档案管理，资源建设无从谈起。②依托第三方平台进行管理，对平台管理情况不清楚，网络档案对象流失风险大。③资源建设基础薄弱，多处于机构未管控、难以定位、有序整理基础差、部分已丢失的管理状况中，如部分微信群中分享的文件难以获取。④缺少配套的规则与技术支持。

8.2.3　自建网络平台的信息

A 报社的自建网络平台主要包括：①A 报社官网，主要提供已出报、出刊的内容，依据网站的内容分类体系进行重新编排；②行业性数字平台（主要为 App），主要通过 A 报社开辟新业务，如与医疗机构合作办会、专题直播、健康咨询等。

A 报社的自建网络平台的管理情况如下：①A 报社官网的管理主体为技术部，工作是从运维角度做好后台数据的安全、迭代、备份。在网站后台的发布系统中会留存网站发布的信息，留存期限为 1 年。而网站服务器中保存全部的底层数据，包括相关的发布痕迹、发布内容的数据，但板式信息未进行保存，也未对网页进行固化保存。②平台的管理主体为传播发展中心。网络材料为知识库、健康百科、直播视频回放等内容数据。由于 A 报社未对平台的数据进行档案化管理，且平台外包的技术运维方变更过一次，因此其前期数据已经被迭代。

从网络档案信息资源建设来看，A 报社主要存在如下问题：①丰富的"业务"数据亟待存档，迫切需要构建资源建设方案，以此从利用端明确管理需求。②平台缺乏档案管理模块。A 报社官网及平台仅有存储功能，不能满足档案保存的要求；其官网的后台服务器保存的底层数据并未保存板式信息，无法还原网页的原样。同时，其服务器还具有操作失误、系统故障、崩溃和被攻击的可能，重要数据的保存面临一定的风险，不能满足档案保存的要求。③缺乏分级分类为基础的档案化管理，且资源建设基础薄弱。A 报社对于数据没有采取分级分类的管理措施，同时没有制度、管理要求支持工作人员识别出其中的重要数据，并将其作为档案进行管理。这导致了后台数据中的重要部分没有作为档案纳入管理范围中，更需要考虑如何呈现原始记录乃至数据产品与服务。

8.2.4　合作开发的网络产品与服务

A 报社具有较多有价值的内容，为其主管部门运营新媒体也可获取独家内容。基于此，为了更好地服务社会和提升自身效益，A 报社也同有影响力的互联网公司如腾讯、百度、今日头条等进行合作，开发基于其特色内容的网络产品与服务，促进重要内容的价值挖掘和传播。这些产品与服务主要涉及地方发展中心、行业运营部门等。

A 报社的合作开发的网络产品与服务的管理情况如下：①这些网络产品与服务及其支撑材料未得到存档管理，是否留存与管理要求取决于互联网公司。②这些合作仅为 A 报社同互联网公司战略合作下的内容之一，缺少专门的过程性材料记录合作背景和过程。③合作期间的沟通主要通过个人微信等进行，没有按照档案管理要求留存沟通记录，且两方工作人员多有变动，导致丢失情况普遍发生。④已有诸多产品与服务无法查询，甚至截图都少有保存，且保存情况随负责人而定。

从网络档案信息资源建设来看，A 报社存在如下主要问题：①未有档案管理，资源建设则无从谈起。②产品与服务处于第三方平台，资源建设对象的流失风险大。③资源建设基础薄弱，多处于机构未管控、难以定位、有序整理基础差的管理状况中。④缺少配套的规则与技术支持。

8.3　网络档案系信息资源建设的总体要求

通过对 A 报社社长、各部门领导、档案管理工作者、相关工作人员的访谈收集意见和基于现状的问题诊断，可以得出 A 报社的网络档案信息资源建设总体要求，具体如下。

第一，在外围环境上，确定网络档案信息资源建设的背景框架。立足 A 报社整体发展要求，需要确定网络档案信息资源建设的基本方向，由此明晰网络档案信息资源建设模式的定位和规划。A 报社的发展目标为：①为建立在行业媒体领域乃至整个媒体行业的领先地位，需要持续推进"互联网＋"战略，网络信息与数据的保管与开发利用是重要方面；②在数据要素化的战略背景下，要做好卫生数据资产化的开发利用；③保管历史档案等。

第二，在发展基础上，以档案化管理为前提。在前端控制和全程管理的原则下，档案化管理是确保网络档案信息资源建设有档案材料、有负责主体、有行动依据、有实践保障的前提。因此，在深入网络档案信息资源建设的实践之前，A 报社要做的是建立基本的档案化管理框架，将其纳入组织机构整体的职能与业务中，为其配置应有的基础要素。

第三，在档案对象上，凸显业务导向下的完整界定。①对应 A 报社网络化方向的数字转型，网络档案信息资源的建设对象不仅包括网络平台发布的信息，而且将过程性、支撑性记录以及各类相关数据纳入其中。②网络档案的范畴应基于业务需求，实现立足数据颗粒度的分级分类，围绕档案内容、形式、背景等要素形成描述清单，制定更系统的文件材料归档范围、档案分类方案和档案保管期限表，由此可从业务对接档案的角度提供充分依据。

第四，在建设流程上，逐步完备行动内容。①强化数据化加工处理。为了实现数据颗粒度的组织和开发利用，当前形成与保存的材料要进行一定程度的加工处理，采编系统、A 报社官网、平台等要根据各自的技术架构确定具体要求和方案。②加强档案化捕获，确保各个平台的材料能够依据要求与需求纳入档案管理范畴。这里强调的存档范围是在分级分类思路下的系统设定和满足档案管理要求的收集。③满足数据特质、档案要求以及利用需求的组织，这要以深入技术分析和用户调研为前提，兼具管理和技术方案。

第五，建设主体上，实现组织机构的整体协同架构设置。①要确定 A 报社整体层面的统筹规划，确保网络档案信息资源建设的服务主体为 A 报社自身，以此为中心延伸至内部的个人和外部的社会各方面。②要面向网络档案信息资源建设乃至更整体的档案化管理和数据管理建立领导小组式的治理委员会，确定责任主体及其分工协作关系，分配各部门、各层级的职责并形成可持续的协作体，整体统筹、协调和对接具体事务。③要明确协同架构的设置前提是各方需求、利益、权责等各方面的充分调查、识别、统筹、协调。④要和外部主体达成有效合作，从协议等方面明确相互权责。

第六，建设保障上，强化制度引导与技术支持。①就制度保障来说，围绕档案管理和网络档案信息资源建设，应有不同层次的规则提供指引。②要明确档案方面的要求，确保资源建设的真实、可靠、安全、可用；由数据端强调丰富与智能化工具的开发，以最好程度解放人力投入，为优质数据产品与服务的开发利用提供坚实基础。

8.4　计算档案学视角下网络档案信息资源建设的框架性方案

在深入调查现状、分析问题和充分明确需求的情况下，基于已析取要素和所构建优化模式，可进一步设计 A 报社的网络档案信息资源建设的框架性方案。

8.4.1　主体：多维度夯实组织架构

在 A 报社的档案管理极为有限的现状之下，结合网络档案信息资源建设所要求的多重协同主体，其多维度夯实组织架构体现为以下三点。

第一，A 报社作为整体在同其他外部组织机构的协作过程中应明确主导地位。①除了为卫健委运营新媒体账号，由于 A 报社网络信息的形成主要基于其主营业务，因此为更加符合报社定位，其网络档案信息资源建设应以自身为主。②A 报社作为媒体单位，其面向社会开放和服务的职能同样存在，作为主导机构，要及时发现社会和国家需求，做好合作方的需求分析、对接、协调、落实。

第二，A 报社应做好内部的档案管理协作架构建设，并面向网络档案信息资源建设形成可执行的协作体。一是建立档案（数据）治理委员会。为了确保档案工作融入 A 报社发展，面向未来展开顶层设计，且有序开展各项规划与任务，有效落实日常工作，推荐举措为建设档案（数据）治理委员会。该委员会要负责年度与长期档案工作的规划、各类档案事务的统筹协调、档案管理的评估考核等。该委员会的构成应确保有如下人员：①高层领导，明确分管档案管理；②由档案管理主管、技术部门、人事部门，以及各部门档案分管领导建立的协同领导小组；③确保每个部门均有落实档案管理具体工作的人员，并参与其中；④网络档案信息资源建设作为重要且复杂的档案业务，要在此框架下配置专门小组。二是确定档案管理部门在网络档案信息资源建设中的主导作用。①需要在高层确定分管领导，以档案职责纳入为前提，确保网络档案信息资源建设可自下而上进行规划和推进。②档案部门应作为执行端的主导方，制定网络档案信息资源建设的规划、方案等，协调各个部门参与网络档案信息资源建设，对接外部机构的具体合作。三是确保业务部门的有效参与。针对 A 报社内记者与编辑实质管理各类材料的情况，既要积极发挥他们的力量，又要确保围绕网络档案新信息资源建设的专业要求将其纳入更具质量的任务中。

第三，A 报社可强化对外合作。合作的相关方主要包括：①主管部门。由于 A 报社的行业主管部门是业务指导单位，也是新媒体账号的授权运营主体，因此同样要在档案管理方面予以授权、许可、指导、监督。②国家档案馆和档案主管部门。国家档案馆作为国家重要档案的永久保管单位，可以同 A 报社合作开展网络档案信息资源建设，共享资源和指导的同时，也可以从长远保管和利用角度明确需求；档案主管部门则可以从国家档案事业发展、档案管理政策要求等方面对 A 报社予以指导监督。③其他媒体机构。A 报社与其他媒体机构可相互借鉴实践经验，一同探索网络档案信息资源建设方法和成果，共建共享更庞大的网络媒体档案资源库乃至平台。④数据交易机构。A 报社可依托数据交易平台等，探索数据要素市场化导向下的网络档案信息资源建设。⑤高等院校。高等院校可基于其专业力量帮助 A 报社设计更优的网络档案信息资源建设路径、制度、技术等，形成更充分的需求方案。⑥技术公司。技术公司可基于需求方案帮助 A 报社开发更完备的技术工具。⑦网络平台。围绕网络档案信息资源建设明确权责，网络平台通过协商可向 A 报社提供相应功能支持。

8.4.2　建设对象的有效明确

A 报社建设对象的多元化经前文盘点已逐步明晰，主要是依照目标确定建设总体方向和优先级。

一是重新梳理 A 报社所有机构、部门可能形成可归档的网络信息的业务，以及各项业务节点上可能产生的文件类型、格式、主题，建立 A 报社业务表，并梳理对应的信息流，以此为基础建立 A 报社网络信息归档范围总表。

二是展开数据分级分类。要确定归档范围和保管期限，以及制定网络档案目录，分级分类标准的确定是前提。这主要可以从内容层面出发，对接自身业务和国家标准规范予以设定。依照 A 报社出版业务的维度，可参照以下标准：①是否为通过编务会等重要会议开启的新闻报道？②是否获得了 A 报社内部及外部颁发的奖项？③是否围绕国家重要战略，体现 A 报社对于党和国家的路线、方针、政策的宣传、贯彻情况？④其发布的报道是否形成了社会热点？⑤其发布的报道是否为重要人物参与的重要活动等？⑥报道是否为 A 报社独家跟进？

三是对照 A 报社发展目标确定优先级。依照目标，其需要重点建设的方面主要包括可用于某行业科普的内容或展示某行业政策及其实施的内容等。

8.4.3　基于计算思维的流程构建

在 A 报社现有条件和目标下，网络档案信息资源建设基于收集、组织、开发等环节设定具体内容，主要流程可参考已有框架，重点内容如下。

一是由归档前置强化收集质量和遴选策略。一方面，在后文的制度环节具体讨论，明确谁来归档、归什么档、怎么归档、何时归档，以及归档的具体要求（管理和技术）等，这里主要强调流程中归档需要前置，确保档案应归尽归与归档质量。这要求 A 报社在业务系统中嵌入归档要求、配置归档模块，并配置相应的归档职责于全流程的工作人员中。另一方面，要基于前文档案对象，梳理好具有优先级的遴选策略，确定遴选要从风险、价值、可行性、发展目标四大方面设定遴选参数，为收集范围的确认明确方向。

二是强化针对外部的收集。以新媒体平台为例，在认知及具体制度建设中明确新媒体档案的价值及管理要求的基础上，需要对视频号、抖音、微博等平台的新媒体档案进行定期收集。①收集活动主体：收集可由 A 报社技术部门自主进行，也可将收集工作承包给外包公司。通过购买或使用开源的收集工具进行收集、设定对应的收集形式。②收集对象：根据归档范围中设定的范围进行收集，设计分级分类方案，如可以将对象设置为各平台播放量前 20 名的视频，收集对象需要涵盖视频，包括播放量、点赞量、评论量等重要数据，如评论区点赞前 20 名的评论等（具体分级分类方案待进一步明确，这里仅提出示例以供参考）。③收集周期：以半年或一年为周期进行收集。④收集后内容的质量控制：在收集完成后需要对收集的内容进行质量的检查与控制，对收集格式、收集存档版本与原始版本在内容完整性等、是否有计算机病毒等方面进行检查。⑤收集完成后，以档案级别的存储载体移交到档案库房中进行长期保存的备份。

三是增加数据化处理环节。A 报社对部分历史档案、报刊档案等进行了数字化扫描，在成本允许的条件下，尽量对全部永久保存的档案资源进行数字化扫描。且新的数字化扫描，需要在扫描的同时建立数字档案资源与纸质或实体档案资源的准确映射关系，为数字档案资源建立完整的元数据方案和著录，实现档案数字资源的自描述。在数字化工作的基础上，进一步对档案数字资源开展数据化工作，包括文本识别、音频识别、专业本体建模、知识元抽取、数据语义关联建立等，并面向 A 报社内部、某领域专业群体和社会公众分别建立专题数据库和知识库，对内数据赋能业务发展，对外提供数据社会服务。

四是组织环节。一方面，强化分级分类，建立健全网络档案台账，并依据要求进行自动的分级分类与评估。另一方面，与 A 报社其他更多类型数字资源进行关联整合，统筹形成 A 报社完整的数字资产。这一步对档案数字资源的数据化管理程度要求更高，需要档案数字资源的数据分类、数据分级、数据描述、数据关联等标准与 A 报社其他业务系统中的数据标准实现映射统一，能够在档案管理系统与其他业务系统之间实现数据流通，打通 A 报社的“数据烟囱”，实现数据资产的规模效应，并为未来更多的数据开放、数据共享、数据服务与数据产品转化奠定基础。

五是开发环节。一方面，强调数据产品与服务的开发，这将在预期成果中明确具体目标。另一方面，可以展开面向数据要素化的探索。对照 A 报社的使命、目标、发展任务，结合数据特质与数据、档案管理情况，确定健康数据产品与服务的方向和思路。总体来讲，A 报社的数据产品及其服务方向，应遵循报社整体发展原则与方向。例如，A 报社可以立足创新发展，开发更多类型的知识服务平台，可对外提供公益或商业数据服务。这些数据产品或服务平台，都可以成为 A 报社媒体融合与创收营收的重要成果。此外，立足行业，探索数据交易流通的标杆路径。当下有关数据登记、确权、授权运营、定价、交易等数据产品与服务如何合规变现的难点将依托这一实践展开前沿探索。例如，如何同北京或其他地区领先的数据交易所开展合作，要上线交易哪些数据、数据产品或服务，以哪些开放开展交易，数据收益如何分配等，都将是重要的实践探索要点。

在此流程内容再造的背景下，基于计算思维，可进行数据化设计的环节如图 8-1 所示。

8.4.4　预期成果

本书通过网络材料的整体盘查，结合对 A 报社的需求调查，预期成果可从如下方面予以设定。

一是内容方面。①在战略指导下，面向全民健康信息素养培育方向，基于疾病与医疗方向建设健康知识库。②为行业工作的发展历史，建设政策相关专题数据库。③从事件维度建设公共卫生事件专题数据库。④在重特大事件档案工作的政策指导下，建设专题资源库。⑤为加强后续的利用，从基础设施配置的层级为用户准备利用指南、示例、工具等，并提供培训课程与材料等。

二是格式方面。①建立网页快照库，可用于挖掘价值有限、保存，旨在体现"见证"价值的那部分网页，尤其是对 A 报社官网和多数社交媒体信息。②基于 WARC 格式保存网络档案资源库，主要针对 A 报社官网重要网页和重要社交媒体页面。③形成数据库。从网页和社交媒体信息中提取特定数据形成的数据库，如卫生事件数据库、政策数据库等。④保存原态数据。构建 A 报社自建系统中的原生数据库，即数据形态生成的记录以数据形态进行保管而汇集的数据档案。

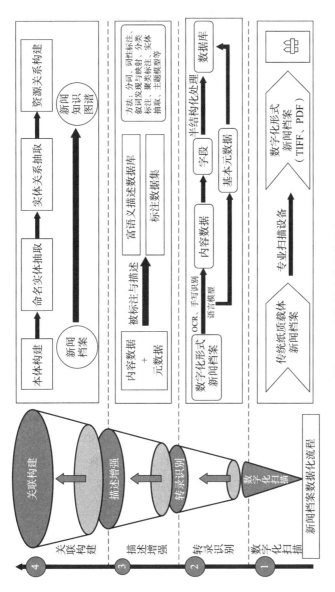

图 8 - 1　新闻档案数据化流程

8.4.5　逐步完备可用规则

为了充分保障档案管理有据可依与持续落实，并配合档案管理系统的有效开发使用，应当系统建设档案制度这一基础要素。

一是加强档案管理通用制度的宣传与学习。一方面，调查与梳理 A 报社应遵循的国家与行业发布的网络档案管理政策法规与标准规范，建立网络档案制度集。另一方面，加强制度集的解释与宣传、贯彻，配套需重点或难以遵循的制度的相关解读或培训。

二是网络档案基础制度应作为必选项予以制定。一方面，基于职能分析、业务调查、数据分析和档案盘点，A 报社应基于国家基本规定，制定其自主的三大网络档案基础制度，即归档范围、分类方案和保管期限表。另一方面，A 报社可基于数据与档案的密切关联，扩充制定其网络数据目录与数据分级分类方案，为资产管控以及分层次管控数据提供依据。

三是各类网络档案管理办法的建立健全。由于 A 报社欠缺国家或行业层面的制度指导，部分档案需要其自主探索，以建立适合其具体情况的管理办法（主要涉及网络新闻档案、平台数据档案、社交媒体与网页档案三大类）。

四是网络档案信息资源建设指南的制定。一方面，A 报社可从流程方面梳理具体的行动指南和准则，确定从平台、系统建设开始的全流程中的利益相关者及其职责、网络档案信息资源建设工作内容与要求等。另一方面，A 报社可以档案对象为中心，从专业要求出发，设定元数据方案、索引、描述规则。例如，A 报社可面向开发利用，参考联机计算机图书馆中心（online computer library center，OCLC）制定的网络存档描述性元数据方案，其基本的元数据元素包括：收集方、贡献方、创建方、日期、描述、范围、形式、语言、关系、权利、描述源、主题、标题、URL。

8.4.6　技术的双重配套

一是应当建设网络档案管理的总体系统以提供基础支持。为了同步跟进 A 报社业务数字化转型的进程，在网络数据成为 A 报社主要记录形式的背景下，网络数据档案化管理系统的开发是实现数据资产档案化收集、管理、存储、使用的基本手段。①在各系统新增归档管理模块，以知识服务满足 A 报社各类业务的信息与档案需求。这需要各部门各工作人员对各类业务数据的归档管理需求进行分析；调查各类业务数据的信息特征与归档管理重难点及其要求；优化设计相应的归档管理方法与流程；确定不同业务数据的元数据方案；建立功能需求清单，确定归档管理模块的基本内容；形成各类系统的归档管理功能开发方案。②开发集成的网络数据档案化管理系统，助力以网络数据为主体的高质量媒资库的建设。面向不同类型数据的档案管理要求与特点，A 报社可以加强对集成化的长期保存功能的需求分析与设计，以建设高价值媒资库的可信仓储为目标确认档案管理系统的基本架构，以知识服务与智能化管理为导向，加强数据开发利用功能的设计。

　　二是网络档案信息资源建设的适应性使用和开发配套的工具的必要性。开发方面，A 报社可以基于其技术部门同外包公司展开合作。其中，可用于优化开发的基础技术工具包括：①收集方面，如要选取开源工具进行优化，Heritrix 具有高度可配置性，允许用户指定爬取特定网站或域名的规则和策略可用；互联网档案馆提供的付费工具 Archive – It 亦是较好选择。②重映方面，Wayback Machine 和 SolrWayback 是较好选择，均是网络应用程序，可用于浏览历史记录的 ARC、WARC 文件。③检索方面，搜索引擎 NutchWax 在 8 个项目中被使用，其与 Wayback Machine 等重映工具组合使用可用于处理并提供中小型网络档案集合的完整访问。

第 9 章
结　语

伴随网络信息存档实践在全球范围内多元化、持续性推进，存档结果如何作为更优的资源资产、如何服务人类世界已成为重要议题，驱动网络档案信息资源建设构建出更全景的理论与方法体系。然而，面对复杂多变的网络空间和持续深入的数字转型进程，网络档案信息资源的核心认知、基本内涵、原则方法及主体路径，正面向多样场景呈现出丰富的探索空间。在此背景下，一方面是网络档案信息资源建设自身的内容拓展；另一方面则是对接前沿档案理论与方法，指引其建立更成框架的体系。因此，密切关联网络档案信息资源建设转型方向的计算档案学得到关注，推进计算档案学视角下的网络档案信息资源建设研究在问题、过程、成果等各方面的建构。本书立足计算档案学的视角，聚焦网络档案信息资源建设应是怎样的这一问题展开系统性研究，以寻求资源建设的理论依据、基本方法与实践路径。

第一，解决理论依据问题。一方面，深入理解计算档案学是什么，明确研究的理论基础。这主要通过梳理分析计算社会科学、计算档案学的实践得出理论与方法要义。另一方面，解析计算档案学与网络档案信息资源建设的关联要点、内容和发展方向。基于这两个方面的分析，为如何从计算档案学视角分析和建构网络档案信息资源建设确定具体依据。

第二，网络档案信息资源建设的实践得到全面收集、整理和分析。在实践梳理的基础上，分析实践的多元模式、进程、深度与广度、局限等，并进一步明确实践要素的具体特点。同时，实践局限获得解析，对照计算档案学的理论与方法要点，从融入计算思维、增值利用导向下的流程重构、强化技术应用、构建跨主体协同机制等方面发现现存实践不足的原因，由此识别网络档案信息资源建设的优化方向。

第三，对应实践解析，展开计算档案学视角下网络档案信息资源建设的优化模式构建：一是在理论内涵层面强调网络档案信息资源建设的相关术语立足数据情景进行概念重构，实现"计算 ＋"导向下的多学科借鉴融合；二是在顶层方向上指出坚持双重数据化原则，并积极跟进创新变革、凸显智慧化导向，将反思性迭代升级融入其中；三是在主体内容，即基本方略层面，提出基于计算思维推进数据化导向的创新建构、基于计算思维推进数据化导向的创新建构、技术开发应用体系的强化建设、多重的跨主体协同机制构建。

第四，基于已析取要素和所构建的优化模式，依托典型机构，选定具体的应用场景并调查其网络档案信息资源建设的基本情况、问题、优化要求、发展目标，构思示范性实践的具体路径。一是从内部、外部等多维度夯实组织架构；二是依照目标有效确定资源建设的总体方向和优先级；三是基于计算思维构建流程，其重点内容包括资源收集与遴选、数据化处理、资源组织与开发；四是从制度规则和技术保障两个方面保障网络档案信息资源建设的持续落实。

总而言之，本书在计算档案学的指导下对网络档案信息资源建设进行了概念、方法与路径重构，强调了业务利用和数据化导向、融入计算思维、强化理论构建与指导等，更是立足典型机构深入阐释了优化模式的应用。然而，本书提供的也并非绝对的答案或是绝对完备的理论与方法体系。一方面，计算档案学本身还在发展建构中，也要同网络档案信息资源建设乃至更广阔的网络空间展开更丰富的关联探索，其自身的理论与方法内容有诸多待识别与扩充之处。另一方面，网络档案信息资源建设面向多元的场景、主体、对象等，其内涵与实践路径也有各类差异化的建构之处。因此，计算档案学与网络档案信息资源建设的双向融合无论是理论还是实践层面，均有深入的探索空间。

关于网络空间发展形态的构想有很多，尽管意见不一，但共识是它对人类世界融合的助力是持续提升的。在此趋势下，不断生成的信息到不断建设的网络档案信息资源，再到服务多维时空下各类场景的开发利用是值得展望的。它将是档案数字转型的重要路线之一。因此，计算档案学视角下的网络档案信息资源建设尝试的是未来视野下面向实际需求的探索，有待识别更多的研究问题，以及更多研究力量的加入，以此建构出更具高度和应用度的理论与方法体系。

参考文献

一、中文参考文献

[1] 毕云平，谢海洋. 档案学视角下网页归档与保存研究综述 [J]. 档案学研究，2015 (4)：74 – 78.

[2] 曹玲，颜祥林. 美国国会图书馆网页归档项目的新动向 [J]. 档案学研究，2018 (2)：125 – 128.

[3] 陈为东，王萍，王益成，等. 面向 Web Archive 的社交媒体信息采集工具比较研究 [J]. 图书馆学研究，2017 (13)：10 – 16.

[4] 戴建陆，范艳芬，金涛. 中文网络信息资源长期保存策略研究 [J]. 情报科学，2015，33 (11)：34 – 38.

[5] 范晓光，刘金龙. 计算社会学的基础问题及未来挑战 [J]. 西安交通大学学报（社会科学版），2022，42 (1)：38 – 45.

[6] 冯惠玲. 数字记忆：文化记忆的数字宫殿 [J]. 中国图书馆学报，2020 (3)：4 – 16.

[7] 冯湘君. 国外网络信息存档研究述评 [J]. 情报资料工作，2014 (6)：55 – 60.

[8] 傅华，冯惠玲. 国家档案资源建设研究 [J]. 档案学通讯，2005 (5)：41 – 43.

[9] 顾浩峰，赵芳，王前. 关于英国政府网站网页归档项目的思考与借鉴 [J]. 北京档案，2022 (1)：46 – 50.

[10] 郭金金，陈伟军. 计算社会科学时代场景内涵的再认识 [J]. 新闻界，2021 (4)：18 – 27.

[11] 韩军徽，李正风. 计算社会科学的方法论挑战 [J]. 自然辩证法研究，2018，34 (4)：14 – 19.

[12] 韩军徽，张铖，李正风. 计算社会科学：缘起、变革与挑战 [J]. 中国社会科学文摘，2020 (10)：132 – 133.

[13] 郝龙. 互联网社会科学实验：方法创新与价值评价 [J]. 中南大学学报（社会科学

168

版），2020，26（6）：163 – 174.

[14] 郝龙，李凤翔. 社会科学大数据计算：大数据时代计算社会科学的核心议题［J］. 图书馆学研究，2017（22）：20 – 29，35.

[15] 黄新平. 欧盟 FP7 社交媒体信息长期保存项目比较与借鉴［J］. 图书馆学研究，2019（17）：2 – 9.

[16] 黄新平，王萍. 国内外近年 Web Archive 技术研究与应用进展［J］. 图书馆学研究，2016（18）：19，30 – 35.

[17] 黄新荣，高晨翔. 过程视角下的社交媒体存档技术研究述评［J］. 图书馆学研究，2019（2）：2 – 11.

[18] 黄新荣，高晨翔. 国内外社交媒体存档研究与实践述评［J］. 图书情报工作，2019（4）：122 – 134.

[19] 黄新荣，曾萨. 网页归档推进策略研究：基于网页归档生态系统视角［J］. 图书馆学研究，2018（16）：16，63 – 70.

[20] 李彩容，王熳莉. 基于 Web 生命周期管理模型的美国网页归档项目政策分析［J］. 北京档案，2022（2）：45 – 48.

[21] 李凤翔，罗教讲. 计算社会科学视角：媒体传播效果的计算机模拟研究［J］. 学术论坛，2018，41（4）：15 – 27.

[22] 郦全民. 论计算社会科学的双重功能［J］. 上海交通大学学报（哲学社会科学版），2019，27（5）：6 – 13.

[23] 李子林，龙家庆. 欧洲网络存档项目实践进展与经验启示［J］. 图书馆学研究，2020（15）：56 – 64.

[24] 梁皆璇. 英国政府网页档案项目及其启示［J］. 北京档案，2014（12）：38 – 40.

[25] 刘乃蓬，张伟. 档案管理模式下网络信息资源长期保存的研究［J］. 中国档案，2012（9）：66 – 68.

[26] 刘越男，杨建梁，何思源，等. 计算档案学：档案学科的新发展［J］. 图书情报知识，2021（3）：4 – 13.

[27] 罗俊，李凤翔. 计算社会科学视角下的数据观［J］. 吉首大学学报：社会科学版，2018，39（2）：17 – 25.

[28] 吕鹏. 计算社会科学中仿真模拟的三个发展阶段［J］. 清华社会学评论，2022（1）：38 – 59.

[29] 马宁宁，曲云鹏，谢天. 欧洲主要网络资源采集项目研究与启示［J］. 图书情报工作，2013，57（12）：10 – 15.

[30] 马宁宁，张炜，曲云鹏. 韩国网络信息保存现状研究与启示：以韩国国立中央图书馆 OASIS 项目为例［J］. 情报理论与实践，2015，38（2）：135，141 – 144.

[31] 马亚雪, 毛进, 李纲. 面向科学社会计算的数据组织与建模方法 [J]. 中国图书馆学报, 2021 (1): 76 - 87.

[32] 毛凌翔. 网络信息资源档案化及其服务的探讨 [J]. 档案学研究, 2012 (2): 50 - 55.

[33] 孟小峰. 人工智能浪潮中的计算社会科学 [J]. 人民论坛·学术前沿, 2019 (20): 32 - 39.

[34] 孟小峰, 余艳. 在跨学科交叉融合中深发展社会计算与社会智能 [J]. 计算机科学, 2022, 49 (4): 3 - 8.

[35] 孟小峰, 张祎. 计算社会科学促进社会科学研究转型 [J]. 社会科学, 2019 (7): 3 - 10.

[36] 任洪展. 自媒体网络信息归档初探 [J]. 档案与建设, 2015 (10): 14 - 17.

[37] 宋香蕾. 政务微博档案化模式研究 [J]. 档案学研究, 2017 (1): 51 - 56.

[38] 申卫星, 刘云. 法学研究新范式: 计算法学的内涵、范畴与方法 [J]. 法学研究, 2020, 42 (5): 3 - 23.

[39] 苏毓淞, 刘江锐. 计算社会科学与研究范式之争: 理论的终结? [J]. 复旦学报 (社会科学版), 2021, 63 (2): 189 - 196.

[40] 孙红蕾, 郑建明. 互联网信息资源长期协作保存机制研究 [J]. 图书馆学研究, 2017 (10): 10, 20 - 25.

[41] 王成军. 计算传播学: 作为计算社会科学的传播学 [J]. 中国网络传播研究, 2014, 7 (1): 193 - 206.

[42] 王成军. 反思计算社会科学的逻辑: 基于拉图尔的"计算中心"概念 [J]. 南京社会科学, 2021 (4): 122 - 131.

[43] 王芳, 史海燕. 国外 Web Archive 研究与实践进展 [J]. 中国图书馆学报, 2013, 39 (2): 36 - 45.

[44] 王萍, 黄新平, 张楠雪. 国外 Web Archive 资源开发利用的途径及趋势展望 [J]. 图书馆学研究, 2015 (23): 43 - 49.

[45] 王萍, 周霞, 李依凝等. 国外政府网络存档项目比较与借鉴 [J]. 图书情报工作, 2022, 66 (17): 15 - 24.

[46] 王烁, 丁宇. 加拿大图书馆网页归档项目研究 [J]. 档案学研究, 2012 (6): 83 - 85.

[47] 魏大威, 季士妍. 国家图书馆网络信息资源采集与保存平台关键技术实现 [J]. 图书馆, 2021 (3): 45 - 50.

[48] 魏大威, 张炜. 国家数字图书馆网络资源保存和服务思考 [J]. 图书馆理论与实践, 2016 (9): 38 - 41, 46.

［49］夏立新，杨元，郭致怡. 高校网络信息资源自动化处理与长期保存策略研究［J］. 数字图书馆论坛，2021（9）：2-10.

［50］肖思利，严婷. UKWAC、Web InfoMall 网络资源长期保存项目研究［J］. 中国档案，2013（5）：70-72.

［51］《学术前沿》编者. 人工智能与计算社会科学［J］. 人民论坛·学术前沿，2019（20）：4-5.

［52］闫晓创. 国外 Web Archive 项目对我国的借鉴和启示：以澳大利亚的 PANDORA 项目为例［J］. 档案学研究，2012（5）：79-83.

［53］闫晓创. 日本网络资源存档项目实践研究［J］. 浙江档案，2017（12）：20-23.

［54］严宇，方鹿敏，孟天广. 重访计算社会科学：从范式创新到交叉学科［J］. 新文科理论与实践，2022（1）：24-33，123-124.

［55］俞树毅，沈燕飞. 论环境法治知识生产的计算科学面向［J］. 西北师大学报（社会科学版），2022，59（3）：116-124.

［56］袁堂军. 我国可计算社会科学研究的现状与未来［J］. 人民论坛·学术前沿，2019（20）：40-47.

［57］曾琼. 突破与重构：大数据时代的计算广告学研究［J］. 湖南师范大学社会科学学报，2019，48（5）：150-156.

［58］曾萨，黄新荣. 网页归档项目对社交媒体文件归档的启示［J］. 图书馆，2018（12）：22-27，66.

［59］曾萨，黄新荣. WARC 标准推广策略研究［J］. 图书馆，2019（6）：81-87.

［60］詹国辉，熊菲，栗俊杰. 面向大数据的计算社会科学：一种诠释社会现象的新范式［J］. 科学技术哲学研究，2018，35（3）：100-104.

［61］张乐，王婷婷. 面向 Web Archive 的网络信息采集工具的分析研究［J］. 图书馆学研究，2017（3）：65-69.

［62］张林华，徐维晨. 浅析国外网页档案实践及其对我国的启示［J］. 档案与建设，2020（6）：9，38-41.

［63］张清俐. 计算社会科学：计算思维与人文灵魂相融合［N］. 中国社会科学报，2014-04-16（A01）.

［64］张卫东，左娜，陆璐. 数字时代的档案资源整合：路径与方法［J］. 档案学通讯，2018（5）：46-50.

［65］张小劲，孟天广. 论计算社会科学的缘起、发展与创新范式［J］. 理论探索，2017（6）：33-38.

［66］张耀蕾. 哈佛大学图书馆网络资源保存服务项目的研究和启示［J］. 图书馆建设，2015（1）：88-93.

［67］ 赵梦. 网络信息资源采集与保存策略分析［J］. 国家图书馆学刊，2010，19（4）：77 - 79.

［68］ 赵展春. 网络信息归档保存的档案馆责任主体研究［J］. 档案与建设，2014（10）：23 - 26，30.

［69］ 中国互联网络信息中心. 第 42 次《中国互联网络发展状况统计报告》［EB/OL］.（2018 - 08 - 20）［2023 - 10 - 07］. https：//www3. cnnic. cn/n4/2022/0401/c88 - 767. html.

［70］ 中国互联网络信息中心. 第 52 次《中国互联网络发展状况统计报告》［EB/OL］.（2023 - 08 - 28）［2023 - 10 - 07］. https：//www3. cnnic. cn/n4/2023/0828/c88 - 10829. html.

［71］ 周涛，高馨，罗家德. 社会计算驱动的社会科学研究方法［J］. 社会学研究，2022，37（5）：130 - 155，228 - 229.

［72］ 周毅. 网络信息存档：档案部门的责任及其策略［J］. 档案学研究，2010（1）：70 - 73.

二、英文参考文献

［1］ ACKER A, BRUBAKER J R. Death, memorialization, and social media：a platform perspective for personal archives［J］. Archivaria, 2014, 77（1）：1 - 23.

［2］ AICollaboratory. CAS workshops［EB/OL］.［2023 - 02 - 10］. https：//ai - collaboratory. net/cas/cas - workshops/.

［3］ ANAT B. 2014 not found：a cross - platform approach to retrospective web archiving［J］. Internet Histories, 2019, 3（3 - 4）：316 - 342.

［4］ AMBACHER B, CONRAD M. Computational archival science is a two - way street［C］// 2021 IEEE International Conference on Big Data（Big Data）. IEEE, 2021：2192 - 2199.

［5］ ANDERSON B G, PROM J C, HAMILTON K, et al. The cybernetics thought collective project：using computational methods to reveal intellectual context in archival material［C］// 2017 IEEE International Conference on Big Data（Big Data）. Boston：Curran Associates, 2017：2213 - 2218.

［6］ BATISTA A D, WEINGAERTNER T. ArchContract：using smart contracts for disposition［C］//2019 IEEE International Conference on Big Data（Big Data）. Los Angeles：Curran Associates, 2019：3060 - 3065.

［7］ BEIS C A, HARRIS K N, SHREFFLER S L. Accessing web archives：integrating an archive - it collection into EBSCO discovery service［J］. Journal of Web Librarianship, 2019, 13（3）：246 - 259.

［8］ BERCIC B. Protection of personal data and copyrighted material on the web: the cases of Google and internet archive ［J］. Information & Communications Technology Law, 2005, 14 (1): 17 – 24.

［9］ BLANKE T, WILSON J. Identifying epochs in text archives ［C］//2017 IEEE International Conference on Big Data (Big Data). Boston: Curran Associates, 2017: 2219 – 2224.

［10］ BRUGGER N, LAURSEN D. The historical web and digital humanities: the case of national web domains ［M］. London: Routledge, 2019.

［11］ CAN S Y, KABADAY E M. Curation of historical arabic handwritten digit datasets from ottoman population registers: a deep transfer learning case study ［C］//2020 IEEE International Conference on Big Data (Big Data). Atlanta: Curran Associates, 2020: 1853 – 1860.

［12］ CHANG R M, KAUFFMAN R J, KWON Y O. Understanding the paradigm shift to computational social science in the presence of big data ［J］. Decision Support Systems, 2014, 63: 67 – 80.

［13］ CIOFFI – REVILLA C. Bigger computational social science: data, theories, models, and simulations—not just big data ［EB/OL］. (2016 – 05 – 24) ［2023 – 02 – 10］. https://papers. ssrn. com/sol3/papers. cfm?abstract_id = 2784278.

［14］ CONRAD M, WILLIAMS L. Elevating "everyday" voices and people in archives through the application of graph database technology ［C］//2020 IEEE International Conference on Big Data (Big Data). Atlanta: Curran Associates, 2020: 1861 – 1865.

［15］ CONSALVO M, ESS C. The handbook of internet studies ［M］. Malden: Wiley – Blackwell, 2011.

［16］ DAVID L, PENTLAND A, ADAMIC L, et al. Computational social science ［J］. Science, 2009, 323 (5915): 721 – 723.

［17］ DUGENIE P, FREIRE N, BROEDER D. Building new knowledge from distributed scientific corpus: HERBADROP & EUROPEANA: two concrete case studies for exploring big archival data ［C］//2017 IEEE International Conference on Big Data (Big Data). Boston: Curran Associates, 2017: 2231 – 2239.

［18］ FABIO D. Amount of data created daily (2023) ［EB/OL］. (2023 – 03 – 16) ［2023 – 10 – 07］. https://explodingtopics. com/blog/data – generated – per – day.

［19］ FAFALIOS P, HOLZMANN H, KASTURIA V, et al. Building and querying semantic layers for web archives (extended version) ［J］. International Journal on Digital Libraries, 2020, 21: 149 – 167.

［20］ FERNADO Z, MARENZI I, NEJDL W. ArchiveWeb: collaboratively extending and exploring web archive collections—how would you like to work with your collections? ［J］.

173

International Journal on Digital Libraries, 2018, 19 (1): 39 – 55.

[21] FRIEDMAN M, FORD C, ELINGS M, et al. Using AI/Machine learning to extract data from Japanese American confinement records [C] //2021 IEEE International Conference on Big Data (Big Data). Orlando: Curran Associates, 2021: 2210 – 2219.

[22] GOMES D, DEMIDOVA E, WINTERS J, et al. The Past Web: exploringweb archive [M]. Cham: Springer International Publishing, 2021.

[23] GOODALL T, ESTEVA M, SWEAT S, et al. Towards automated quality curation of video collections from a realistic perspective [C] //2017 IEEE International Conference on Big Data (Big Data). Boston: Curran Associates, 2017: 2240 – 2245.

[24] GOODMANN E, MATIENZO A M, VANCOUR S, et al. Building the national radio recordings database: a big data approach to documenting audio heritage [C] //2019 IEEE International Conference on Big Data (Big Data). Los Angeles: Curran Associates, 2019: 3080 – 3086.

[25] HAMOUDA H, BUSHEY J, LEMIEUX V, et al. Extending the scope of computational archival science: a case study on leveraging archival and engineering approaches to develop a framework to detect and prevent "fake video" [C] //2019 IEEE International Conference on Big Data (Big Data). IEEE, 2019: 3087 – 3097.

[26] HENGCHEN S, COECKELBERGS M, HOOLAND V S, et al. Exploring archives with probabilistic models: topic modelling for the valorisation of digitised archives of the European Commission [C] //2016 IEEE International Conference on Big Data (Big Data). Washington: Curran Associates, 2016: 3245 – 3249.

[27] HOCKX – YU H, LAURSEN D, GOMES D. The curious case of archiving. eu [J]. The Historical Web and Digital Humanities, 2019: 64 – 72.

[28] HOLZMANN H, GOEL V, ANAND A. ArchiveSpark: efficientweb archive access, extraction and derivation [C] //2016 IEEE/ACM Joint Conference on Digital Libraries (JCDL). IEEE, 2016: 83 – 92.

[29] HOLZMANN H, GOEL V, GUSTAINIS E. N. Universal distant reading through metadata proxies with archivespark [C] //2017 IEEE International Conference on Big Data (Big Data). IEEE, 2017: 459 – 464.

[30] HUANG X P. Research onontology and linked data – oriented construction of government website web archive thematic knowledge base [C] //2021 5th International Conference on Trends in Electronics and Informatics (ICOEI). 2021: 928 – 934.

[31] HUTCHINSON T. Protecting privacy in the archives: preliminary explorations of topic modeling for born – digital collections [C] //2017 IEEE International Conference on Big Data (Big Data). Boston: Curran Associates, 2017: 2251 – 2255.

［32］ HUTCHINSON T. Protecting privacy in the archives：supervised machine learning and born – digital records ［C］//2018 IEEE International Conference on Big Data（Big Data）. Seattle：Curran Associates, 2018：2696 – 2701.

［33］ JANSEN G. Digital legacies on paper：reading punchcards with computer vision ［C］//2019 IEEE International Conference on Big Data（Big Data）. Los Angeles：Curran Associates, 2019：3103 – 3108.

［34］ JANSEN G, COBURN A, MARCIANO R. Using data partitions and stateless servers to scale up fedora repositories ［C］//2019 IEEE International Conference on Big Data（Big Data）. Los Angeles：Curran Associates, 2019：3098 – 3102.

［35］ JAYAWARDANA Y, NWALA A C, JAYAWARD E G, et al. Modeling updates of scholarly webpages using archived data ［C］//2020 IEEE International Conference on Big Data（Big Data）. IEEE, 2020：1868 – 1877.

［36］ KALTMAN E. Preliminary analysis of a large – scale digital entertainment development archive：a case study of the entertainment technology center's projects ［C］//2019 IEEE International Conference on Big Data（Big Data）. Los Angeles：Curran Associates, 2019：3109 – 3115.

［37］ KATUU S. The utility enterprise architecture for records professionals ［C］//2018 IEEE International Conference on Big Data（Big Data）. Seattle：Curran Associates, 2018：3116 – 3125.

［38］ KATUU S. Managing records in enterprise resource planning systems ［C］//2021 IEEE International Conference on Big Data（Big Data）. IEEE, 2021：2240 – 2245.

［39］ KINDER – KURLANDA K, WELLER K, ZENK – MÖLTGEN W, et al. Archiving information from geotagged tweets to promote reproducibility and comparability in social media research ［J］. Big Data & Society, 2017, 4（2）：1 – 14.

［40］ KIRALY P, BUCHLER M. Measuring completeness as metadata quality metric in Europeana ［C］//2018 IEEE International Conference on Big Data（Big Data）. IEEE, 2018：2711 – 2720.

［41］ LEE B. Line detection in binary document scans：a case study with the international tracing service archives ［C］//2017 IEEE International Conference on Big Data（Big Data）. Boston：Curran Associates, 2017：2256 – 2261.

［42］ LEE C A. Computer – assisted appraisal and selection of archival materials ［C］//2018 IEEE International Conference on Big Data（Big Data）. Seattle：Curran Associates, 2018：2721 – 2724.

［43］ LEE M, ZHANG Y H, CHEN S Y, et al. Heuristics for assessing computational archival science（CAS）research：the case of the human face of big data project ［C］//2017

175

IEEE International Conference on Big Data (Big Data). Boston: Curran Associates, 2017: 2262 - 2270.

[44] LEMIEUX V L. A typology of blockchain recordkeeping solutions and some reflections on their implications for the future of archival preservation [C] //2017 IEEE International Conference on Big Data (Big Data). IEEE, 2017: 2271 - 2278.

[45] LINDLEY S E, MARSHALL C C, BANKS R, et al. Rethinking the web as a personal archive [C] //SCHWABE D, ALMEIDA V, GLASER H. Proceedings of the 22nd International Conference on World Wide Web. New York: Association for Computing Machinery. 2013: 749 - 760.

[46] LITTMAN J, CHUDNOV D, KERCHNER D, et al. API - based social media collecting as a form of web archiving [J]. International Journal on Digital Libraries, 2018, 19 (1): 21 - 38.

[47] LOBBE Q. Continuity and discontinuity in web archives: a multi - level reconstruction of the firsttuesday community through persistences, continuity spaces and web cernes [J]. Internet Histories, 2023, 7 (4): 354 - 385.

[48] MAEMURA E. All WARC and no playback: the materialities of data - centered web archives research [EB/OL]. (2023 - 03 - 13) [2023 - 04 - 15]. https://doi.org/10.1177/20539517231163172.

[49] MAEMURA E, BECKER C, MILLIGAN I. Understanding computational web archives research methods using research objects [C] //2016 IEEE International Conference on Big Data (Big Data). IEEE, 2016: 3250 - 3259.

[50] MAEMURA E, WORBY N, MILLIGAN I, et al. If these crawls could talk: studying and documenting web archives provenance [J]. Journal of the Association for Information Science and Technology, 2018, 69 (10): 1223 - 1233.

[51] MIKSA T, CARDOSO J, BORBINHA J. Framing the scope of the common data model for machine - actionable data management plans [C] //2018 IEEE International Conference on Big Data (Big Data). Seattle: Curran Associates, 2018: 2733 - 2742.

[52] NANNI F, PONZETTO S P, DIETZ L. Building entity - centric event collections [C] // Proceedings of the 17th ACM/IEEE Joint Conference on Digital Libraries. IEEE Press, 2017: 199 - 208.

[53] NIU J. An overview of web archiving [EB/OL]. (2013 - 07 - 30) [2023 - 01 - 31]. https://digitalcommons.usf.edu/si_facpub/308.

[54] OGDEN J. "Everything on the internet can be saved": archive team, tumblr and the cultural significance of web archiving [J]. Internet Histories, 2022, 6 (1 - 2): 113 - 132.

[55] OGDEN J, MAEMURA E. "Go fish": conceptualising the challenges of engaging national web archives for digital research [J]. International Journal of Digital Humanity, 2021, 2 (1 – 3): 43 – 63.

[56] PAYNE N. Anintelligent class: the development of a novel context capturing framework supporting the functional auto – classification of records [C] //2019 IEEE International Conference on Big Data (Big Data). Los Angeles: Curran Associates, 2019: 3136 – 3145.

[57] PERINE A L, GNANASEKARAN K R, NICHOLAS P, et al. Computational treatments to recover erased heritage: a legacy of slavery case study (CT – LoS) [C] //2020 IEEE International Conference on Big Data (Big Data). Atlanta: Curran Associates, 2020: 1894 – 1903.

[58] POST C. Building a living, breathing archive: a review of appraisal theories and approaches for web archives [J]. Preservation, digital technology & culture, 2017, 46 (2): 69 – 77.

[59] PROCTOR J, MARCIANO R. An AI – assisted framework for rapid conversion of descriptive photo metadata into linked data [C] //2021 IEEE International Conference on Big Data (Big Data). Orlando: Curran Associates, 2021: 2255 – 2261.

[60] RANADE S. Traces through time: a probabilistic approach to connected archival data [C] //2016 IEEE International Conference on Big Data (Big Data). Washington: Curran Associates, 2016: 3260 – 3265.

[61] ROSS D, CRETU E, LEMIEUX V. NFTs: tulip mania or digital renaissance? [C] // 2021 IEEE International Conference on Big Data (Big Data). IEEE, 2021: 2262 – 2272.

[62] RUEST N, FRITZ S, DESCHAMPS R, et al. From archive to analysis: accessing web archives at scale through a cloud – based interface [J]. International Journal of Digital Humanities, 2021, 2 (1): 5 – 24.

[63] SANDUSKY J R. Computational provenance: DataONE and implications for cultural heritage institutions [C] //2016 IEEE International Conference on Big Data (Big Data). Washington: Curran Associates, 2016: 3266 – 3271.

[64] SHALLCROSS M. Appraising digital archives with Archivematica [C] //2016 IEEE International Conference on Big Data (Big Data). Washington: Curran Associates, 2016: 3272 – 3276.

[65] SHEA O E, KHAN R, BREATHNACH C, et al. Towards automatic data cleansing and classification of valid historical data an incremental approach based on MDD [C] //2020 IEEE International Conference on Big Data (Big Data). Atlanta: Curran Associates, 2020: 1914 – 1923.

[66] SINN D, KIM S, SYN S Y. Personal digital archiving: influencing factors and challenges to

practices [J]. Library Hi Tech, 2017, 35 (2): 222 – 239.

[67] SMITH T. D. The blockchain litmus test [C] //2017 IEEE International Conference on Big Data (Big Data). IEEE, 2017: 2299 – 2308.

[68] STROHMAIER M, WAGNER C. Computationalsocial science for the world wide web [J]. IEEE Intelligent Systems, 2014, 29 (5): 84 – 88.

[69] SZYDLOWSKI N, HOLBERTON R, JOHNSON E. Archiving an early web – based journal: addressing issues of workflow, authenticity, and bibliodiversity [EB/OL]. (2022 – 08 – 29) [2023 – 04 – 13]. https: //journal. code4lib. org/articles/16696? utm _ source = rss&utm_medium = rss&utm_campaign = archiving – an – early – web – based – journal – addressing – issues – of – workflow – authenticity – and – bibliodiversity.

[70] UNDERWOOD W. Automatic extraction of dublin core metadata from presidential e – records [C] //2020 IEEE International Conference on Big Data (Big Data). Atlanta: Curran Associates, 2020: 1931 – 1938.

[71] UNDERWOOD W, MARCIANO R, LAIB S, et al. Computational curation of a digitized record series of WWII Japanese – American internment [C] //2017 IEEE International Conference on Big Data (Big Data). Boston: Curran Associates, 2017: 2309 – 2313.

[72] UNDERWOOD W, MARCIANO R. Computational thinking in archival science research and education [C] //2019 IEEE International Conference on Big Data (Big Data). IEEE, 2019: 3146 – 3152.

[73] VENKATA S K, DECKER S, KIRSCH D A, et al. EMCODIST: a context – based search tool for email archives [C] //2021 IEEE International Conference on Big Data (Big Data). IEEE, 2021: 2281 – 2290.

[74] WEINTROP D, BEHESHTI E, HORN M, et al. Defining computational thinking for mathematics and science classrooms [J]. Journal of Science Education and Technology, 2016, 25: 127 – 147.

[75] WILLIAMS L. What computational archival science can learn from art history and material culture studies [C] //2019 IEEE International Conference on Big Data (BigData). Los Angeles: Curran Associates, 2019: 3136 – 3145.

[76] WING J M. Computational thinking [J]. Communications of the ACM, 2006, 49 (3): 33 – 35.

[77] YIN Z Y, FAN L Z, YU H Z, et al. Using a three – step social media similarity (TSMS) mapping method to analyze controversial speech relating to COVID – 19 in twitter collections [C] //2020 IEEE International Conference on Big Data (Big Data). IEEE, 2020: 1949 – 1953.

全球部分代表性网络档案信息资源
建设项目概况

1. 互联网档案馆项目[1]

1996 年开展的互联网档案馆项目是全球最早启动的，国际影响力较大的跨国网络档案信息资源建设项目，旨在建立一个收录互联网网站和其他数字形式文化文物的数字档案馆，并向公众免费开放。该项目成员由研究人员、技术人员队伍组成，依靠强大的技术开发能力和优质产品服务吸引了广泛的国际合作，一方面使用 Wayback Machine 爬取信息和重映资源，另一方面依托 Archive – It 平台来汇集其他建设主体自建资源，聚合后向公众提供专题性多源网络资源。项目自建网络档案信息资源均为仅重映网页外观的网页快照型资源。截至 2023 年，加上用户在互联网档案馆项目托管的资源，互联网档案馆项目的网络档案信息资源共包括 7350 亿个网页档案；其下属 Global Event 项目成果则包括 32 项跨国主题集合与 65332 个站点资源，包括美国总统选举、去中心化网络峰会等资源集。同时，该项目配备了丰富的网络档案信息资源利用者、开发者指引门户，用于指引用户上传、管理、开发网络档案数据。

---

[1]　Internet Archive：About IA ［EB/OL］. ［2023 – 11 – 10］. https：//archive.org/about/.

2. 国际互联网保存联盟项目❶

国际互联网保存联盟始建于 2003 年，由来自全球多个国家、大学和地区的多个图书馆和档案馆共同组成，各成员以参与短期或长期项目的工作组形式展开合作。国际互联网保存联盟开启了联盟式的网络档案信息资源建设模式，致力于改进网络档案信息资源建设的工具、标准和最佳实践，同时促进国际合作以及网络档案在研究和文化遗产方面的广泛访问和使用。国际互联网保存联盟下设的内容工作组围绕奥运会、气候变化、第一次世界大战等具有影响力的事件、主题建立协作集合，主要通过公开提名与众包形式完成资源遴选，依靠成员协作进行资源开发。除了丰富的原态重映类资源，国际互联网保存联盟项目的另一特色是提供丰富的，甚至是类基础设施型资源利用服务，一方面是通过工具、培训、教程指导用户建设资源；另一方面，通过合作研究、国际会议加强社群内合作，攻关建设问题，并吸引各方对资源的二次开发利用。

3. 欧盟网络档案项目❷

2013 年，欧盟历史档案馆和欧盟出版物办公室联合开展欧盟网络档案信息资源建设，他们意识到网络内容极易消失，由此创建了一个网络档案库来保存自 1996 年以来发布的有关欧盟机构和团体信息的网站，其资源成果均属于原态重映的网页快照格式，覆盖欧盟机构、信息和通信、研究、教育、环境、基本权利、科学、食品和渔业、行政、健康、正义、银行业、内部市场等欧盟重要主题；并汇编成 5 个资源集合，分别为欧盟 europa. eu 域网页集、英国脱欧网页集、地平线 2020 网页集、欧盟理事会主席国和出版物集，均依托第三方网络档案托管平台 Archive – It 提供资源浏览与检索服务。

---

❶ About IIPC ［EB/OL］. ［2023 – 11 – 10］. https：//netpreserve. org/about – us/.

❷ European Web Archive ［EB/OL］. ［2023 – 11 – 10］. https：//archive. eu/.

4. 俄罗斯国家数字图书馆项目❶

2010 年，俄罗斯国家数字图书馆项目由俄罗斯的公益组织"信息文化"发起，目标是开发包括网络信息在内的俄罗斯数字遗产相关的开放数据，促进开放数据文化交流。与其他项目不同，该项目收集了网页中的非 HTML 文件，致力于完整保存网页上的所有元素、数据。同时，该项目的建设对象包括社交媒体信息，如收集各社交软件上的主题频道信息，并将所有信息搭建为一个可下载利用的开放数据集。该项目共搭建有三个开放数据集、"莫斯科回声"网络档案开放数据集、俄罗斯社交媒体档案开放数据集和俄罗斯政府，每个集合均容纳大容量的基础数据与网站上附带的各类图片、音频、视频、文字文档。

5. 英国脱欧网络档案项目❷

英国国家档案馆建立了专门的脱欧主题网络档案库，以留存网络中有关这一重要的历史时刻的网页内容，档案馆从欧洲立法网站（EUR – Lex）中选取的大量文件，包括条约、立法文件、欧盟官方期刊、案例法和其他辅助材料，以及欧洲法院的判决书，有英语、法语和德语版本进行收集，开发为原态重映型网络档案，并在 Open Government License v3.0 许可下开放利用。

6. 英国网络档案项目❸

2005 年，为了应对"数字黑洞"挑战，英国网络档案项目由 6 个英国公共图书馆联合主导，旨在为各类研究人员和普通公众收集、保存和提供来自英国域的具有学术和文化重要性的网络档案信息资源。该项目根据 2013 年 4 月

---

❶ Национальный цифровой архив России［EB/OL］.［2023 – 11 – 15］. https：//en. wikipedia. org/wiki/UK_Government_Web_Archive.

❷ UK Government Web Archive［EB/OL］.（2023 – 09 – 26）［2023 – 11 – 15］. https：//en. wikipedia. org/w/index. php?title = UK_Government_Web_Archive&oldid = 1177151479.

❸ BRITISH Library. UK Web Archive［EB/OL］.［2023 – 11 – 15］. https：//bl. iro. bl. uk/collections/d09fbc16 – 7a76 – 49db – a45f – 16a99c30ae3e?locale = en.

颁布的英国非印刷法定保管条例的规定对英国网络域进行全域归档，以英国顶级域名收集为核心。截至 2020 年，该项目保存了超过 750TB 的数据，包括数十亿个文件和多次年度英国域爬网。专题收藏包括一系列关于英国大选、英国加勒比社区和体育等系列收藏，都通过原态重映的网络快照形式提供开放利用。

7. 明日档案项目❶

该项目由苏格兰国家图书馆于 2022 年发起，项目目标是收集、保存网络在线会话中的不同的观点以供后代使用，也包括建立跨学科的研究网络，支持数字学术。该项目围绕有关健康的在线信息和错误信息进行资源建设，建设了多个与健康相关的官方和非官方网页档案。其资源被用于试验元数据、计算分析、伦理和权利问题研究，未来该项目计划使其网络档案更加具有健康研究代表性、包容性和开放性。

8. 爱尔兰网络档案项目❷

2011 年，爱尔兰国家图书馆认识到网络信息的内在文化价值，以及为当代和后代保存这些材料的必要性，进而积极创建爱尔兰网络档案信息资源。从基于事件的试点建设逐渐过渡到定期的爱尔兰顶级网域全域收集。如今，该项目在公开可用的 NLI Selective Web Archive 中有超过 2300 个站点，其中许多站点被多次捕获和 44TB 原始数据。Web Archive 以主题和事件为基础，收集的重点是爱尔兰正在发生的重大事件，爱尔兰国家图书馆与技术合作伙伴互联网档案馆合作进行网络存档，平均每年进行约 600 次爬网，主题包括政治家、节日、历史、复活节活动等。

---

❶ Archive of Tomorrow ［EB/OL］．［2023 - 11 - 15］．https：//data. nls. uk/data/metadata - collections/archive - of - tomorrow - project/.

❷ Archive - It - National Library of Ireland Collections 2011—2018 ［EB/OL］．［2023 - 11 - 15］．https：//www. nli. ie/collections/our - collections/web - archive.

9. Archive Team 项目[1]

Archive Team 于 2009 年设立，是一个全球范围内网络志愿者自愿参与和协作的非官方网络档案信息资源建设的项目。该项目以保护数字遗产为共同目标，以开放式合作为核心原则保护处于危险或濒危状态的网络平台信息，分布式构建网络档案信息资源。其遴选标准以"濒危"为核心，收集将被收购、大规模裁员或处于即将关闭、已经关闭中的网络平台信息进行资源建设。该项目的成员全部由网络志愿者构成，通过匿名形式进行协作交流，并自主研发较多技术工具，如开发了 Warrior、Tracker 等多个技术工具以提高网络信息资源的收集和收集效率，帮助网络志愿者更高效便捷地参与网络档案信息资源建设；该项目同时会积极向社会宣传其成果，开设有关社交媒体账户，如@ archiveteam、@ at_warrior、/r/archiveteam 等，以招募网络志愿者参与并宣传网络档案信息资源建设行动。

10. 美国得克萨斯大学圣安东尼奥分校网络档案项目[2]

美国得克萨斯大学圣安东尼奥分校网络档案项目是 2008 年由该校图书馆特别馆藏下属的一个重要项目，旨在建立和维护一个全面的校内网络信息资源系统，通过收集、存储和保护与该校相关的网络内容和信息资源来激发新的知识产出。该项目主要基于主题来遴选建设对象，且不排斥社交媒体信息收集，对象主要来自学校官方网站、教职工和学生创建的社交媒体网站，以及来自双语教育、边境研究、饮食文化、性别研究、文化和历史等主题领域的组织和社区的网站。截至 2023 年，美国得克萨斯大学安东尼奥分校特殊馆藏已建成多个活跃馆藏，收集并保存多个资源，资源类型包括网站、视频、音频、文档等。其网络档案信息资源已成为该特殊馆藏的一部分，依托 Archive – It 提供网络浏览与检索服务，支持检索网站集合、站点、URL、网页文本内容。

---

❶　Archiveteam［EB/OL］.［2023 – 11 – 15］. https：//wiki. archiveteam. org/.

❷　Archive – It – University of Texas at San Antonio Libraries Special Collections［EB/OL］.［2023 – 11 – 15］. https：//www. archive – it. org/organizations/318.

11. 英国政府网络档案项目●

英国国家档案馆较早意识到网页是重要的电子文件，是档案信息资源不可或缺的一部分，因而较早地开展网络档案信息资源建设项目。2003 年 9 月，英国国家档案馆建立英国政府网站档案馆，通过将英国政府的网站档案信息资源收集保存，为普通大众、学者、政府管理人员提供丰富且有价值的网络档案信息资源。从一开始文件的上传发布到后来的长期链接的创建再到现在社交媒体信息资源的建设，通过技术的改进和相关制度的完善，该项目保存的资源涉及英国政府的社交媒体以及网站和博客等传统的网络信息，并能提供访问。该项目的组织形式主要体现为多主体共建特征，即由英国国家档案馆网站档案馆团队、互联网记忆基金会、Mirror Web 公司、英国公共档案法规定的公共文件主体机构的网站管理者和部门文件官员合作开展。

12. Archives Unleashed 项目●

Archives Unleashed 项目的主要目标是面向以学者为代表的网络档案信息资源用户的利用需求，进一步开发、搭建以互联网档案馆资源利用服务为核心的研究基础设施平台。该项目是由互联网档案馆主导建设的，主要负责项目整体的统筹规划与平台开发，项目团队成员由来自不同机构、不同专业的学者、技术人员组成。Archives Unleashed 项目依托互联网档案馆自建资源来打造面向资源利用者，尤其是开发者、研究者的综合性利用基础设施，为其提供专门的资源检索工具、分析工具、加工平台和配套学习资源，如 Archives Unleashed Cloud、Archives Unleashed 工具包、Archives Unleashed Notebooks 等。

● UK Government Web Archive ［EB/OL］. （2023 - 09 - 26）［2023 - 11 - 20］. https：//www. national archives. gov. uk/webarchive/.

● The Archives Unleashed Project ［EB/OL］. ［2023 - 11 - 20］. https：//archivesunleashed. org/.

13. NetLab 项目❶

NetLab 是丹麦皇家数字人文实验室（DigHumLab）内用于研究互联网材料的研究基础设施项目，丹麦由奥胡斯大学媒体研究教授兼互联网研究中心主任尼尔·布鲁格（Niels Brügger）发起，并连同其他同校研究者负责全程建设，同时与丹麦皇家网络档案馆 Netarkivet 项目组、互联网档案馆等组织保持密切合作。NetLab 通过组织培训课程、教育研讨活动以及开放工具、教学资源帮助研究者梳理网络档案的基本研究用途，追踪研究动态，创新开发工具与方法。同时，NetLab 依靠自组织研究项目、网络档案使用案例来启发研究者挖掘更多的网络档案信息资源二次开发方向，依托用户的力量明确档案信息资源优化建设的需求与方向。

14. Resaw 项目❷

为了促进欧洲协作网络档案研究，Resaw 网络档案研究基础设施项目于 2012 年成立，其项目组主要由丹麦奥胡斯大学的学者组成，突出多元主体协作与自组织。Resaw 动员了来自丹麦、法国、荷兰、葡萄牙、英国的有关网络档案馆和互联网档案馆加盟合作，一同推出有关网络信息收集、资源建设、研究工具与方法的系列网络研讨活动，包括参与公共互联网历史：讲述网络故事的新方式、数据化网络的历史：基础设施、指标、美学等跨学科主题。

15. 美国国会图书馆网络档案项目❸

自 2000 年以来，美国国会图书馆一直通过其网络档案资源建设计划对网络原生内容进行收集保存，支持用户对此类材料的访问利用。其资源建设范围

---

❶ NetLab Workshop – archived web and web archiving – DIGHUMLAB［EB/OL］.［2023 – 11 – 20］. https：//dighumlab. org/events/netlab – workshop – archivedf – web – and – web – archiving/.

❷ RESAW［EB/OL］.［2023 – 11 – 20］. https：//cc. au. dk/en/resaw.

❸ About This Program ｜ Web Archiving ｜ Programs ｜ Library of Congress［EB/OL］.［2023 – 11 – 20］. https：//www. loc. gov/programs/web – archiving/about – this – program/.

包括各种美国和国际组织网站，广泛覆盖多种主题领域，如美国部分立法、司法和行政部门机构网站。在资源开发方面，除了开发基本的网络快照型资源及配套利用服务，该图书馆还积极支持新形式的研究，尝试提供网络档案数据集供研究人员探索、可视化和重用，具体通过该图书馆实验室托管的网络存档数据集实验平台提供研究导向型服务。

16. 澳大利亚网络档案项目❶

1996 年，澳大利亚网络档案项目由澳大利亚国家图书馆、档案馆发起，建设出包括 PANDORA 档案、澳大利亚政府网络档案和澳大利亚国家图书馆的 .au 域馆藏三部分，通过 Trove 平台托管、访问，目标在于全面收集各类澳大利亚主题网站。在开发过程中，该项目设计并研发出专门的 PANDORA 网络存档系统以赋能全面的网络档案建设工作。2019 年 3 月，该项目在澳大利亚网络档案平台发布其全部网络档案，通过其"财富发现"栏目开放公众访问。

17. 法国网络档案项目❷

自 2006 年以来，网络档案资源建设一直是法国国家图书馆法定存缴任务的一部分。项目的资源遴选标准以网站域名为核心，收集包括 .fr、.re、.bzh 等在法国顶层网域内形成，或由法国居民、机构发布在 .com、.cn 通用域的法国网页；同时会使用相关网络提名收集工具来收集专家、学者建议建设的具体信息对象。在资源的组织开发维度，该项目以细粒度的描述性元数据、检索工具、API 服务来有效引导、支持用户的网络档案数据利用，且通过主题聚合，精选并构建出较多重要文化主题 URL 数据集，如法国选举、URL 集、2011～2021 年行政部门网站选址 URL 集等。平均每个数据集容纳了 2 万多个网络站点的 URL 数据与相关描述数据，最大的数据集为法国网络站点 URL 数据集，共建设出多达 11 万个网络 URL 的档案数据。此外，该项目是少数积极策划网

---

❶ PANDORA Web Archive［EB/OL］.［2023 – 11 – 20］. https：//pandora. nla. gov. au/.

❷ BnF – Site institutionnel［EB/OL］.［2023 – 11 – 20］. https：//www. bnf. fr/fr/consulter – les – archives – de – linternet.

络档案数据集二次开发利用活动的项目之一，通过马拉松活动宣传、促进了公众利用网络档案数据等，形成更多衍生数据产品。

18. 比利时 PROMISE 项目[1]

2016 年，比利时皇家图书馆和国家档案馆与比利时根特大学、那慕尔大学等高等院校共同发起 PROMISE（面向比利时在线信息的信息保存策略）项目，目标是建设比利时特色网络档案信息资源。该项目整体偏向于研究和实验性质，已交付的项目成果包括比利时网络档案信息资源遴选政策、反映比利时皇家图书馆和国家档案馆建设职责的法律框架及网络档案开发实验原型。该项目现致力于为可持续的网络档案信息资源利用服务提出建议，包括有关访问网络档案的法律考虑、运营程序、商业模式，以及技术和功能要求。

19. 捷克网络档案[2]

捷克网络档案项目旨在保存整个捷克网络，包括开发网络档案信息资源并提供长期访问的工具和方法。该项目第一批资源建设于 2001 年开展，自 2005 年以来捷克国家图书馆一直在进行定期的网络信息收集、开发。Webarchiv 是捷克处理大规模的网络内容归档的实体项目，在国家层面也是欧洲最古老的网络档案馆之一。该项目的大规模自动捕获和选择性收集都在进行中，以"基于事件"的主题馆藏为主，发布了包括 2016 年里约热内卢夏季奥林匹克运动会和 2016 年里约热内卢夏季残疾人奥林匹克运动会、2019 年欧洲议会选举等事件的网络快照型资源专题集。

20. 日本 WARP 项目[3]

随着日本国立国会图书馆法修正案的正式发布，日本国立国会图书馆有权

---

[1]　PROMISE project [EB/OL]. [2023 – 11 – 23]. https：//www. kbr. be/en/projects/promise – project/.

[2]　Webarchiv [EB/OL]. [2023 – 11 – 23]. https：//www. webarchiv. cz/en/.

[3]　Web Archiving Project （WARP） [EB/OL]. [2023 – 11 – 23]. https：//warp. da. ndl. go. jp/info/WARP_en. html.

利收集和保存公共机构发布的互联网信息。2010 年 4 月 1 日，该修正案正式实施，日本国立国会图书馆开始全面建设日本公共机构网络档案信息资源。截至 2021 年，该项目已建设了多个网页档案，主要来自日本的国家机构、地方政府、公司、学术机构、体育活动、在线期刊等网站。

21. 韩国 OASIS 项目❶

韩国国家图书馆自 2004 年以来依据韩国图书馆法第 20 - 2 条，一直在推动其 OASIS 项目，旨在建立韩国国家层面的数字知识文化遗产。策略层面，该项目通过选择性收集方法收集具有长期保存价值的网站、网络文档、图像和视频等在线数字资源。截至 2022 年，该项目已存档多个网站和多项网络数据，均为原态重映型资源，提供网页浏览与检索服务，支持按 URL、关键词检索，主题包括韩国选举、2020 年东京夏季奥林匹克运动会、文化、天气等，并特别设有"灾难档案"合集。对象格式包括网站文字、文档、视频、图像。

22. 奥地利网络档案项目❷

奥地利国家图书馆依托奥地利网络档案项目，试图收集和保存国家网络空间中的重要内容，通过组合不同的遴选方法来启动网络档案信息资源建设，一是依据网站域名广泛爬取顶级域名 . at，以及其他与奥地利相关的顶级域名网页；二是由策展人针对媒体、政治、科学和权威等特定主题领域选择重要网站进行收集。在开发利用方面，项目根据奥地利媒体法，仅允许在奥地利国家图书馆和授权图书馆进行现场访问，用户可以先在线浏览官网资源目录，判断欲使用的网络档案，然后现场查看网络档案。

---

❶ Online Archiving & Searching Internet Sources [EB/OL]. [2023 - 12 - 10]. https：//www. nl. go. kr/oasis/.

❷ MAYR M, PREDIKAKA A. Nationale grenzen im world wide web - erfahrungen bei der webarchivierung in der österreichischen nationalbibliothek [J]. Bibliothek Forschung und Praxis, 2016, 40 (1)：90 - 95.

23. 瑞典 Kultutarw3 项目●

为促进构建国家记忆知识库，瑞典皇家图书馆自 1996 年启动了 Kulturarw3 项目，收集和归档所有瑞典网页，目的是展示相关网络出版，并使后代研究成为可能。在方法层面，该项目首先使用网络爬虫技术爬取瑞典顶级域名 . se 网页、瑞典 Gopher 网站和通用域中的瑞典语部分，其次通过资源描述与数据清理步骤开发成可用资源，最后存储并发布在 OpenWayback、PyWB 系统中，以提供开放利用。因该项目是最早的一批网络档案资源建设项目之一，影响较大，例如为冰岛、挪威、丹麦、瑞典和芬兰共建的网络档案馆汲取其建设经验，于 1997 年发起类似实践。同时，在该项目组还参与伯利兹、危地马拉、萨尔瓦多、洪都拉斯等国家的万维网信息，尼加拉瓜、哥斯达黎加和巴拿马的国家顶级域名和在其他国家注册的通用顶级域名的有关工作。这些工作促进了瑞典皇家图书馆与其他国家图书馆之间的技术转让。

24. 挪威网络档案项目●

挪威国家图书馆认同网络档案的文化遗产价值，于 2001 年开始建设以挪威顶级网域信息为主要来源的网络档案信息资源，主要使用自开发爬网工具 Veidemann 展开收集工作，在收集范围上覆盖挪威重要政府机构、企业、组织和个人的网站，以完整记录网络上广泛、多元的挪威文化。同时，该项目会间隔性收集与重大国家事件有关的信息，如有关国家和国际层面的文化和体育活动、国家纪念日、公共危机事件等。经过基本的元数据提取、描述和分类后，开发出 URL 搜索、全文搜索与地图搜索服务。其中，该项目开展地图搜索服务展现了较强的人文知识服务能力。在开发原型中，2005—2021 年出版的挪威在线报纸可以用地图的形式呈现，并带有指向 URL 搜索和显示服务的链接。该项目的研究服务能力通过一些研究项目得到认证，如挪威国家研究伦理委员会依据网络档案馆出版了一份互联网研究指南，这将有助于指导研究人员在处

● Kulturarw3［EB/OL］.［2023 - 12 - 10］. https：//www. kb. se/hitta - och - bestall/hitta - i - samlin-garna/kulturarw3. html.

● Nasjonalbiblioteket［EB/OL］.［2023 - 12 - 10］. https：//www. nb. no/samlingen/nettarkivet/.

理在线档案数据时应进行的伦理反思。

25. 芬兰网络档案项目●

芬兰国家图书馆于 2006 年启动网络档案信息资源建设项目，主要通过公众众包、专家征集的方式确定资源建设的主题、来源范围，既涉及对社交媒体网页等动态内容的收集、开发，还包括对网络游戏、电子音乐的收集保存。截至 2020 年，其网络档案资源量约为 240 TB，依托 Solr、Wayback 技术提供在线阅览与检索服务。

26. 瑞士网络档案项目❷

瑞士国家图书馆的法定任务是收集和保存有关瑞士的文化信息，并使这些知识能够长期获得，其中也包括网络信息。瑞士国家图书馆于 2008 年主导成立了 Webarchiv Schweiz 实验组，瑞士各州的公共图书馆、专业图书馆也加入其中，为瑞士网络档案的遴选、组织、开发贡献专业方法。其整体的建设重点由瑞士的重要组织、机构（如市政当局、文化机构、协会等）网站以及特定主题和事件（如联邦选举和投票、奥运会等）网站构成。具体的实施策略遵循"收集—质量保障—元数据描述—标识分类—编制索引"的整体框架，并借助Heritrix、Webrecorder、Wayback 等技术工具开展工作。公众可使用其电子馆藏门户 e – Helvetica Access 中的全文搜索和在线浏览功能利用已建设好的资源，以网络快照格式为主。

27. 卢森堡网络档案项目❸

2015 年启动的卢森堡网络档案项目旨在推动新技术和图书馆管理的创新，由卢森堡国家图书馆收集并保存可长期访问、公开可用的互联网内容。其资源

---

❶ Verkkoarkisto［EB/OL］.［2023 – 12 – 13］. https：//verkkoarkisto. kansalliskirjasto. fi/.
❷ Web Archive Switzerland［EB/OL］.［2023 – 12 – 13］. https：//www. nb. admin. ch/snl/en/home/fachinformationen/e – helvetica/webarchiv – schweiz. html.
❸ webarchive. lu – Luxembourg Web Archive［EB/OL］.［2023 – 12 – 13］. https：//www. webarchive. lu/.

建设对象主要包括：①在 .lu 顶级域名中的所有网站；②在卢森堡发布的网站；③在卢森堡的服务器上托管的网站；④非卢森堡居民发布的网站或与卢森堡有关的网站（选取其中与国家数字遗产相关的网站）；⑤部分社交媒体。该项目在具体收集中会基于域名、主题、事件展开综合爬网，最终通过 Wayback Machine 服务提供开放利用。此外，项目注重对资源的二次利用、开发，组织过网络研究网络域和事件（WARCnet）、在线病毒传播的历史（HIVI）等研究项目。

28. 斯洛文尼亚网络档案项目❶

斯洛文尼亚网络档案项目是斯洛文尼亚国家与大学图书馆（NUK）于 2007 年发起的网络档案信息资源实践，既有围绕特定专题进行的选择性收集，又有针对顶级域网页的全面收集，同时囊括了有关社交平台上的斯洛文尼亚体育、政治和媒体界名人的社交媒体内容。针对社交媒体信息收集，该项目主要使用 PhantomJS9 软件与专业代码获取需要用户交互才能呈现内容的网页与用户资料。该项目档案库包含自 2008 年以来该图书馆存储的多个资源，主要来自公共管理、高等教育、科学、文化领域。

29. Digital Archive 项目❷

该项目于 2007 年开始建设，其资源遴选范围包含了静态网页与动态社交媒体信息。在具体实施中主要使用 Web Curator Tool、Ondarenet 等工具、系统综合收集、保存网络信息，通过整合开发后，在线提供网络快照型资源浏览与主题词、URL 搜索服务，整体的分类索引以 12 个类目为基础，包括艺术、科学和技术、休闲和文化、政治和政府、经济和商业、健康、社会、教育和研究、信息社会等。

---

❶　Spletni Arhiv NUK［EB/OL］.［2023 – 12 – 13］. https：//arhiv. nuk. uni – lj. si/.
❷　Basque Digital Collections［EB/OL］.［2023 – 12 – 13］. https：//library. unr. edu/collections/digital/archive/basque.

30. 希腊网络档案项目❶

希腊国家图书馆响应其作为"数字出版物的国家存储和存档"的职责，在 2015 年开展了网络档案资源建设相关的必要行动。该项目的目标是建设以希腊顶级域名网页为主的原态重映型网络档案信息资源。该项目主要依靠希腊雅典经济与商业大学（AUEB）图书馆、雅典经济与商业大学经济知识挖掘研究小组（OPA）互联网档案馆在内容整理、知识提取、系统开发方面的合作完成资源建设，最终依托希腊网络档案门户提供对希腊历史网络档案信息资源的访问，包含 1996 年至今的 .gr 域所有网站的快照。

31. 美国总统任期末网络档案项目❷

美国总统任期末网络档案项目始于 2008 年，由美国国会图书馆、美国得克萨斯大学图书馆、互联网档案馆等 5 家机构合作建设而成。该项目最初目标是记录总统任期过渡的变化。该项目优秀的技术研发能力与社会众包策略贯穿项目建设全程，该项目首先将爬网任务众包给网络志愿者，提高了收集效率，吸取了公众开发建议；其次在信息整合开发阶段则使用结构分析、人工分析增强了聚类科学性；最后的资源开发利用在基础检索服务的基础上，延伸开发出元数据检索服务，充分展现其策略与技术层面的前沿性。

32. 网络信息资源保存试验项目（WICP）❸

WICP 是中国国家图书馆于 2003 年启动的项目，目标是归档中国境内的互联网资源。2003 年初，中国国家图书馆组成网络文献收集与保存试验小组，开展了网络信息资源收集与保存试验项目，目的是通过试验发现网络文献收集、整理、编目、保存和服务中存在的问题，提出解决问题的方案，包括：

---

❶ Greek Web Archive ortal［EB/OL］.［2023 - 12 - 13］. https：//webarchive. nlg. gr/index - en. html.

❷ End of Term Web Archive［EB/OL］.［2023 - 12 - 13］. https：//eotarchive. org/.

❸ 刘青，孔凡莲. 中国网络信息存档及其与国外的比较：基于国家图书馆 WICP 项目的研究［J］. 图书情报工作，2013，57（18）：80 - 86，93.

①确定保存对象，根据其特点确定技术路线和策略；②试验性收集、整理、保存数据并提供服务；③提出业务整合的方案等。经过多年的发展，该项目已经取得了一定的成果，保存了大量的数据。截至 2012 年，国家图书馆互联网信息资源保存保护中心保存的全部专题数据量为 6252. 213G，全部专题数据网站为 2785 个，全部网站数量为 88705 个。其中，政府网站数量有85920 个，占了绝大部分。

33. 纽约艺术资源联盟网络档案项目❶

自从 Andrew W. Mellon 基金会 2013 年拨款以来，纽约艺术资源联盟已针对其合作博物馆，以及与著名画廊、拍卖行、艺术家有关的网站进行资源建设。纽约艺术资源联盟网络档案中的许多资源都包含多模态数据，极难收集，涉及动画、视频和其他各种格式的网页元素。因此，该项目对前期的准备研究投入了更多心血，深入研究了艺术类网络信息的属性、特征，如聘请研究顾问来帮助确定专业艺术资源从模拟到数字格式转换的"临界点"。在具体建设中，纽约艺术资源联盟极为看重信息的收集质量与描述，经专门研究后研制出专门的质量检查标准、元数据描述标准与数据词典。成果方面，纽约艺术资源联盟主要提供三个方面的网络档案利用服务：①网页浏览与检索服务；②面向网站制作者、开发者使网站更容易存档的指南；③共享的工作流程文档。自2010 年起，纽约艺术资源联盟共发布了 10 项 Archive – It 网络档案资源集合，包括艺术作品目录、艺术拍卖行网站，以及来自特定艺术机构（如美国纽约美术馆、纽约艺术资源联盟自身）的资源集合。

34. Arquivo. pt 项目❷

Arquivo. pt 是一个研究基础设施搭建类项目，用户在该平台上能够搜索和访问自 1996 年以来的葡萄牙语网页。该项目的主要目的是为研究目的建设网络档案资源，依靠大规模的分布式信息系统提供一个类似于谷歌的网络档案资

❶　Web Archiving［EB/OL］.［2023 – 12 – 13］. https：//nyarc. org/initiatives/web – archiving.

❷　Sobre. arquivo. pt［EB/OL］.［2023 – 12 – 13］. https：//sobre. arquivo. pt/en/help/general – informa-tions/.

源检索服务，并提供资源使用教程、培训、工具等多元社群服务。该项目的团队成员由来自葡萄牙不同学术研究机构的研究人员组成，例如葡萄牙米尼奥大学的研究人员与葡萄牙科学技术基金会成员。

35. 威尔士网络档案项目❶

该项目由威尔士国家图书馆在 2003 年主导建设，旨在收集、维护展现有关文化的网络信息，并提供相关利用服务。整体来看，该项目以长期保存为目标创建网络档案信息资源元数据，并根据有关标准进行整理，最终建设成在线网络快照资源集并开放给公众使用。

36. 德国网络档案项目❷

2012 年，德国国家图书馆依照其法定存缴义务开展网络档案信息资源建设实践，以网站的形成机构、主题为遴选标准，收集、保存并开发了德国政府、大学的网站、博客网络档案，历史、文学和音乐等专题档案，以及重大事件网络档案集，如 2017 年的选举等活动资源集。该项目建设在流程上覆盖网站收集、分类索引和保存等环节，倾向于使用开源工具定期爬网收集，创建网络快照并开放利用。有关公司为该项目提供全套的技术服务，包括收集选定网站，管理和保存服务器系统上的离线网络档案文件，为德国国家图书馆提供的接口确保了数据的顺利流动，进一步发展了托管数字档案的软硬件开发。

37. 意大利佛罗伦萨网络档案项目❸

意大利佛罗伦萨国家中央图书馆作为 Magazzini Digitali 服务的一部分，承

❶ National Library of Wales ［EB/OL］. ［2023 – 12 – 15］. https：//www. library. wales/catalogues – searching/about – our – collections/conservation/web – archive – wales.

❷ BSZ ［EB/OL］. ［2023 – 12 – 15］. https：//www – ext. bsz – bw. de/Web – Archiv. html.

❸ Web archiving ［EB/OL］. ［2023 – 12 – 15］. https：//www. bncf. firenze. sbn. it/biblioteca/web – archiving/.

担了收集、存储和制作与意大利文化和历史相关的永久可访问的网络内容的机构职责。该图书馆于 2018 年发起佛罗伦萨网络档案项目,优先建设有关大学、研究中心和文化机构的科学研究、生产活动的网络档案。为此,该图书馆制定了建设标准清单,从世界各地的集体记忆构建、传播的最佳实践中汲取灵感。该项目在 Archive – It 平台发布有多个网络档案信息资源专题集,支持网络快照的在线检索、浏览。

38. 西班牙网络档案项目[1]

受联合国教育、科学及文化组织发布的《保护数字遗产宪章》和欧盟委员会发布的有关文件的指导,西班牙国家图书馆于 2009 年发起了西班牙网络档案项目。其资源建设对象包括西班牙顶级网域网页和通用域名中的西班牙语内容,社交媒体信息也被涵盖其中。自 2009 年以来,该项目一直与互联网档案馆进行合作爬网收集,再将内容以 WARC 格式保存并编入索引,以提供在线利用。其 . es 域名网络档案信息资源已达到 100TB。

39. 丹麦 Netarchive. dk 项目[2]

2005 年,丹麦皇家图书馆基于丹麦文化材料保存义务,发起丹麦网络档案项目。该项目主要收集丹麦新闻、政党、组织和协会、部委和机构网站,以及社交媒体中的个人资料、有关视频信息进行资源建设。该项目还会每年建设 2 ~ 3 个重大事件资源集,以及征集研究者意愿,补充建设特殊网页档案馆藏;该项目总资源量约为 850TB。该项目整体十分重视为研究人员提供研究服务,一是其资源仅服务于研究者;二是与研究基础设施类项目 NetLab 达成了长期的研究合作。

[1] Biblioteca Nacional de España [EB/OL]. [2023 – 12 – 15]. https://web. archive. org/web/202412251 34603/https://www. bne. es/es/colecciones/archivo – web – espanola/buscador.

[2] Netarkivet [EB/OL]. [2023 – 12 – 15]. https://www. kb. dk/find – materiale/samlinger/netarkivet.

40. 希腊雅典经济与商业大学网络档案项目[1]

希腊雅典经济与商业大学图书馆于 2010 年主导建设希腊高校内的网络档案信息资源,其创新性一是在于使用较多搜索算法和结构化数据分册来优化网络档案检索服务,如广度优先搜索算法、深度优先搜索算法、网页排序算法、遗传算法、贝叶斯分类算法以及文本标记化、词干处理、分布式索引的建立。二是开发出了网络档案数据集,支持以 CSV 和 WARC 格式下载。

41. 克罗地亚网络档案项目[2]

2004 年启动的克罗地亚网络档案项目旨在收集和永久保存网络信息,将其作为克罗地亚文化遗产的一部分。因此,该项目会从内容、结构、形成者、领域、格式的角度筛选网络信息,力图建设能反映克罗地亚整体社会特征、文化内涵的网络档案信息资源,在资源类型上也拓展性地覆盖了博客、游戏页面等富含多模态动态信息的网页。该项目在实施过程中主要与克罗地亚萨格勒布国家和大学图书馆、萨格勒布大学大学计算中心合作收集,再通过整合开发后,提供网络检索和阅览服务。截至 2021 年 7 月 1 日,该项目已建设超过 1.32 亿个资源文件,总大小为 11TB。

42. 斯洛伐克布拉迪斯拉发大学图书馆网络档案项目[3]

斯洛伐克布拉迪斯拉发大学图书馆网络档案项目是 2015 年由该校图书馆主导建设的,旨在建设具有重大科学、历史和文化价值的斯洛伐克网络档案信息资源。该项目使用 Heritrix 工具开展顶级域收集、主题收集和选择性收集,并使用 Invenio、Wayback Solr 等综合性管护工具来进行维护、开发与提供利用。

---

[1] HAW [EB/OL]. [2023 - 12 - 15]. https://www.aueb.gr/el/lib/content/aueb - web - archive.

[2] Croatian Web Archive [EB/OL]. [2023 - 12 - 15]. https://web.archive.org/web/20241228235049/https://haw.nsk.hr/.

[3] Digitálne pramene [EB/OL]. [2023 - 12 - 15]. https://www.webdepozit.sk/?lang = en.

43. 美国国会和联邦政府网络档案项目●

　　美国国会和联邦政府网络档案项目由美国国家档案和记录管理局发起，于 2004 年对美国联邦机构公共网站信息进行收集，建设内容包括美国国会成员、组织办公室和领导等建立的网站。不仅涉及静态网站，而且涵盖了动态的社交媒体信息。美国国家档案和记录管理局与互联网档案馆签订合同来执行档案收集工作。同时，美国国家档案和记录管理局公布了管理网络记录的指南，以解决有关机构在识别、管理和安排他们确定为美国联邦记录的网络材料方面的责任。因此，每个机构都有责任与美国国家档案和记录管理局协调，确定如何管理其网络记录，包括是否保留其整个网页的定期快照。

44. 美国常春藤联盟高校图书馆联合会网络资源收集计划❷

　　2013 年，美国常春藤联盟高校图书馆联合会 13 名成员共同发起了美国常春藤联盟高校图书馆联合会网络资源收集计划。该联合会各高校图书馆共同确定共同感兴趣的主题，围绕这些主题建立协作网络档案信息资源馆藏。该计划主要依托 Archive – It 提供资源的在线浏览与检索服务，支持检索网站集合、站点、URL 与网页文本内容。该计划已发布了多个资源集合，容纳了多个网站的网页快照，跨越了社会与文化、艺术与人文、政治与选举、科学与健康等多元主题、事件。

45. 美国哥伦比亚大学网络档案项目❸

　　2009 年启动的美国哥伦比亚大学网络档案项目由该校图书馆主导，旨在拓展该校图书馆的优势馆藏，更好地服务于该校教职工、学生。其网络信息遴

❶ National Archives［EB/OL］.［2023 – 12 – 30］. https：//webharvest. gov/.
❷ Ivy Plus Libraries Confederation Web Collecting Program – Ivy Plus Libraries［EB/OL］.［2023 – 12 – 30］. https：//ivypluslibraries. org/programs/ivy – plus – libraries – confederation – web – collecting – program/.
❸ Web Archives at Columbia［EB/OL］.［2023 – 12 – 30］. https：//library. columbia. edu/collections/web – archives. html.

选标准与原有的馆藏主题，服务用户结合紧密，一方面是按照人权、城市空间、宗教等原有馆藏主题去爬取相关网络信息；另一方面会主动收集学科专家与馆藏协调员共同协定的特定网络信息，同时会邀请研究人员提名其感兴趣的网站信息。在收集与开发过程中，该校图书馆会优先使用开源工具，并会积极拓展与外部机构的合作建设。该项目主要使用 Archive - It、Heritrix、Brozzle 等工具进行资源建设，并与美国常春藤联盟高校联合会的其他成员试行了协作网络馆藏开发，该项目已建设好的资源主要发布在 Archive - It 平台，面向该校用户予以开放利用。

46. 美国蒙大拿州政府网络档案项目❶

2007 年，美国蒙大拿州立图书馆为更好地支持该州机构工作者的信息需求，开始主导建设该州政府网络档案项目，由其图书馆内工作人员协定出一份网站列表（以政府机构网站为主），根据内容变化安排定期的爬网收集与整理开发工作，其中包含了少部分社交媒体信息。该项目已在 Archive - It 网站发布了来自多个网站的静态网络档案信息资源，其形成机构包括该州的公立学校等。

47. 马来西亚政府网络档案项目❷

马来西亚政府网络档案项目于 2017 年开展，以供公众、历史学家和研究人员未来利用网络档案。该项目面向马来西亚政府网站展开收集，并将开发后的档案信息资源置于自研系统 MyGWA 中进行存储、利用。该项目已开放有多个网站的网络档案，主要涉及行政、经济、安全、社会共 4 个主题，配备了文本、URL 检索和在线浏览功能，并通过 MyGWA 用户手册引导利用。

---

❶ Archive - It - Montana State Library [EB/OL]. [2023 - 12 - 30]. https：//archive - it. org/organizations/139.

❷ MyGWA - Malaysian Government Web Archive [EB/OL]. [2023 - 12 - 30]. https：//mygwa. arkib. gov. my/.

48. 以色列网络档案项目^❶

2011 年，以色列国家图书馆开展了国家级网络档案信息资源建设项目，收集并开发了 .il 域名网站，以及一些在以色列地理定位下或与以色列公众相关的公共网站信息。该项目的资源建设整体上由 Web curator tool、Heritrix、Wayback 等工具提供技术支持，并依托互联网档案馆提供浏览与检索服务，但尚未向公众开放。

49. 新西兰网络档案项目^❷

新西兰网络档案项目是较早的一批网络档案信息资源建设项目之一，启动于 1999 年，作为项目主体的新西兰国家图书馆肩负着保护新西兰社会和文化历史的社会责任，这也包括网站、博客和视频形式的数字信息。该项目执行选择性收集和域收集两种遴选策略，以构建全面的资源集合，既包括重要国家机构信息，重要主题信息，也包括顶级网域内的网页信息。该项目利用 Web Curator Tool、Heritrix3、Webrecorder、OpenWayback、OutbackCDX 等工具，开发多个资源实例。在提供资源利用服务之余，该项目也十分关注网络档案信息资源的使用现状，曾发起一项针对网络档案使用的研究调查，有助于资源的后续开发。

---

❶ Israeli Internet Archive ［EB/OL］. ［2023 - 12 - 30］. https：//www. nli. org. il/en/research - and - teach/internet - archive.

❷ New Zealand Web Archive | Te Pūranga Paetukutuku o Aotearoa ［EB/OL］. ［2023 - 12 - 30］. https：// natlib. govt. nz/collections/a - z/new - zealand - web - archive.

后　记

　　从项目申报到结项也就两年有余。然而，实际投入要远远超过这一时间。我对计算档案学的关注从 2016 年起，对网络档案这一议题的关注更要追溯到 2012 年，将这两大研究方向予以汇聚则是在 2020 年。计算档案学的场景不应只限于档案馆和传统的历史档案，网络平台也应当被视作档案领域的常态探索空间，网络档案更是不限于存档而是要考虑如何价值化。经过这几年的探索，研究也算小有所成。就计算档案学来说，少有专著有本书这个篇幅的讨论。我们也发现，计算档案学更多体现在概念上，现有的成果更多呈现的是具有计算思维和方法的档案管理创新实践。就本人而言，也想继续深耕网络档案这个方向，从开发利用予以突破，跟计算档案学也就有了更契合的关联点。同时，在网络档案这个方向要继续行进面临太多困难，目前国内的实践积累太少，研究落地有难度。庆幸的是，我也在做开放数据、数据治理、数据要素相关研究，并逐步融入档案领域，市场化、价值化的导向与网络档案是一致的。我坚信，网络空间将会在未来呈现更丰富、更主流的档案场景，档案事业之中必有网络档案更有显示度的天地。

　　研究细水长流，终有这二十多万字的文本。一切，不止于文本，探索历程受益匪浅，既是困难又是启发，让我的研究思维、方法、策略都得到了锻炼。成果得以形成与出版，要感谢的人很多。感谢我的导师冯惠玲教授，无论是项目本身还是破除职业发展倦怠，她都给了我很多实质性的引导和帮助。再者，要对以青年学生为主的项目组成员表示感谢，文利君、代林序、苏依纹、贺谭涛、黄思诗、吴一凡、刘鹏超、王欣雨、陈淑涵、熊小芳、杨璐羽提供了很多帮助。他们在项目开展过程中不限于材料收集与整理，在研究方法、资料分析、调研成果转化等方面多有贡献。其中，要对文利君、代林序、苏依纹、贺谭涛等同学表示单独的感谢，项目开展的两年，也是我入职中国人民大学的头

200

两年，他们承担的工作量和主动提供的帮助难以穷尽描述，帮我分担了很多压力与焦虑，有这些有能力又真诚的学生是我的幸事。

也要感谢那些在我失落于工作时给予正向反馈、善意与信任的学生们，感谢向宇、文传玲、孟焕、黄裕宏、杨梓钒、张玉洁、唐鹏程等同学，感谢那些在工作中给予我信任和指引的老师们，感谢刘越男教授在数据方向扩展研究提供的各类项目机会，并支持我把"未来档案学青年沙龙"做起来；感谢闫慧教授的多次鼓励与指导；感谢连志英教授、祁天娇副教授、潘未梅副教授、王宁博士在工作中提供的帮助；感谢同门新功姐、张静师姐的信任与支持；感谢档案学的先锋力量与支持先锋力量成长的学者专家；感谢我的大学同学陈婷婷，总是作为我的"树洞"；感谢我的家人，你们的理解与包容让我可以做个"自我"的科研工作者；感恩各种各样的遇见，进也并非只有工作的前行之路，而是学会感知不同的幸福。

山水有相逢，档案世界的构筑依旧在进程中。博士时我描摹着走向以参与式为内核的全景档案世界，也逐渐在当下显现出现实的模样，比如具有智能体特质的数据空间、全面映射人事物的数据空间、各方参与的档案管理等。这本专著，又延伸向更加强调开放开发的档案场景。未来，该是怎样的光景，我们在更多的专著中再会！

周文泓
2025 年 4 月